【主なポイントと掲載頁】平城京跡 p.170 ／朱雀門 p.159 ／三条通り p.172 ／不退寺 p.74 ／法蓮町 p.17・90
奈良ドリームランド跡地 p.245 ／奈良女子大学 p.152･268 ／多門城跡 p.10 ／東大寺 p.228
漢国神社 p.126 ／率川神社 p.116･169 ／古梅園 p.140 ／興福寺 p.217 ／春日大社 p.224
御蓋山 p.68 ／春日山原始林 p.46 ／大安寺 p.19・169 ／やすらぎの道 p.107
阿字万字町 p.96 ／猿沢池 p.110 ／元林院町 p.112 ／今西家書院 p.93
不空院の辻 p.203 ／奈良市写真美術館 p.191

→奈良県全図・索引もみよ

大学的奈良ガイド

——こだわりの歩き方

奈良女子大学文学部なら学プロジェクト編

昭和堂

口絵2：興福寺曼荼羅

［京都国立博物館所蔵］（本文220頁）

口絵1：春日社寺曼荼羅

［奈良国立博物館所蔵］（本文219頁）

口絵3：談山神社の百味の御食（本文129頁）

口絵4：奈良市大柳生町塔坂の太鼓踊り（本文200頁）

口絵5：率川（菩提川）に架かる傳香寺橋（1950年頃・奈良市内）
［入江泰吉撮影、奈良市写真美術館所蔵］（本文107頁）

口絵5参考図：現在の同地点（「やすらぎの道」を南に臨む）（本文107頁）

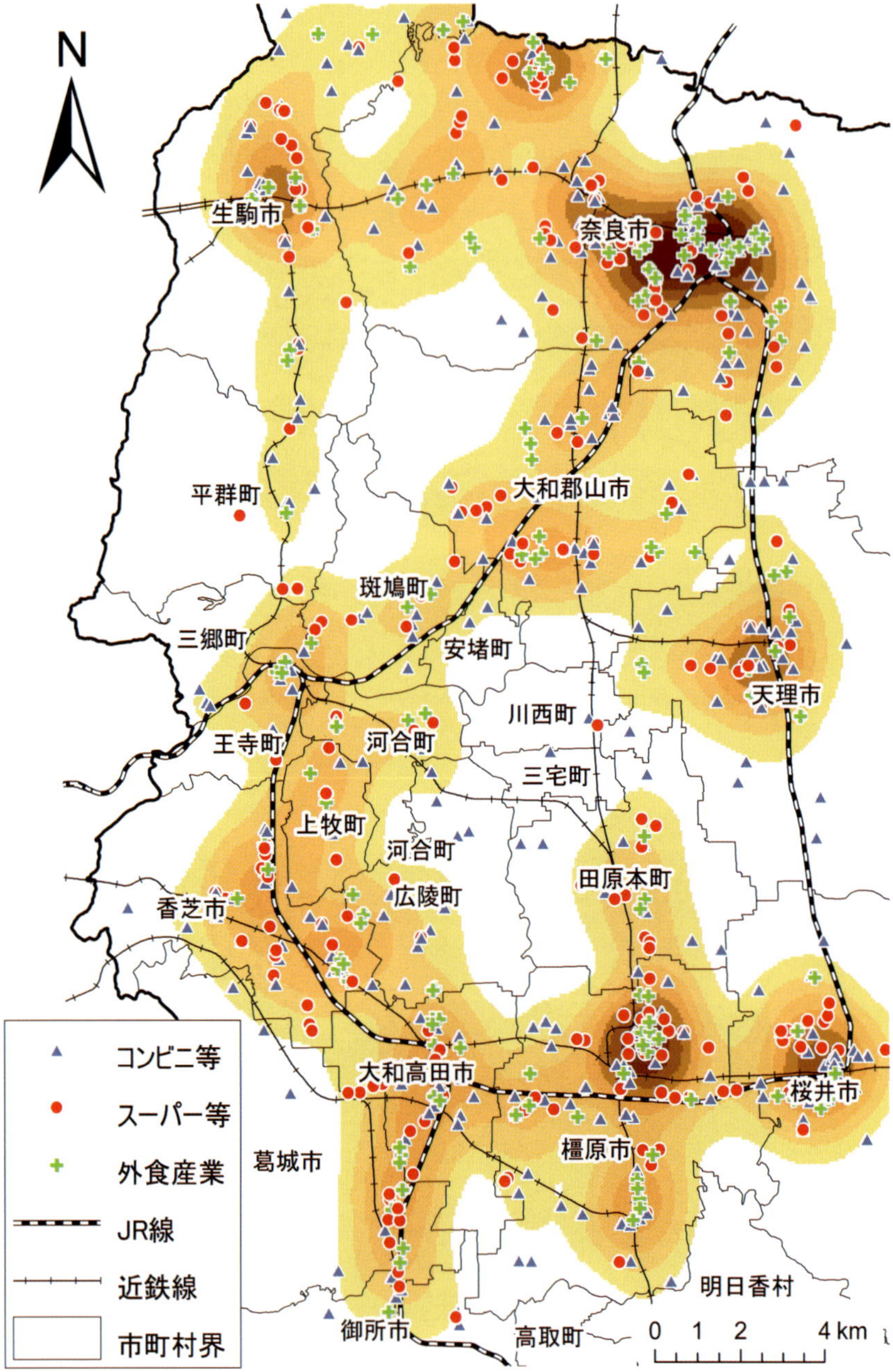

口絵6：奈良のチェーン店の分布（本文033頁）

第2部　生活と風景　079

第3部　過去からの贈り物　155

第4部　非日常の空間　*215*

まえがき

はじめて奈良に来られたのは、修学旅行だったでしょうか。学校で渡された修学旅行のしおり、それが、あなたにとっての、はじめての「奈良本」だったかもしれません。その後あなたは、大人になってお寺をめぐる楽しみをおぼえ、久しぶりに奈良に行ってみようと思ってくださいました。そのとき、書店の旅行書コーナーで、恐らくあなたにとって二冊目の奈良本をお求めになったことでしょう。

この本は、そんなあなたにとっての「三冊目の奈良本」になりたい、と思っています。もっと奈良を知りたい。訪れるたびにあなたが感じる、旅行ガイドの奈良本には書き込まれていない奈良の「何か」――ここではそれを「視点」とよんでおきます――を一つずつ形にして編んだのがこの本です。

タイトルに「大学的」という言葉をつけたのは、まず、この「視点」を軸にして各章を編んでいったということを示したかったためです。

奈良に限らず、大半の観光ガイドブックは、旅行者の方がめぐりやすいよう、地域別に編まれています。ためしに、手元にある奈良のガイド本を開いてみると、奈良公園、柳生、斑鳩、生駒・信貴、（……）長谷・室生、飛鳥、そして吉野と、ほぼ北から南へとエリア順に書かれています。各エリアの紹介も、自然の風景から始まって歴史、見所へと続き、食事処のメニュー写真で終わるというかたちになっています。こうしたガイドはたしかに便利で、情報も充実しているように見えます。

でも、そうした観光の一方で、そもそも奈良ってどんな所なの？　例えば京都と違って奈良をどのように見たら面白いの？　奈良ならではの歩き方ってどんなものなの？　と思われたことはないでしょうか。奈良に関する視点が一つ増えれば、奈良像も一つ増えることになるでしょう。普段、ものの見方や考え方を教える大学という所にいる私達としては、この「視点」という言葉をそのまま「面白さ」と読み替えていただければ、とも思っています。

本書は先にも述べたように、各章が一つの視点から書かれていますが、それらの内容から、４つの部で構成することとしました。

第１部は〈奈良という舞台〉と題しました。奈良という自然環境を舞台にして、そこに繰り広げられてきた大和人のいとなみを俯瞰します。「そもそも奈良ってどんな所なの？」

という問いへのいくつもの答えが集められています。

第2部は〈生活と風景〉としました。人々の生活や日常風景のふとしたポイントから、奈良の各地を辿って歩く楽しみを紹介しています。

第3部は〈過去からの贈り物〉。奈良といえば、まず浮かぶ言葉が「古代」、「歴史」という方は多いのではないでしょうか。たしかに、長い歴史の積み重なりのうえに奈良はあります。そしてそれらは「現代に生きる遺産」として、奈良の魅力をつくりだしています。

第4部は〈非日常の空間〉です。多くの神社仏閣とともに歴史を刻んできた奈良は、聖なる場所としても、多くの信仰を集めてきました。また近世以降、さらに近代に入ると、観光地として多くの人が訪れる場所となっていきます。日常とは異なる場所としての奈良をいくつかの角度から紹介します。

さらに各章にちりばめた〈奈良小景〉では、海外との比較や現代的なトピックなど、さまざまな奈良の横顔をコンパクトな視点で紹介しています。

最後に、この本を産み出した〈なら学プロジェクト〉について触れておきたいと思います。このプロジェクトは、二〇〇四年から、奈良女子大学文学部で、当時の国際社会文化学科（現在の人文社会学科）を母体として始まりました。歴史を有した地域である奈良の特性を現代的視点から読み解き、その成果を外部に発信する新しい試みです。現在まで、授業（「なら学概論」ほか）、公開講座、そして地元地域との連携活動などを行ってきました。この本もそうした成果の一部です。

本プロジェクトは、人文社会学科スタッフ全員の協力によって運営されています。また文学部、奈良女子大学の教職員、さらに本学が誇る同窓会である佐保会の皆様の暖かい支援があってこそ続いています。ここに記して感謝したいと思います。また、「自分も奈良が大好きで、全国の方に奈良をもっと知ってもらいたい」と、終始私達を力づけ本書の刊行を実現してくださった、昭和堂の大石泉氏（奈良在住）にも、心から感謝いたします。

ガイドというにはやや分厚い一冊になりましたが、読者のみなさんには、実際にこの本を持って奈良を歩いていただくことを願っています。そして、奈良を舞台に面白い視点、面白い仮説を発見してくだされば、それに優る喜びはありません。

奈良女子大学文学部なら学プロジェクト

寺岡伸悟

第1部

奈良という舞台

「古都」奈良の誕生

小路田泰直

1　奈良の位置――通り道から目的地へ

奈良といえば古代の奈良に人は関心をもつ。近代の奈良に関心を持つ人は少ない。古代この地は都であった。今は単なる一地方都市にすぎない。人はどちらかといえば都会に興味をもち、田舎に興味をもたない。だから建都一三〇〇年を祝う人はいても、離都一二〇〇年を祝う人はいなかった。一九八四年は、奈良から首都が長岡京に移って一二〇〇年目の節目の年であった。卑弥呼が国家を統一してから五〇〇年振りに、奈良（大和）が首都であることの重圧から解放されたことを記念する年であった。しかしその年を言祝《ことほ》ぐ人はいなかった。

人は奈良が、天下第一の都であった時代だけを懐かしみ、記念するのである。しかしそれにしても思う。なぜ古代においては「こんな所」が都だったのかと。こんなに不便なところが。逆に問えば、かつて都のあった所が、今はなぜこんなに鄙《ひな》びた所になってしまったのか。答えは、簡単である。かつて奈良は列島を貫く動脈の「通り道」であった。しかし今はそうではないからである。

ではそれはどういうことか。日本地図を少しだけ丁寧に見てみればわかる。大陸との交流なしに生きていけないこの国にとって、世界に開かれた窓口は、いつの時代も博多湾付近のどこかであった。そしてそこから列島中に文物がひろがっていくルートは、大きくわけて次の三つになる。

一つは九州北部から日本海に沿って東北にまでいたるルート。もう一つは瀬戸内海から紀ノ川（もしくは大和川）・吉野川・櫛田川・伊勢を経て東海、関東にいたるルート。そして三つ目はその二つのルートを由良川・加古川経由か、琵琶湖経由で南北に結ぶルートである。(1) ちなみに、由良川上流と加古川上流を分かつ分水嶺はわずか九五《メートル》しかない。由良川・加古川ルートは、時代が遡れば遡るほど、日本海側と太平洋側を結ぶ幹線ルートとしての価値を多くもっていたと思われる。邪馬台国に使いした魏の使いなどもこのルートを通ったのだろう。(2)

何れにしても、奈良盆地の一山隔てた南を走る紀ノ川・吉野川沿いの道は、何時の時代も列島を東西に貫く重要幹線の一つだった。江戸時代の終わりまではそうであった。江戸時代、六〇年に一度は数百万人規模にまで膨らむ、伊勢参詣の人々はこの道を行き交ったのである。(3) 大峰修験の人たちも、高野参詣の人たちも、熊野参詣の人たちも、この道を行

（1）　村上恭通『古代国家成立過程と鉄器生産』（青木書店、二〇〇七年）の描く鉄器文化の普及路などが参考になる。

（2）　小路田泰直『奈良試論―火と鉄と都市の日本史―』（楽史社、二〇〇七年）

（3）　中井陽一「文政一三年おかげ参りに関する考察―大和国御所町の施行記録に基づいて―」（『史泉』第一〇五号、二〇〇七年一月）

文物交流の主要ルートと奈良盆地

写真2　宮滝遺跡

写真1　高見山

写真3　多聞城跡。階段上は若草中学。南西方には聖武天皇陵がある

き交った。それが証拠に、紀ノ川・吉野川沿いには名だたる名刹・古刹が多い。和歌山県側には根来寺、粉川寺、高野山金剛峯寺があり、奈良県側には藤原氏ゆかりの栄山寺、金峯山寺（吉野山）がある。金剛峯寺にいたっては、長く日本人の精神的支柱であり続けた。近世、一国一城の原則に反して、吉野の谷を睨む高取城だけは破城を免れたが、それも紀ノ川・吉野川沿いの道が重要だったからである。ちなみに大和国の「一城」は郡山城であり、中世末の名城奈良の多聞城は、郡山城築城とともに破壊された（写真3）。だから奈良盆地には人と物が集ったのである。奈良はまさに「通り道」だったから発達したのである。

しかし近代にはいると奈良は、確実に幹線から遠ざけられていった。鉄道の発達が、それを決定的にした。「通り道」であるが故に奈良にもたらされていた繁栄は、急速に失われていった。当然奈良にも鉄道はひかれた。しかしそれは何れも列島を貫く幹線ではなかった。奈良は近代に入って、人と物の「通り道」から「始発駅」もしくは「終着駅」に変わってしまったのである。そこに行くためにくる人だけがやってくる目的地になってしまったのである。

目的地の繁栄は「通り道」の繁栄に比べてはるかに劣る。近世、西廻り航路（北前船）が発達し、人と物の通過する列島規模のターミナルが京都から大坂に移ると、たちまち京

＊二〇〇八年一二月四日の『朝日新聞』奈良版に、御所市本馬から橿原市観音寺町にかけて、「縄文晩期の大集落跡？」発見の記事がのった。橿原神宮外苑整備事業の中で、昭和戦前期に発見された橿原遺跡と並ぶ、縄文の大集落遺跡らしい。ちなみに橿原遺跡は青森県に発する亀ヶ岡式土器の分布する最西端とされている。吉野川沿いの宮滝遺跡の存在とあわせて、縄文時代においてさえ、紀ノ川・吉野川・櫛田川ラインが列島交通の中心であったことをうかがわせる大発見だと、私は思う。

都と大坂の地位は逆転してしまった。だから近世の京都人は再び「通り道」としての繁栄を取り戻すべく、日本海と琵琶湖と京都を結ぶ大運河の開鑿を夢想し続けたのである。ちなみにその夢想の一部が明治になって実現したのが、京都と琵琶湖（大津）を結ぶ琵琶湖疎水であった。[4]

（4）小路田泰直「京都市政の成立過程―琵琶湖疎水事業の歴史的位置―」（『都市政策』第三五号、一九八四年四月）

2 大和行幸と古都の復興

近代奈良の繁栄は、奈良の「終着駅」＝目的地としての価値を高めることによってもたらされなくてはならなくなった。しかし奈良の目的地としての価値は、明治維新によって大きく損なわれていた。あまりに激しい廃仏毀釈の嵐が、信仰・遊山の対象たる神社仏閣の衰微を招いていたからだ。中世には大和一国の守護の役割さえはたしていた興福寺が、全山復飾（僧侶が還俗、多くが春日大社の神職になった）の結果、組織としては一瞬にして消滅してしまった。石上神宮（天理市）の少し南にある永久寺に至っては建物ごと消滅してしまった。修験道のメッカ吉野金峯山寺などは無理矢理神道系の神社に変えられてしまった。

目的地としての奈良の発展のためには、衰微した神社仏閣の復興がまずはかられなくてはならなかった。

そしてその機会は西南戦争のおきた一八七七（明治一〇）年に訪れた。国家分裂の危機に直面していた明治天皇は、この年「神武創業の始め」に帰る王政復古の精神を再度確認するために大和行幸を強行したのである。行き先は畝傍山の麓、修築なった（というよりも新たに造られた）神武天皇陵であった。維新の動乱の幕開けが、一八六三（文久三）年の孝明天皇による攘夷祈願のための大和行幸計画（実現しなかった）であったことを考えれば、明治国家の指導者たちにとっては感無量の旅であった。(5)

　明治天皇は、二月七日に京都をたって八日に奈良町到着。九日に奈良町をたって一〇日に今井町に着き、翌一一日（紀元節）神武天皇陵に参拝した。この明治天皇の大和行幸が奈良の神社仏閣の復興のきっかけとなった。明治天皇が途中、正倉院御物や種々の出土遺物、国栖舞《くずまい》を天覧し、旧慣保存の姿勢を示したからだ。さっそく翌年、法隆寺が明治天皇に寺宝を献上し、その見返りとして一万円の下賜をうけ、堂塔伽藍の復興に着手した。(6)明治一〇年代に入ると、旧慣復興政策を本格化させるべく、フェノロサや岡倉天心（文部官僚）(7)らによる社寺宝物調査も開始された。一八九七（明治三〇）年には古社寺保存法が制定され、文化財保存の法的枠組みが初めて成立した。その中で五重塔が売り出されたりして、奈良の廃仏毀釈の象徴の観を呈していた興福寺なども蘇り（一八八一年）、その広大な境内地の一部は、一八八〇（明治一三）年、奈良公園として新たな命を吹き込まれた。

　ただ、古社寺を保存したり、神社仏閣の「ご開帳」に人を呼ぶだけでは、奈良の目的地としての繁栄を取り戻すのには不十分であった。明治三〇年代に奈良で出されていた新聞に『新大和』という新聞があるが、その一九〇〇（明治三三）年三月一一日から一四日にかけての号に「奈良に於ける社会教化の五大源」という記事が連載された。これが一つのヒントになる。近代天皇制国家は、王政復古（神武創業の始めにかえること）に正当性の根拠をおく、したがって歴史というものを使って国民を「教化」し続けなくてはならない国家

(5) この孝明天皇の大和行幸にあわせて、尊王攘夷の魁たらんとして五条代官所を襲い、蜂起したのが、吉村寅太郎率いる天誅組の人々だったのである。

(6) その結果として法隆寺宝物は現在、東京国立博物館に保管されている。

(7) 岡倉天心の思想に関しては、横山久美子「岡倉天心のTeaism」（『日本史の方法』第七号、二〇〇八年五月）が、今のところ最高峰の研究だと思う。

であった。その「教化」の中心に奈良を位置づける、それが奈良の目的地としての価値を高めるもう一つの方法であった。

そこで近代奈良が、国家からいわれるまでもなく取り組んだのが神武天皇を祭神とする橿原神宮の創建であった。国の始祖としての神武天皇を顕彰するのに、その霊の宿る神武天皇陵だけでは足りなかったのである。庶民にとっては霊よりも、はるかに信仰の対象として親しみを持てるのは神であった。その神の地位に神武天皇を高める必要があったからだ。そして想い出してほしいのは、今なお京都の市民は、護市の神として桓武天皇を祭り、東京市民は明治天皇を祭っているということである。そのための施設が、それぞれ平安神宮であり、明治神宮なのである。(8)

一八八九（明治二二）年橿原神宮は完成し、以後国民教化の場としてその威力を発揮するようになった。一八九五（明治二八）年に東京高等師範学校が橿原神宮及び神武天皇陵を修学旅行コースにとりいれたのをきっかけに、全国の多くの学校が、橿原神宮を修学旅行先に選ぶようになった。

なお幕末以来国家がその修復に力を注いできた歴代天皇の御陵なども、皇陵巡拝ルートとして整備され、国民教化の施設として活用された（写真4）。

写真4　近鉄奈良駅前にたつ聖武天皇陵他案内碑

（8）　明治神宮建設の事情については『史料集　公と私の構造』5（ゆまに書房、二〇〇三年）所収の「明治神宮関係資料」が参考になる。

3　奈良公園の創出

ただし近代国家の行う国民教化には、国民の国家への帰属意識を高めるためというだけではなく、立憲国の国民にふさわしく、国民を自立的で公共心に富んだ市民につくりかえる（啓蒙）という、もう一つの目的があった。

そこで見ておきたいのが、廃藩置県（一八七一年）後、岩倉具視を団長とする大久保利通や木戸孝允ら政府高官らが、大挙して、しかも長期にわたって米欧視察に出かけた時の記録（久米邦武編『特命全権大使米欧回覧実記』）である。

東西洋ノ風俗性情ノ毎ニ相異ナル、反対ニ出ルカ如シ、西洋人ハ外交ヲ楽ム、東洋人ハ之ヲ憚ル、是鎖国ノ余習ノミニアラス、抑財産ニ用心薄ク貿易ヲ不急ニスルニヨル、西洋人ハ外ニ出テ盤遊ヲ楽ム、是一小邑モ必公苑ヲ修ムル所ナリ、東洋人ハ家内ニアリ惰居スルヲ楽ム、故ニ家々ニ庭園ヲ修ム、是土地ノ肥瘠ヨリ生スル気習然ルカ、西洋人ハ有形ノ理学ヲ勉ム、東洋人ハ無形ノ理学ニ騖ス、両洋国民ノ貧富ヲ異ニシタルハ、尤此結習ヨリ生スルヲ覚フナリ、西洋各都府ニ草木園禽獣園アルハ、我植木屋禽獣観場アルト、其大小ハ差シテ、其外貌ハ相似タリ、然トモ其設置ノ本領、元来相反セリ、西洋ニテ此等ノ設ケハ、皆人ノ耳目ヲ誘キ、聞見ヲ実ニシ、以テ生業ヲス、メ、学知ヲ博クセシメルニ出テ、莫大ノ費用ヲ耗スルモ、曾テ吝マサルハ、別ニ大利アルニヨルナリ……其利潤ハ有形理学ヲ進歩シ、農工商ノ実益ニ発見シ、富庶繁栄ノ媒トナル、東洋ノ無形理学ニ於テ、一草一木ヲ研究スルヲ笑ヒ、或ハ珍奇ヲ誇観シテ、眼前ノ利ヲ偸取スルト、混同シテ論スヘカラサルナリ。[9]

長い航海を経てまずアメリカに到着した一行が、サンフランシスコに上陸した直後に訪れた「『ウードワルト』公苑」について書かれた部分であるが、明治政府が早くから、公園の、人に公共心を養い、さらには殖産興業に必要な科学的精神、進取の気概を養う機能に注目していたことがわかる。だから明治政府は、一八六八（慶応四）年五月の上野戦争（彰義隊対官軍）で焼け落ちた東京上野寛永寺の跡に、一八七三（明治六）年、まさに岩倉使節団が帰国するその年に、早くも上野恩賜公園を開設したのである。当然公園内には、「『ウードワルト』公苑」にならって、博物館（一八八九年）や動物園（一八八二年）や美術館をおいた。またそれを第一回から第三回の内国勧業博覧会の会場としても利用した。

明治国家の国民教化策には、しばしば公園の建設がともなったのである。奈良もその舞台の一つとなった。奈良を国民教化の地と位置づけた明治政府は、廃仏毀釈によって生まれた広大な、東大寺と興福寺とにまたがる空地を、公園として活用することを決め、一八八〇（明治一三）年、そこに奈良公園を開設した。一八九五（明治二八）年には上野公園同様、公園内に、赤坂離宮（迎賓館）の設計なども手がけた片山東熊の設計になる帝国博物館を設け、一九〇二（明治三五）年には、関野貞[10]の設計になる奈良県物産陳列所を建設した。

また国民教化の拠点橿原神宮にも公園を設けた。そして大正から昭和にかけて徐々にそ

（9）久米邦武編・田中彰校注『特命全権大使米欧回覧実記（一）』岩波文庫、一九七七年、八二～八三頁。

（10）関野貞（せきのただす、一八六七～一九三五）。彼は平城宮跡の発見者、法隆寺再建・非再建論争の当事者としても知られる、奈良県にとっては恩人的建築家である。

れを外苑として整備していった。

4　都市化と平城宮跡保存

　さてそれでは、奈良の目的地としての価値を高めるために行った、以上の営みの結果は何だったのか。奈良の観光都市としての発展であった。と同時に奈良の大都市大阪の衛星都市化であった。近代都市が郊外に向かってひろがっていくとき、しばしば都心から放射線状にのびる鉄道がその仲立ちの役割をはたすが、その種の鉄道は、普通近郊にある温泉地や観光地と都心を結ぶかたちでひかれていく。箕面有馬電気軌道（今の阪急電鉄）が大阪梅田と宝塚温泉・箕面公園とを結ぶかたちでひかれたようにである。それ故に奈良の観光都市としての発展は、奈良と大阪を結ぶ新たな鉄道を引き寄せる誘因となった。一九一四（大正三）年、多大の犠牲を払いながら生駒トンネル（当時日本第二の長さを誇るトンネル）が開通すると、大阪上本町と奈良を一時間弱で結ぶ鉄道が完成した。大阪電気軌道である。今の近鉄奈良線だ。

　そして、従来の国鉄関西線よりもはるかに便利に大阪と結び付けられると、奈良は大阪からの日帰り観光の地として、さらには大阪に仕事を持つ人たちの生活の場として、ますますの発展をみせ始めたのである。それはまさに大阪の衛星都市化というべき発展であった。

　そして衛星都市化の進展は、奈良にも都市計画（社会資本整備）の必要をもたらした。

一九〇〇年二月九日、『新大和』は「奈良市の事業　一市是を確樹すべし」と題する社説を掲げるが、「市是」とは市の行政計画のこと、現代風に言い換えると都市計画のことであった。それを確立せよとの社説が、世紀転換期のこの年に書かれたのである。二〇世紀に入ると、奈良もまた都市計画を必要とする近代都市に生まれ変わっていたのである。一九〇九（明治四二）年五月には奈良女子高等師範学校が創設され、同年一〇月には奈良ホテルが開設された。大正から昭和にかけて、奈良市に隣接する法蓮村が、サラリーマン向け住宅地として開発されていった。いわゆる「文化住宅」の波が押し寄せた。(11)

当然それにともなって奈良の人口構成も少しずつ変わっていった。サラリーマン層が確実に増加していった。そしてそれに伴い、大正デモクラシーという言葉に象徴される、都市型大衆文化が定着していく土壌も形成された。一九二五（大正一四）年に白樺派のリーダー志賀直哉が奈良（最初は紀寺、後に高畑）に移り住んでくると、彼をしたって多くの文人墨客も奈良を訪れるようになった。その中にはプロレタリア文学者小林多喜二なども含まれていた。彼らは奈良に大正デモクラシーの雰囲気を伝えたのである。

ところで、近代の奈良には、何とも不可解な出来事がある。奈良公園の造営にもたずさわった添上郡東里村出身の植木職人棚田嘉十郎（東笹鉾町）が、明治三〇年代になると、まずは平城神宮建設運動に、次いで平城宮跡保存運動に挺身するようになるが、その成果がようやく現れ始めた一九二一（大正一〇）年、突然自刃してはててしまうのである。平城宮跡に今も立つ「平城宮阯保存紀念碑」を見れば、棚田嘉十郎が平城宮跡保存の自他共に認める功労者であったことは明らかである（写真5・6）。その彼が、翌年には平城宮跡が国の史跡に指定されるというその段階になって、突如奇怪な死を遂げてしまうのである。

(11)　帷子二郎「奈良十年の変遷」（『佐保会報』第二四号、一九三五年一〇月三〇日）は法蓮住宅発達の有様を「（大正末には）まだ新住宅地としての発達は微々たるもので当時法蓮全体で約二五〇戸に過ぎなかった。然るに昭和に入つて空地が速かに充され、今日では立派な文化住宅区に一変し、佐保山の麓は西方不退寺迄住宅続きになつた。」と描いている。ちなみに『佐保会報』というのは奈良女子大学（奈良女子高等師範学校）同窓会の会報である。

写真5　平城宮跡にたつ平城宮阯保存紀念碑

写真6　棚田嘉十郎のたてたJR奈良駅前案内碑

何とも不可解な出来事ではないか。

　結局想像を逞しくするしかないが、直接の原因はさておき、『小説棚田嘉十郎』（京都書院、一九八八年）の作者中田善明も示唆しているように、やはり棚田にとって、平城宮跡の保存は、遺跡としての保存ではなく、聖武天皇を祭神とする平城神宮としての保存でなくてはならなかったのではないだろうか。棚田の念頭からは平安神宮（祭神＝桓武天皇）のことが最後まで離れなかったのだろう。平安神宮は建都の功労者桓武天皇を顕彰するためだけに建設されたのではなかった。そこを京都市の郊外（鴨川の東）開発の起点にするべく、建都一一〇〇年祭&第四回内国勧業博覧会の祝祭の中で建設されたのである。さらには、それが遂行されれば必ず地域社会に様々な――地域間・階層間・個人間の――対立を持ち込む都市計画事業（種々の社会資本整備）を行っていく上で必要な、京都市民の「愛市心」を強固なものにするために建設されたのである。

　奈良においても奈良の都市化は、地域間の利害対立を激しいものにしていた。棚田が平城神宮建設を思い立ったちょうどその頃（一八九九年）、奈良市（都市部）と周辺五三ケ村の間には、糞尿処理費問題をめぐる激しい対立があった（写真7）。

庭師棚田にとって平城神宮の建設は、その「愛市心」涵養の場としての効用を期待してのことだったのではないだろうか。だから遷都一二〇〇年祭以降の、運動が単なる平城宮跡保存運動に矮小化していく様は、彼にとって堪えがたいことだったのだろう。多分、彼は奈良を都市計画の整った景観美あふれる近代都市に造り替えることを夢見ていたのではないだろうか。ＪＲ奈良駅の西側に大宮町や三条宮前町、三条大宮町といった大きな神社の存在を示唆する地名が並ぶのも、平城神宮と奈良駅を結ぶ何らかの道を中心にした都市計画が、「幻」ではあってもかつて存在したことを示唆しているのではないだろうか。それ故の自死ではなかったのか。勝手な推測だが、私はそう思う。

なお本稿執筆にあたり個々には記さなかったが、永島福太郎著『奈良県の歴史』（山川出版社、一九七一年）、鈴木良編『奈良県の百年』（山川出版社、一九八五年）、和田萃他著『奈良県の歴史』（山川出版社、二〇〇三年）などはおおいに参考にさせていただいた。最後に記して先輩諸氏に謝意を表しておきたい。

写真７　大安寺付近にたつ糞尿問題解決功労者顕彰碑

奈良小景

中世の奈良とローマ

山辺規子

数年前に当時教養科目に存在した「比較文明史」という授業を担当したときに、「中世のローマと奈良」というテーマを選んだ。

このタイトルをいうと、たいていの研究者仲間はいぶかしそうな顔をした。「奈良とローマとは。なぜ、この二つを並べるのか。どうせ比べるなら、奈良につくられた平城京のモデルである長安ではないのか（これは西洋史を専門とする私には無理な話である）。それに奈良といえば、なんと言っても、奈良に都があった奈良時代だろう。ローマもまた、なんと言っても古代ローマ帝国時代のローマこそ取り上げるべきものだろう。百歩譲って、ミケランジェロなどが活躍したルネサンスの時代のローマではないか。なぜ中世なのか。」

当然の疑問である。

それに対して、言い訳がましく説明をした。

時間と空間にかなり差はあるが、奈良もローマもどちらも、古代においては国家の中心である首都だった。しかし、その後首都の地位をすべりおちて、政治の表舞台から退いたかにみえる。しかし、実のところ、中世にはどちらも宗教上で特筆すべき位置にあった。奈良は仏教教学において重要な位置を占めていたし、中世に大和の国を事実上支配したのは興福寺であった。東大寺は皇室ゆかりの寺として多くの荘園を有し、二度にわたる大仏殿炎上にもかかわらず、多額の費用を必要とする再建がなされたことは注目に値する。ローマは、天国への鍵を預かる使徒ペテロが眠り、ローマ・カトリック教会の中心地であった。中世ヨーロッパにおけるキリスト教の重要性を強調すればするほど、中世ローマが良くも悪くも強く意識される存在であったことがわかる。

つまり、どちらも、宗教的権威の所在地として、多くの人々をひきつけ、唯一無二の「門前町」として生き続けることになった。古代の都がしばしばただの「遺跡」としてしか残らなかったのに対して、中世に宗教都市として発展を見せたことが現在につながったという意味で共通性がある。だから、この二つを比較してみることはおもしろいのではないかと思ったのである。

実際に、いい授業ができたかといえば、その自信はない。ただ、印象深かったのは、「大学の授業で一人の歴史の先生が、日本史も世界史も語るのを初めて聞いた」という感想である。現在、高校の歴史ではたとえ地歴の教員免許を持っていたとしても、日本史と世界史に分かれ、それぞれでスペシャリストが話すことが多い。また近年問題になったように、生徒もまた入試を考えてどちらかだけの履修、あるいは一方については極端に簡単にしかやっていないということが多いようである。西洋史の関係者にとっては基本中の基本と思われることでも、西洋史以外の人からみれば「初めて知ること」であることも少なくない。また、実際に聞いたことがあることでも自分自身で問いかけてみないと、記憶に残らないのである。

大学という場は、たしかに高度な専門性が強く求められる。私自身、授業をするにあたって、奈良の歴史に関する研究書のページをめくったが、本格的に関係する史料を読んだわけではない。それにもかかわらず、こんな授業をしようとしたのは無謀だったのかもしれない。ただ、他人の話をきくだけでなく自分で比較をすることは、それまで意識していなかった点の意味を問い直す機会になる。まして、奈良の町は毎日その中に身を置いている町であり、研究対象としているヨーロッパとは違った意味で「よく知っている」町である。そういう意味で、私にとっては、それまでとは違った目で、研究対象を考えてみるいい機会だったと思っている。

Capitolinoからの眺望　Gesu教会方面

GISで描く郊外の奈良、奈良の郊外

――石﨑研一

1 プロローグ――郊外としての奈良

国民の日常的な生活時間について調査した、総務省『平成一八年社会生活基本調査』によれば、奈良県の一五歳以上の女性は、育児や買い物などの家事関連に費やす時間が一日あたり平均二五四分であり、全国で最も長いという。しかし、このことから「『良妻賢母』のまじめな県民性が浮かび上がった」（産経新聞二〇〇七年一一月七日奈良版より）と解釈するのは早計であろう。というのも、女性の家事時間が長いのは大都市圏郊外でよくみられる特徴であるが、[1] こうした郊外では核家族化が進み、専業主婦率が高く、職住分離の傾向にあるため、[2] 家事負担が分散できず、通勤世帯の生活リズムに合わせた時間配分と役割分

（1） 武田祐子・木下禮子編 二〇〇七『地図でみる日本の女性』明石書店。
（2） 総務省『平成一七年国勢調査』をもとに、都道府県別の核家族率、専業主婦率、他市区町村への通勤率の分布をみると、いずれも大都市圏郊外で高い傾向にあり、女性の家事関連の時間との相関は、それぞれ〇・六七、〇・六八、〇・五九とかなりの関連があることがわかる。

担を余儀なくされ、結果的に主な家事の担い手と目される女性に家事負担が集中する。つまり、奈良県の女性の家事時間の長さは、大都市圏郊外に特有の地域条件が反映されたものであり、人々の気質や意識などに由来する話ではない(3)。生活時間の調査から浮かび上がるのは、典型的な大都市圏郊外としての奈良の姿なのである。

ここでは、近年の郊外論ともいうべき都市論(4)を参照しながら、郊外としての奈良の姿を何枚かの地図によって素描してみたい。その際、膨大な地域情報を効率的に地図化するとともに、様々なデジタル地図の重ね合わせや加工・分析によって、空間的な観点から現象を理解するための想像力を働かせることができる、地理情報システム（ＧＩＳ）を活用したい。

2　女たちの大和──男性不在の郊外

平日昼下がりの「ならやま大通り」にあるレストランは女性客の姿が目立つ。奈良盆地北部の丘陵地を東西に横切るその幹線道路には、瀟洒な住宅が建ち並び、お洒落なカフェや洋菓子店が周りの住宅と調和的に点在する。週末の家族連れの車でにぎわう喧噪とは異なり、平日の郊外住宅地の中を通る落ち着いた幹線道路は、彼女たちのために用意された格好の舞台だ（章末写真1）。

総務省『平成一七年国勢調査』によれば、奈良県は専業主婦率(5)が五〇・二％、核家族率が六四・九％、県外就業者率が二九・三％と、いずれも全国で第一位である。女性の専業主

(3)　そもそも、同じ調査の五年前の報告（総務省『平成一三年社会生活基本調査』）では、奈良県の女性の家事関連の時間の長さは全国で第一〇位であり、したがって県民性という長きに渡って培われてきた人々の気質に帰すべき問題ではないと考えられる。ちなみに、奈良県の県民性の特徴として、祖父江孝男は消極的で個人主義的な傾向を、武光誠はおっとりした性格で保守的なふるまいを、それぞれ挙げている。祖父江孝男　一九七一『県民性』中央公論社。武光誠　二〇〇一『県民性の日本地図』文藝春秋。

(4)　さしあたり、つぎのような文献が挙げられる。小田光雄　一九九七『〈郊外〉の誕生と死』青弓社、三浦展　一九九九『「家族」と「幸福」の戦後史─郊外の夢と現実』講談社、若林幹夫・三浦展・山田昌弘・小田光雄・内田隆三　二〇〇〇『「郊外」と現代社会』青弓社。

(5)　ここでの専業主婦率とは、一五歳以上の有配偶女性人口のうちの家事従事者の割合である。

婦化が進んだのは戦後の高度成長期から一九八〇年頃までであるが、[6] その後は減少しており、核家族率も同様に一九八〇年をピークに減少傾向にある。その中で奈良県は、相対的に専業主婦化と核家族化が持続されてきたといえる。専業主婦が夫の被雇用労働と職住分離によって登場したという指摘[7]にもあるように、就業機会に乏しい郊外では、「男（夫）

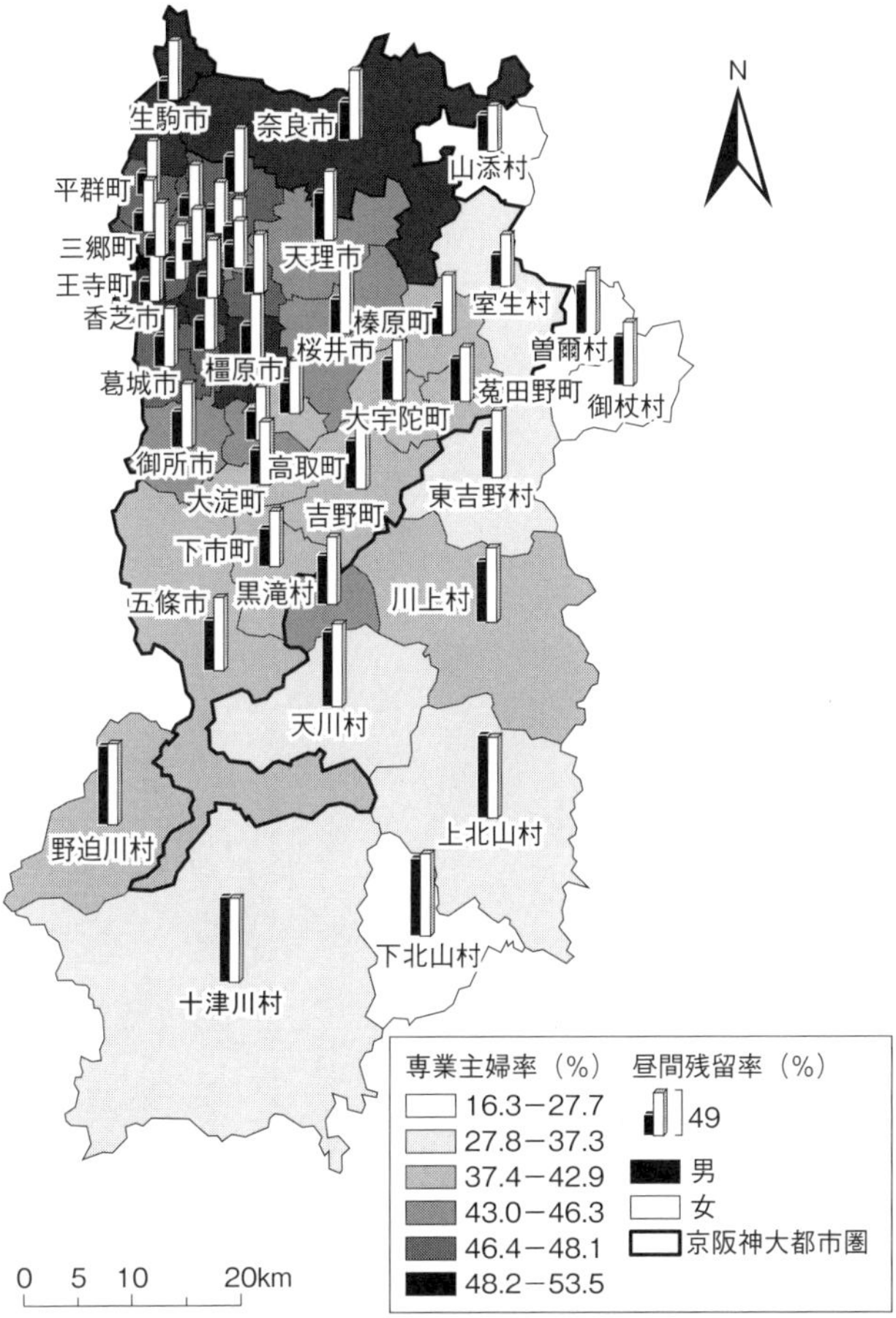

図1　30～49歳の男女別昼間残留率と専業主婦率の分布
注：昼間残留率とは、総務省『平成17年国勢調査』による常住人口（夜間人口）から他市区町村への通勤・通学者数を引いた残留人口を常住人口で除した割合（%）である。

（6）内閣府『平成一三年度国民生活白書』ぎょうせい。
（7）杉野勇・米村千代 二〇〇〇「専業主婦層の形成と変容」一七七―一九五。原純輔編『日本の階層システム1 近代化と社会階層』東京大学出版会。

は仕事、女（妻）は家庭」という性別役割分業が固定化される傾向にある。[8]その結果、郊外の典型的なサラリーマン世帯では、夫が主な就業地である都心に赴き、妻が居住地に残るという、とくに平日昼間の常住人口構成のアンバランスが生じる。

図1は奈良県の市町村別に三〇～四九歳の男女別昼間残留率と同年代の専業主婦率の分布を示したものであるが、一般的に育児期から女性の再就職期に移行するこの年代では、残留率の男女差に明らかな地域差があることがわかる。たとえば大阪の都心に近い生駒市では、女性の残留率六八・八％に対して男性は二一・四％と三倍以上の開きがあるが、中山間地域の十津川村では、女性が九六・三％、男性が九八・二％といずれも残留率が高く、しかも女性よりも男性の方が若干高い。全体的にみると、京阪神大都市圏[9]に含まれる市町村で残留率の男女差が大きい傾向にあり、とくに西の丘陵地を含む奈良盆地内の市町村はその傾向が強い。逆に言えば、奈良盆地を中心とする昼間残留率の男女差の著しい地域が、奈良県の中でも典型的な郊外として位置づけられるといえる。

ここで専業主婦率の分布と比較してみると（図1）、女性の残留率が高い地域で専業主婦率が高いとは限らず、たとえば奈良県南部の中山間地域では、昼間に残留する女性は多いが専業主婦は少なく、このことから結婚後の女性の多くが地元で職に就いていることがわかる。一方、昼間残留率の男女差が著しい郊外に相当する地域では、専業主婦率が高い傾向にあるため、昼間に残留した女性の多くが、家事労働や消費活動に専念していることが予想される。こうした地域差が存在する要因には、就業機会の多寡や就業構造の違い、都心へのアクセスなどの一般的な要因と、とくに女性にとっては、結婚後の就業意識と就業の必要性、そして就業可能にする家庭内外の環境などの様々な要因が考えられる。

（8）田中重人 二〇〇〇「性別分業を維持してきたもの―郊外型ライフスタイル仮説の検討」九三―一一〇。盛山和夫編『日本の階層システム4 ジェンダー・市場・家族』東京大学出版会

（9）京阪神大都市圏とは、基本的に京都市・大阪市・神戸市への一五歳以上の通勤・通学者率が常住人口の一・五％以上の市区町村のことである。

ところで、昼間に残留するのは女性だけではない。子どもや高齢者も然りである。実際に奈良県の場合、〇〜一四歳と六五歳以上の残留率は、男女に関わらずいずれの市町村でも高く、各市町村における〇〜一四歳の男性の残留率の平均は九七・九％、女性は九八・〇％、六五歳以上の男性の平均は九三・六％、女性は九八・九％であり[10]、地域差もほとんどない。その結果、女性と子ども、そして高齢者だけが残り、生産年齢に相当する一五〜六四歳の男性の姿が見えないという現象は、とくに平日昼間の郊外で顕著だといえる。もちろん、逆に他市区町村からの流入人口もあるため、昼間の男性人口は残留人口だけで決まるわけではない。しかし重要なことは、女性（妻）や子どもたちにとって一番身近な男性（夫）が昼間にいなくなるという事実である。

こうした男性不在の郊外では、昼間に失った男性性を補うためか、家族の安全を監視カメラや警備員の巡回などに託すような住宅地なども存在するという[11]。昼間に郊外に残った子どもたちは、身近な男性の働く姿（生産活動）を目にする機会はなく、女性の家事労働と消費活動しか見ることができない。

件の「ならやま大通り」を北へ、京都府、大阪府、奈良県にまたがる関西文化学術研究都市の中に、何かと話題の「私のしごと館」という体験型職業博物館がある。様々な職業をヴァーチャルに体験することができるその施設は、昼間に残された者が、現実地域で失われた男性性を仮想空間の中で見出すとでもいうのか、夫あるいは父親の代わりに、働く姿を囲い込まれた空間の中で追い求めることができるという意味で、まさに郊外を象徴する存在なのかもしれない[12]。

(10) 総務省『平成一七年国勢調査』による。

(11) 吉田容子 二〇〇六「郊外空間のジェンダー化」地理科学 六一、二〇〇—二〇九。

(12) 脱稿後の二〇〇八年一二月、「私のしごと館」は国の事業としては廃止されることが決定した。象徴はあくまで象徴に過ぎなかったのだろうか。

3 「学園前」の侵略——地名イメージの氾濫

「〇〇駅まで徒歩一〇分」、「憧れの街、△△に暮らす」。週末ともなれば、新聞の折込広告をにぎわす不動産広告のキャッチコピーだが、なかには首をかしげたくなるものもある。実際には最寄りの駅が別の駅であったり、生活圏が異なる街の名が利用されていたりするからである。

郊外住宅地の系譜をひもとくと、一九〇〇年代初期の鉄道資本による沿線開発に端を発する。[13] 一九一〇年の箕面有馬電気軌道（現・阪急電鉄）による室町住宅地を嚆矢として、一九二三年には東京急行電鉄の前身である田園都市株式会社による田園調布（当初は田園都市多摩川台として分譲開始）が開発された。沿線人口の増加がもたらす鉄道経営の安定化や理想的な街づくりが目的であったが、結果的に、高質な住宅開発によってその後の良好な沿線イメージが定着した。主に中流向けであった戦前の郊外住宅地のいくつかは、やがて戦後の高度成長期を経て高級住宅地として知られるようになる。

これら初期の郊外住宅地のモデルとなったのが、英国の実務家であり社会改良家でもあったエベネザー・ハワードの田園都市構想[14]である。田園都市構想の具体的な都市計画案として有名な、放射状と同心円状の街区プランは、田園調布やその他の郊外住宅地で一部採用され、現在でも区画が残っている。近鉄奈良線の学園前駅の住宅地もその一つである。学園前駅北口のバスターミナルと商業施設を核として、北西方向に半径三五〇メートルほどの

(13) 山口廣編 一九八七『郊外住宅地の系譜―東京の田園ユートピア』鹿島出版会。

(14) E．ハワード・長素連訳 一九六八『明日の田園都市』鹿島出版会。

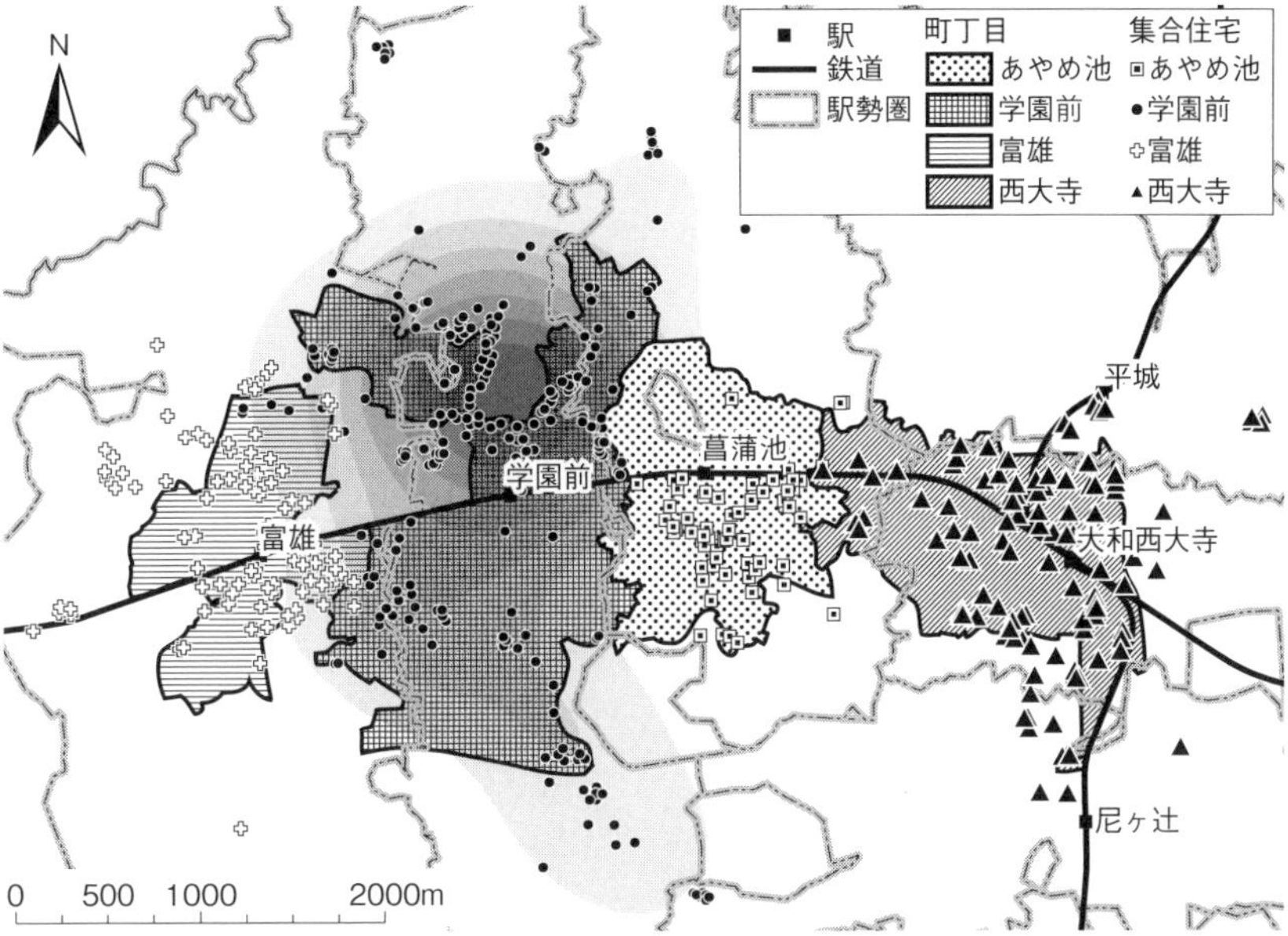

図2　地名を付した集合住宅の分布

注：集合住宅は民間の集合住宅に限定しているため、公団住宅（現・都市再生機構）や公営住宅は含まれていない。なお、図中の濃淡は、学園前の集合住宅の分布密度を表わしており、色が濃いところほど密度が高い。

扇形に広がる「ミニ」田園都市は、一九五〇年頃から始まる近畿日本鉄道の大規模な宅地造成の一環として開発された。(15) 高級住宅地としての学園前のイメージが、いつ頃から定着したのかは定かではないが、少なくとも先の不動産広告などをみると、高級住宅地イメージがある程度浸透しているのは確かなようである。

こうした特定の地名が持つイメージが、不動産物件にどのように戦略的に利用されているかというと、たとえば「メゾン田園調布」（架空名称）といったマンション名などの、地名を付した集合住宅が、実際の地名の範囲を越えて立地している場合などにみられ

（15）近畿日本鉄道株式会社 一九六〇『50年のあゆみ』近畿日本鉄道。章末写真2も参照のこと。

る。事実、高級住宅地として知られる東京都世田谷区の成城では、成城と名が付いた集合住宅の分布が成城の町名の範囲を越え、さらに成城学園前駅の隣の駅に近い場所まで広がっていることがわかっている。(16) 同様のことは奈良の学園前にも当てはまる。(17)

実際にゼンリン社の電子住宅地図『Zmap-TownⅡ』を使って、近鉄奈良線沿線の主要な地名を付した集合住宅の広がりをみてみよう（図2）。富雄、学園前、あやめ池、西大寺の地名が付いた集合住宅は、二〇〇四年度時点でそれぞれ一〇四、二三五、六二、一〇七件であり、学園前が最も多い。(18) ここで集合住宅の分布と比較するために、実際の地名の範囲（これをテリトリーと呼ぼう）を、各地名の付いた町丁目と駅の勢力範囲（駅勢圏）の二種類に設定した。町丁目については、富雄、あやめ池、西大寺の名が付いた町丁目の範囲を、学園前については学園の名が付いた町丁目の範囲を、それぞれテリトリーとした。また駅勢圏は、国土地理院『数値地図2500（空間データ基盤）』の道路網データを用いて、道路距離に基づいて最寄りの駅を検出し、駅のテリトリーを画定した。

集合住宅	町丁目		駅勢圏
	2001年度	2004年度	
富雄	22.8	30.8	0.0
学園前	48.2	51.1	35.7
あやめ池	11.9	11.1	0.0
西大寺	31.1	34.6	26.2

表1　地名を付した集合住宅の侵出率

注：侵出率とは、地名ごとにテリトリー外の物件数をその地名の物件総数で除した割合（%）である。

資料：町丁目の2001年度のデータは落合（2002）による。ただし、駅勢圏については2004年度のみである。

表1は、地名を付した集合住宅が各々のテリトリーを越えて、他のテリトリーに侵出している割合を示したものである。町丁目では、学園前の名を付した集合住宅の半数以上が、テリトリーを越えて他の町丁目に侵出している。それに対して隣のあやめ池の侵出率は低く、図2をみてもわかるように、あやめ池の集合住宅の多くは町丁目内にコンパクトにまとまっている。二〇〇一年度の結果と比較する

(16)　田代康弘 二〇〇〇『集合住宅の名称からみた地名の広がり―東京都世田谷区を事例に―』一九九九年度東京都立大学理学部地理学科卒業論文。

(17)　落合裕子 二〇〇二『奈良市における集合住宅の名称からみた地名イメージ』二〇〇一年度奈良女子大学文学部卒業論文。

(18)　学園前については、「学園前」および「学園」の名がついた集合住宅を対象とした。ただし、二三五件のうち「学園」と付いた集合住宅は五件であり、他はすべて「学園前」となっている。

と、あやめ池以外は若干侵出率が増加しており、とくに富雄は分布範囲が広がっている。

駅勢圏でみると、富雄とあやめ池は完全に自分のテリトリーに収まっているのがわかる。他方、学園前と西大寺は駅勢圏でも侵出率が顕著であり、西大寺の場合、隣接する平城駅や尼ヶ辻駅付近まで、西大寺と名の付いた集合住宅が立地している（図2）。学園前について、GISを使って集合住宅の分布密度を求めてみると（図2の濃淡部分）、学園前駅の北の鶴舞西町周辺で最も密度が高く、そこから北東のあやめ池の駅勢圏内や富雄駅の北などに侵出している様子がよくわかる。

こうしたテリトリー外に侵出する要因としては、駅までのバス路線網や、急行以上の停車駅であるか否かなど、都心へのアクセスの良さが住宅の評価につながるため、必ずしも最寄り駅ではない学園前や西大寺の地名をあえて利用していることが考えられる。これは都心との関係が前提とされる郊外住宅地ならではの特徴といえるかもしれない。また、その他の要因としては、地形条件や旧地名、地名を付した主要施設の存在などが挙げられる[19]。いずれにせよ、特定の地名がテリトリーを越えて侵出するということは、地名そのものにそれなりの知名度があるからであり、こうした地名イメージが巧みに利用された結果と考えられる。

職住近接型の小都市を描いたハワードの田園都市構想とは異なり、都心への通勤輸送を見込んだ鉄道経営と無関係ではない日本の田園都市は、その後の職住分離型の郊外住宅地の手本となった。住むことに特化した郊外では、それゆえに住むことへのこだわりやステータスが要求される。地名イメージを利用した場所のブランド化によって、真の高級住宅地というよりも高級住宅地っぽさ[20]が演出され、そうしたイメージを了解した人々の憧憬を満

(19) 落合二〇〇二前掲書。

(20) 小林修一・加藤晴明一九九四『《情報》の社会学』福村出版。

たすべく、さらにイメージは氾濫する。こうして郊外の高級住宅地は再生産され、消費されていくのだ。

4　Zの悲劇――ファスト風土化する奈良

郡山インターから橿原方面へ国道二四号を南下すると、ゆるやかに流れる背後の田園風景とは裏腹に、ファミリーレストランや家電量販店、紳士服チェーン店などの見慣れたロゴマークと店舗意匠が次々に飛び交う（章末写真3）。先ほど通り過ぎた、唐古・鍵遺跡の楼閣を覚えていなければ、ここが群馬や栃木などの北関東の風景と言われても何ら違和感がない。

郊外に卓越する、いわゆるロードサイド・ショップが作り出す画一的・均質的な風景や生活環境のことを、三浦展(21)は「ファスト風土」と呼んだ。一九七〇年代以降の本格的なモータリゼーションの進展と飲食業の自由化を契機とする外食産業の台頭、大店法による大型店の出店規制が助長したコンビニエンスストアの隆盛、そして、一九九〇年代以降の規制緩和による大型店の出店ラッシュと小売経営の多様化、これらの主役である大手チェーン店が展開した主な舞台が郊外だったのである。確かに、車を利用して週末にまとめ買いをする典型的な郊外居住者にとっては、駐車場が完備され、比較的安価で品揃えが豊富なチェーン店は魅力的である。しかし、こうしたチェーン店が作り出した全国一律的な風景が地域の固有性を喪失させ、人々の心をも変質させたのだ、と三浦氏は指摘する。(22)

(21)　三浦展 二〇〇四『ファスト風土化する日本―郊外化とその病理』洋泉社。

(22)　ただし、三浦氏の主張は、地方都市および郊外が抱える病理を鋭く問題提起したという点で興味深いが、様々な統計データを用いつつも、やや荒っぽい議論に終始しているという理由で、その主張には首肯しかねる点が多々ある。

ここで、インターネット・タウンページを使って奈良のチェーン店の分布をみてみよう（口絵6、図3）。コンビニエンスストア・ドラッグストア・書店（図3のコンビニ等）、スーパーマーケット・ディスカウントストア・紳士服店・衣料品店・家電量販店・ホームセンター・玩具店・スポーツ用品店・レンタルビデオ店・自動車用品店（図3のスーパー等）、

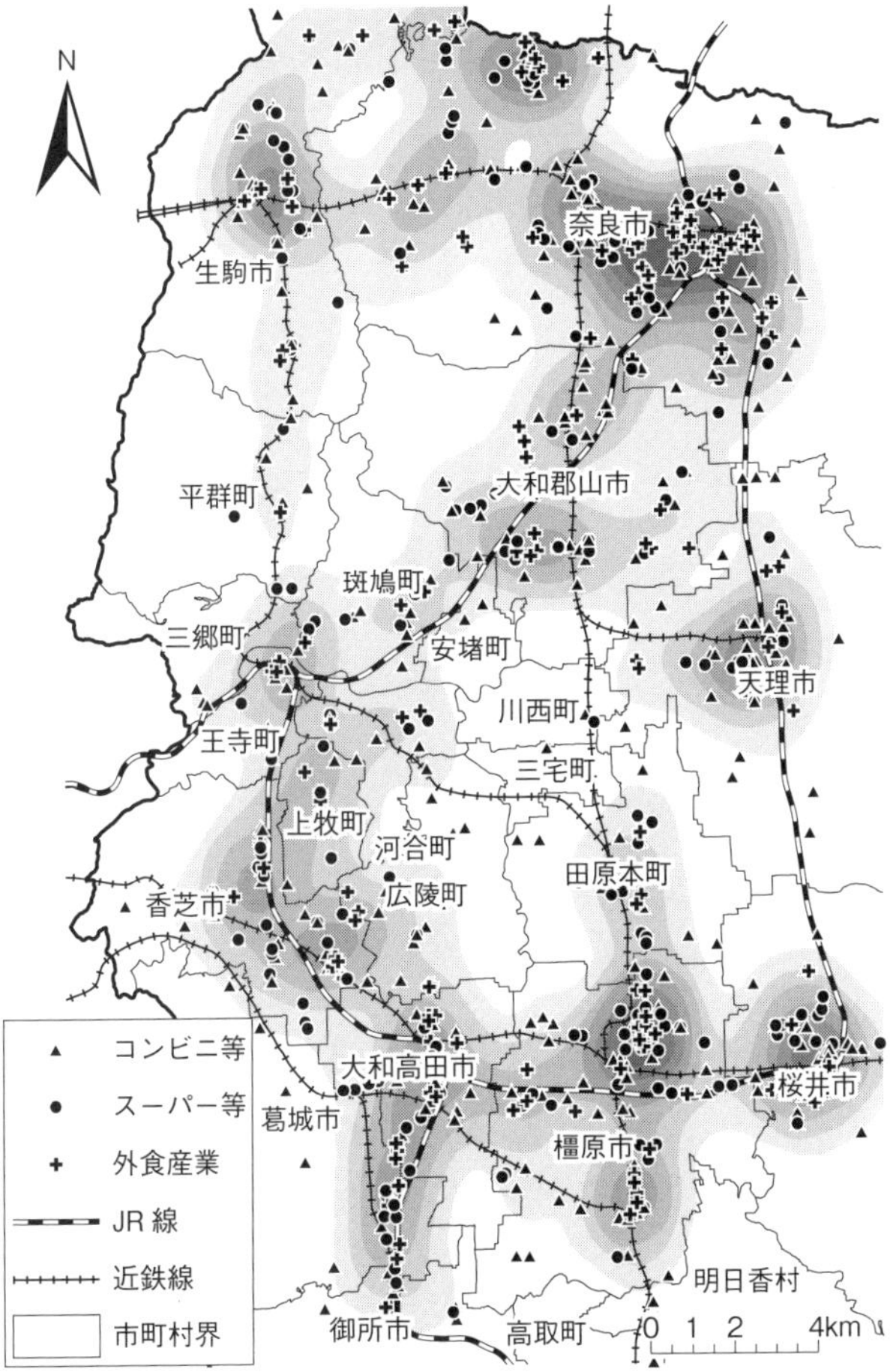

図3　奈良のチェーン店の分布

注：インターネット・タウンページ（2008年5月現在）の検索結果をもとに、東京大学空間情報科学研究センター提供の「CSVアドレスマッチングサービス」を利用して場所を特定した。なお、図中の濃淡は、すべてのチェーン店の分布密度を表わしている。

ファストフード・ファミリーレストラン（図3の外食産業）の各業態について、個人経営や地元小規模チェーンを除くチェーン店の数を調べてみると、二〇〇八年五月現在で奈良県には九二四店がある。これらのほとんどが奈良盆地に集中しており、とりわけ奈良市中心部や橿原市中心部に多い。図2と同様に店舗の分布密度を求めてみると（図3の濃淡部分）、店舗が集積していることを示す、色の濃い部分が帯状に連なっているのがわかる。そして、生駒～奈良～香芝～桜井と結ぶ、その帯をたどってみると、アルファベットの「Z」の文字が浮かび上がる。そう、奈良のファスト風土はZ型なのである。

こうした形になる理由としては、需要分布である人口分布と鉄道網の影響が考えられる。実際に奈良の人口密度分布を町丁目などの小地域単位でみると（図省略）、図3の店舗密度に類似した分布パターンとなっている。さらに、タウンページで得られる店舗情報では、店舗が立地している場所がロードサイド型であるか駅前立地型であるかの判別はできないため、乗降客の多い駅を中心とした駅前立地型の店舗が混在したことによって、結果的に鉄道網に沿った分布パターンに従ったと考えられる。(23)

ところで、「ファスト風土」に例えられる風景とは、建物が密集した駅前の中心地というよりも、周りに目立った建物が見あたらない田園風景が広がる開放的な場所に、全国一律的なチェーン店が忽然と現れるような象徴的な風景のことかもしれない。そこで、店舗の周りがいかに開放的であるかをみるため、図3のチェーン店の周りの土地利用について、田および畑の割合を円の大きさで示したのが図4である。円が大きいものほど田畑率が高いため、店舗の周りは田園風景が広がり、店舗の存在が際立つといえる。図3と比較してみると、店舗密度がそれほど高くはない地域に田畑率が高い店舗が偏っていることが

(23) ちなみに、図3のコンビニ等、スーパー等、外食産業の分類ごとに密度分布を求めても、全体の分布パターンとさほど変わらない。

わかる。具体的には、奈良盆地の東側の主要幹線道路沿いであり、とくに奈良から橿原に至る国道二四号や、奈良から桜井に至る国道一六九号沿いで田畑率の高い店舗が連なっている。いわば現代版の下ツ道（中街道）と上ツ道（上街道）沿いに「ファスト風土」の象徴的な風景が展開されているのである。

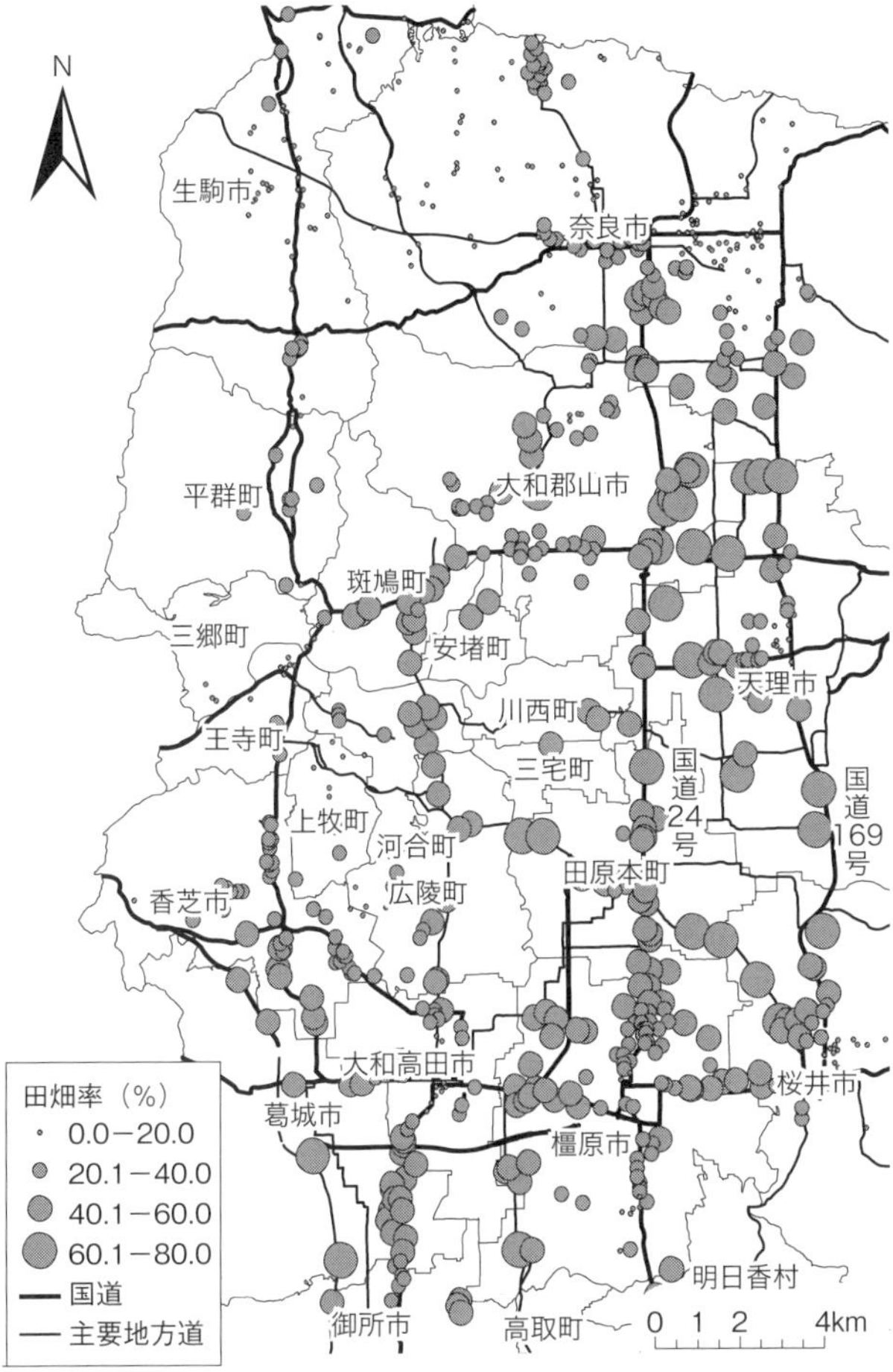

図4　各店舗の田畑率

注：田畑率の算出には、国土交通省『国土数値情報　土地利用細分メッシュデータ平成9年版』を用いて、各店舗から半径1kmの円内の「田」および「その他の農用地」の土地利用の割合を求めた。

一九九一年に日本に上陸した玩具チェーンの「トイザらス」は、翌年に国内第二号店を橿原市に出店した。[24] さらに遡ること一九八四年には、現マイカルによるスーパーマーケット「サティ」が奈良市学園前に第一号店を出店している。しかし今や、トイザらス橿原店は移転し、学園前サティも閉店している。経営破綻による統合や業務提携など小売業界の再編は著しい。店舗の立地もこうした再編や経営不振を理由に目まぐるしく変わっている。昨日まであった店舗が翌日には姿を消しているのは珍しくないことだ。いくつかのチェーン店にとって、店舗展開の幕開けの地であった奈良も例外ではない。

いつ終わるともしれない小売競争と全国地方都市に蔓延する「ファスト風土」。果たして奈良に浮かび上がった「Z」の文字は、これらの舞台となった郊外の終演（終焉）を意味するのだろうか。それとも、新たな展開を予感させる幕間に過ぎないのだろうか。それは、始まりの終わりかもしれないし、終わりの始まりなのかもしれない。

5　エピローグ――均《なら》された空間のゆくえ

職住分離、郊外住宅地、そしてロードサイド・ショップ。ここでは郊外の諸相をきわめて断片的に捉えてみた。郊外化という現象は、程度の差こそあれ、おそらく全国の都市が共通に経験している出来事であろう。郊外という空間が画一的であるという意見には、果たして郊外だけの問題なのか、あるいは同じ郊外の中でも違いは存在しないのか、様々に吟味する必要がある。しかし、郊外化にともなって、中心（都心）との関係を余儀なくさ

（24）「トイザらス」は茨城県に国内第一号店を出店しており、橿原店は西日本地域における第一号店といえる。当時、ジョージ・ブッシュ米国大統領も訪れた橿原店は、日米経済摩擦から規制緩和へと移行するこの時期の象徴的存在でもあった。

れた地域が、地域本来の固有性を徐々に削られ、均されてきたことは紛れもない事実であろう。

　大都市圏郊外として歩んできた奈良が、いま問われている問題とは何か。それは、失いつつある地域の固有性という名の場所の復権なのかもしれない。

写真1　奈良市と生駒市の市境付近の「ならやま大通り」(2008年12月著者撮影)

写真2　1960(昭和35)年当時の学園前駅周辺(出典：奈良市ホームページより)

写真3　国道24号沿いの田原本付近から橿原方面を望む(2008年12月著者撮影)

奈良小景

統計にみる奈良の特性

林拓也

いまから数年前、私が本大学に赴任した当初のころの、奈良の第一印象は、歴史的なネームバリューの割に「小ぢんまり」した町というものであった。一方、その小ぢんまり感と表裏の関係にあると思われた閉鎖的な雰囲気は感じられず、予想したよりも「開放的」な印象も受けたのも記憶している。このような一個人――しかも近年まで完全な外部者――による印象がはたして裏づけることができるのかどうか、統計データによって少し調べてみたい。奈良県統計課のホームページの中に「一〇〇の指標からみた奈良県勢」というサイトがあるので、そこから奈良の特性をいくつかピックアップしてみよう。

まず「小ぢんまり」を示す指標として、【可住地面積割合】は全国都道府県の中で四三位、また【可住地面積】そのものは最下位であった。【人口密度】は一四位とやや上位に位置しており、狭いスペースに密集しているようにも思えるが、【持ち家比率】が一〇位と上位であることから、アパートや団地のようにいかにも「密集」という印象ではなく、「小ぢんまり」というように映るのかもしれない。

次に「開放性」について、直接的な指標ではないが、それが形成される素地となるようなものとして、【人口転出率】が一〇位、【昼間流出人口比率】は二位、【県外就業率】は一位と、人々が地域外（とくに京阪大都市圏）に出る割合は非常に顕著であることがうかがえる。先の「開放性」という特性が意味するのは、主に奈良への流入者に対してのものであるが、この統計が示しているのは、奈良県民自身が流出している傾向なので、必ずしも結びつくものではない。しかし、地域外の他者と接する機会が多いという特性から派生した結果として、開放的な気質が形成されるのだとしたら、うなずける部分もあると思われる。

さらに、通学や通勤に伴う流出者が多いことに着目するならば、その流入者が多い地域に比べると、「小ぢんまり」した特性は維持されやすいと考えられる。観光を目的とした奈良への来訪者は多いとしても、それが集中する地区や時期が限られていることも、一因かもしれない。

以上から、冒頭で紹介した奈良に対する第一印象が裏づけられたようにも見えるが、この私の印象は、近鉄奈良駅から大学に至る通勤の道のりに強く影響されているため、奈良県全体の統計データでは若干の齟齬《そご》があることは留意しておく必要がある。もっと詳しい統計を調べてみたいとお思いの方は、上記の奈良県統計課のホームページにアクセスしてみて、自分なりの「奈良」を再確認してみてはいかがだろうか。

追記

一二〇ページのコラムでは、「寝倒れ」という俗説について触れられているが、県勢データによると、【就業率】が四六位とそれを支持するような統計が示されていた。ただし、奈良県民が非活動的かと言えば、必ずしもそうではない。たとえば、【海外渡航者数（人口一〇〇〇人当たり）】は五位、【新聞頒布数（一世帯当たり）】が一位、【ピアノ所有台数（一〇〇〇世帯当たり）】は二位と、仕事より文化的活動に重点を置いたライフスタイルが見受けられる。

※参照ホームページ
一〇〇の指標からみた奈良県勢 平成二十二年版
http://www.pref.nara.jp/dd_aspx_menuid-11606.htm

奈良周辺の景観に見る自然の歴史

――高田将志・相馬秀廣

「奈良」と聞くと、一体、人は「どこの奈良」を思い浮かべるのであろうか。奈良県、それとも奈良市街だろうか。きっと東大寺や春日大社のある「奈良」、あるいはそれに唐招提寺、薬師寺や法隆寺までをセットにした「奈良」を思い浮かべる人もいるだろう。明日香や吉野ももちろん「奈良」ではあるが、具体的にこれらの地域をイメージする場合には、「奈良」という言葉で表現するよりも、むしろ「明日香」や「吉野」という地名で呼ぶことの方が多いのではないだろうか。「奈良」から「ならまち」をイメージする人もいるかも知れないが、関東出身の筆者らからすると、奈良市とその周辺在住者以外には、「ならまち」の知名度がそこまであるとも思い難い。いずれにせよ、ここでは広く「奈良県」や「奈良盆地」の「奈良」周辺で目にする景観から、自然の歴史の一端を皆さんに紹介してみよう。

1　空から見る奈良——盆地と山地・丘陵のコントラスト

中央構造線以北の近畿圏には、縦ずれ変位の卓越する南北方向に伸びる活断層と、横ずれ変位の卓越する北東―南西または北西―南東方向の活断層が多い（図1）。これらの活断層と密接に関連する地殻変動は、山地・高原・丘陵と盆地・低地といった地形配列の大枠を決める上で、きわめて大きな影響を及ぼしてきた。たとえば奈良盆地は、西側の生駒・葛城・金剛山地や東側の大和高原と奈良盆地との境界付近に位置する活断層の活動によって、相対的に山地側が隆起することで形成されてきた。図2は、逆断層による地形の変形と地下浅部にみられる地層の変形様式について、模式的に示した図である。断層運動によって直接的に高度差が形成された崖を断層崖と呼ぶが、断層面が地表にまで到達しない場合には、崖ではなく地形面（平坦な地表面）の穏やかな撓《たわ》みが形成される。このような地形は撓曲崖《とうきょくがい》と呼ばれる。奈良盆地縁辺部に分布する縦ずれ断層は、このような地形の変形をもとに、その存在が指摘されてきた[1][2][3][4][5]。

地形から活断層の存在を推定することに対しては、かつて、「そもそも断層は地層を観察しなければわかるはずがない」という反発があった。たとえば地質学者は露頭（地表面下の地層の見えている崖）で断層を認定する際、層理面（地層と地層の境界面）のずれを一つの指標として観察しているが、「一連の地形形成作用で形成された堆積地形の地表面は、もっとも新しい層理面でもある」ので、地形学者は地形を見ることで活断層を見つけだす

（1）寒川旭・衣笠善博・奥村晃史・八木浩司（一九八五）：奈良盆地東縁地域の活構造。第四紀研究、二四、八五―九七。

（2）岡田篤正・東郷正美編（二〇〇〇）：『近畿の活断層』東京大学出版会

（3）奥村晃史・寒川旭・須貝俊彦・高田将志・相馬秀廣（一九九七）：奈良盆地登園断層系の総合調査。平成8年度活断層研究調査概要報告書（地質調査所）、五一―六二。

（4）水野清秀・寒川旭・佃栄吉（一九九四）：中央構造線活断層系（近畿地域）ストリップマップ。地質調査所。

（5）佐竹健治・須貝俊彦・寒川旭・柳田誠・横田裕・岩崎孝明・小俣雅志・石川玲（一九九九）：奈良県金剛断層系の構造と最新活動時期。地震、五二、六五―七九。

ことができるのである。

奈良盆地東縁では、帯解《おびとけ》断層、天理撓曲、奈良坂撓曲、奈良撓曲などが確実な活断層として認定されており、これらの分布地帯は、奈良盆地東縁断層帯と呼ばれている。上記の断層沿いでは、沖積低地や古い扇状地面（低位〜中位段丘面）が東側隆起の逆断層によって変位し、明瞭な撓曲崖・断層崖が形成されている。このような活断層によって変形した地形は、奈良市街から天理市街にかけて盆地東縁付近を南北に連なり、地形の変形は不明瞭

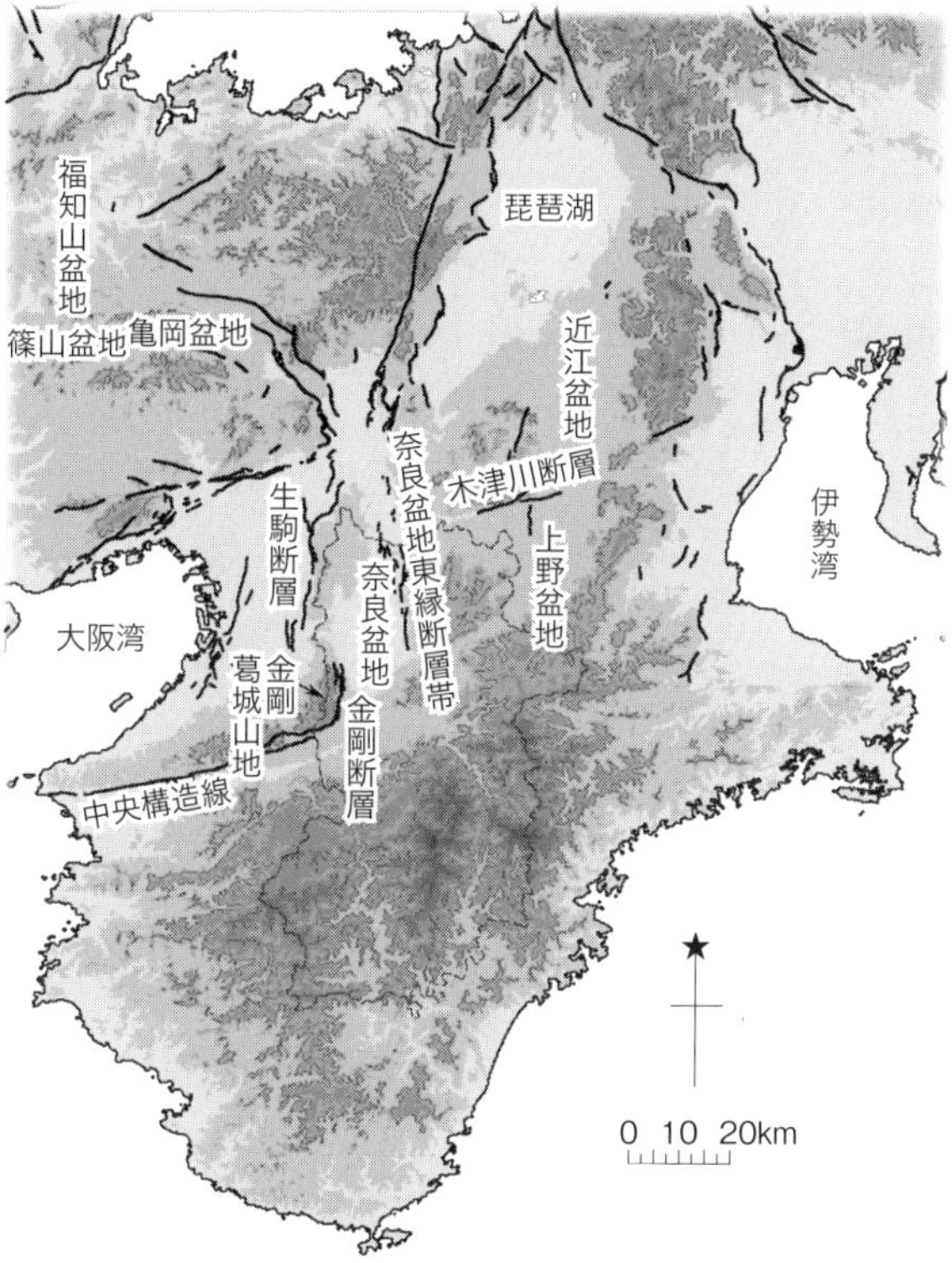

図1　近畿圏における活断層の分布

太実線は主要な活断層。等高線は500m間隔。標高の高い所ほど濃い影で表現されている。図中には奈良県の行政界も示した。
本図の作成にあたって、中田高・今泉俊文 編、2002、『活断層詳細デジタルマップ』、東京大学出版会の「活断層シェイプファイル」（製品シリアル番号：DAFM2126）、および、国土地理院、1997、『数値地図1kmメッシュ（標高）』を使用した。

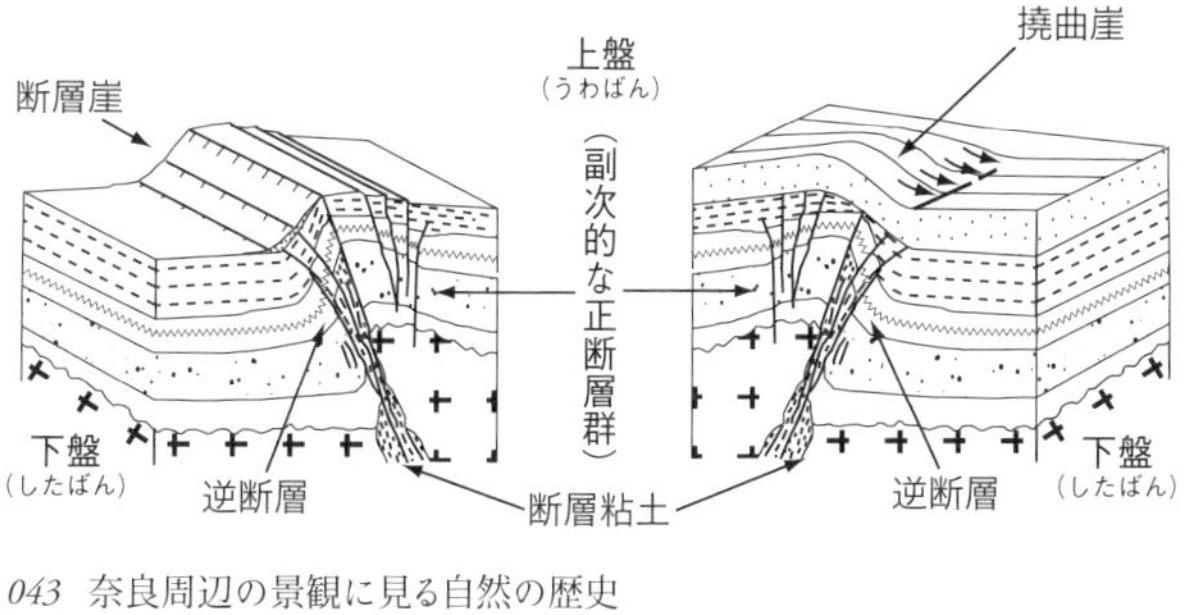

図2　逆断層による地形の変形と地層の変形様式

活断層研究会編（1991）『新編日本の活断層』、東京大学出版会を参考に筆者作成。

になるが、桜井市街地の北方付近にまで到達している。一例として挙げると、近鉄奈良駅を出て奈良公園～興福寺～東大寺方面に向かう坂道は、もともと同じ高さで連続していた扇状地面が、活断層の活動によって、東側が隆起したために形成された撓曲崖である。興福寺所領と東向南商店街の境界付近にちょうど、この撓曲崖の末端が位置している（図3）。このような断層運動によって形成された撓曲崖や断層崖は、必ずしも山地と盆地の境界付近に1本の線として連続するわけではなく、何本かの南北に延びる活断層が、盆地底にむかって何列か平行するように並ぶところも多い。

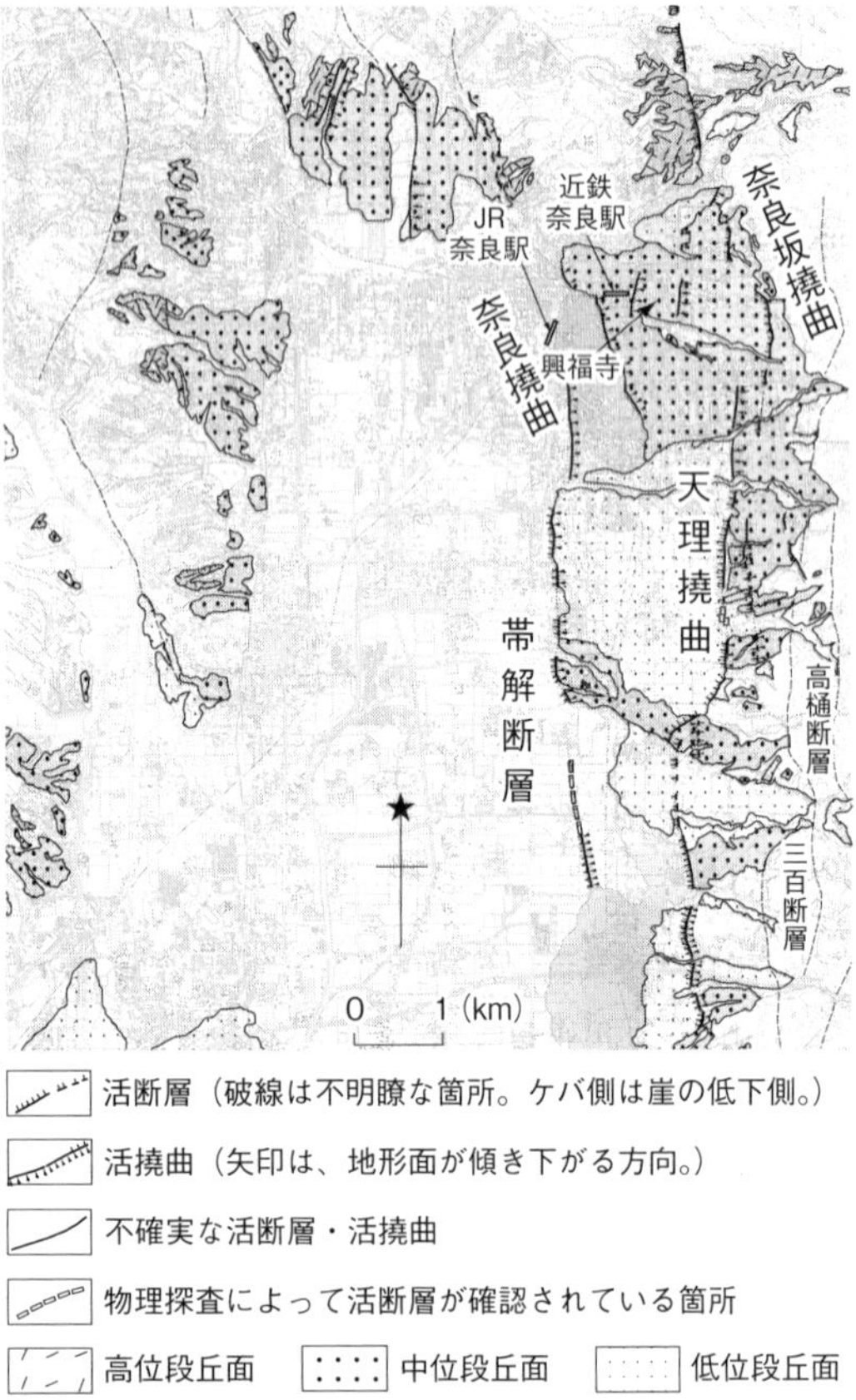

図3　奈良盆地東縁活断層群の分布

相馬秀廣・八木浩司・岡田篤正・中田高・池田安隆（1998）『1:25,000都市圏活断層図　桜井』および八木浩司・相馬秀廣・岡田篤正・中田高・池田安隆（1998）『1:25,000都市圏活断層図　奈良』（いずれも国土地理院）をもとに一部改変。

活断層帯の名称	活動周期	最新の活動時期	想定マグニチュード(新)
奈良盆地東縁断層帯	約5,000年	11,000〜1,200年前	約7.4
木津川断層帯	4,000〜25,000年	1854年（安政元年）	約7.3
生駒断層帯	3,000〜6,000年	西暦400〜1,000年頃	7.0〜7.5
中央構造線(金剛〜根来断層)	約2,000〜12,000年	1世紀〜4世紀以前	約8.0

表1　奈良盆地周辺に分布する活断層とその活動特性

地震調査研究推進本部（1995-2008）「活断層の長期評価」、http://www.jishin.go.jp/main/p-hyoka02_danso.htm（2008年8月28日閲覧）の資料をもとに筆者作成。

一方、奈良盆地南西縁には、ほぼ南北方向に金剛断層系活断層群が延びている（図1）。金剛断層系は大きく、北部・中部・南部に区分されており、北部・中部で逆断層運動が、南部では、右横ずれ運動（断層面を挟んで向こう側の土地が水平右方向へずれる）が卓越する。

金剛断層系北部・中部では、大阪層群（最近の地質時代に堆積した地層群）や、低位〜中位段丘面相当に分類される開析扇状地面に変形を与える低断層崖が多数分布している。そして、山地に分布する浸食小起伏面（削られてなだらかになった地表面）の高度や断層崖の比高などから、北部ほど垂直変位量が小さいと推定されている。

金剛断層系南部は、尾根や谷の右横ずれが明瞭であるが、活断層の活動時期を特定する地学的証拠に乏しく、その南西端は、いわゆる中央構造線に連続する。中央構造線は、地殻深部までを切る大断層群で、中生代（二億五千万年前〜六千五百万年前）に活動を開始し、衝上（岩盤が断層面を挟んで下の岩盤に乗りあげる）を中心に、時に左横ずれなど、時代ごとに多様な活動を行ってきた。中央構造線は、西は九州から東は中部地方にまで連なるが、活断層として現在も活動している区間は、紀伊半島中部以西に限られている。金剛断層は、ちょうど、活断層としての中央構造線の東端から北方へ分岐するように伸びており、これよりも東の中央構造線は、もはや化石化して動かない断層である。右横ずれする活断層としての中央構造線は、金剛断層南部付近で終わるため、中央構造線以北の地殻が東の地殻に乗り上げつつ、圧縮された。これによって金剛山地・葛城山地の高まりが形成されるとともに、東麓に金剛断層系の逆断層群が出現したと考えられる。

断層近傍での最新の発掘調査にもとづき、奈良盆地の近隣に分布する活断層の活動周期、最新活動時期、発生させる地震の規模は、表1のように推定されている。精度にかなりの幅があるが、このような推定に基づくと、金剛断層系や奈良盆地東縁活断層系を震源とする内陸直下型地震の発生確率は、日本列島の中でも、かなり高い部類に入ることが示唆されている。長い歴史を有する奈良には、近隣の木津川断層の活動による被害記録が残されてはいるものの、直下型地震の直撃を受けた文書資料が残されていない。それだけに、奈良盆地東縁や金剛断層系の活断層による内陸直下型地震の発生が危惧されるのである。

2　ディアライン——春日山原始林をみる

近鉄奈良線終点の近鉄奈良駅を降りて、地下の改札口から地上に上がり、東を見ると、奈良公園の向こうに春日山原始林が見える。この春日山原始林は、東大寺や春日大社などの社寺とともに世界遺産に指定されている。森が何故、世界遺産なのか。ここでは少しその背景を紹介しつつ、奈良を特徴づける原始林にまつわる風景を見てみよう。

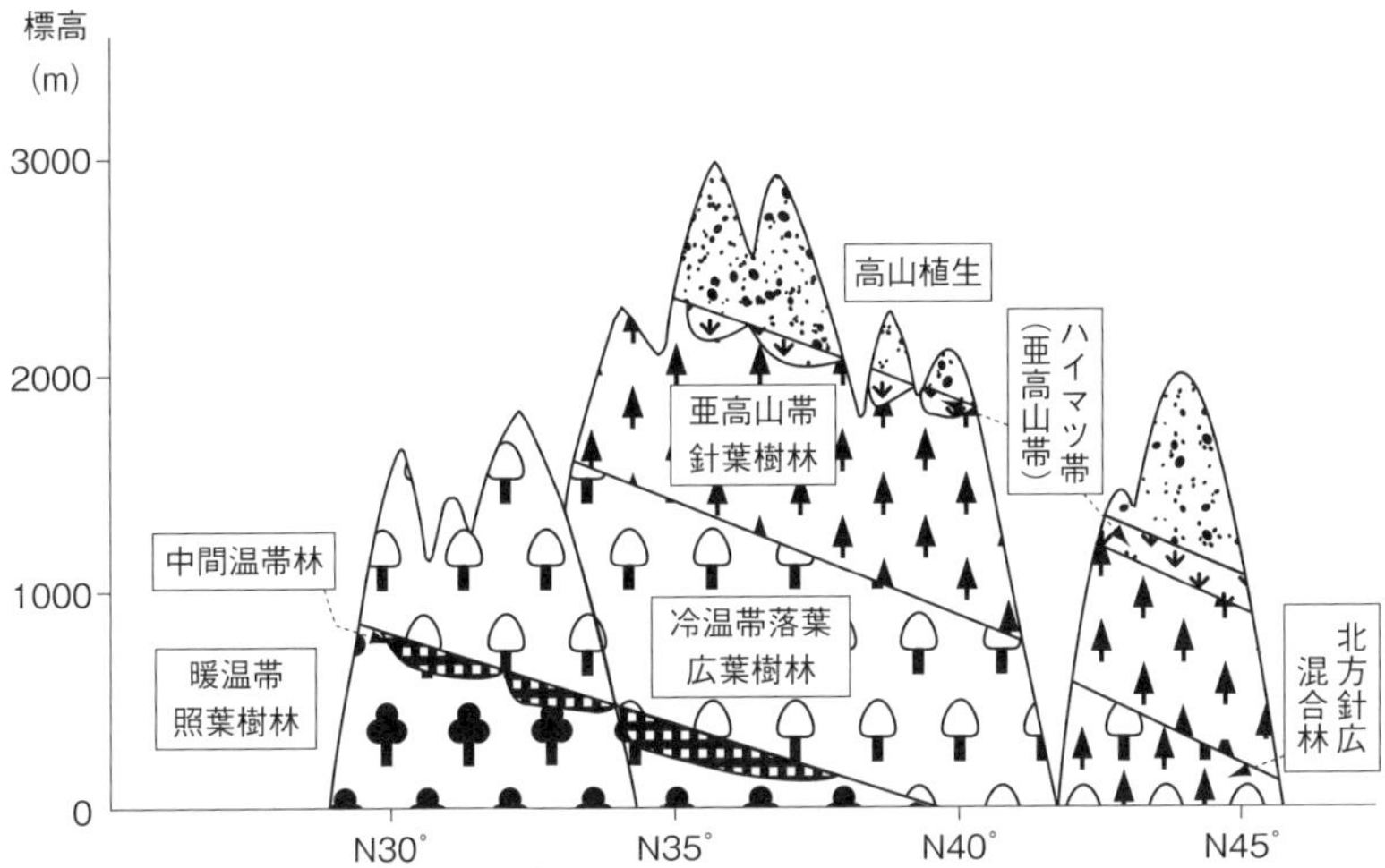

図4　日本列島における植生の垂直分布帯（山中、1979などをもとに筆者作成）

各植生帯の境界と温量指数（暖かさの指数：5℃を上回る月平均気温と5℃との差を積算した値、寒さの指数：5℃を下回る月平均気温と5℃との差を積算した値）との関係は次のとおり。

高山帯－亜高山帯：暖かさの指数15（℃・月）、亜高山帯－冷温帯：暖かさの指数45（℃・月）、冷温帯－中間温帯または暖温帯：暖かさの指数85（℃・月）、中間温帯－暖温帯：寒さの指数－10（℃・月）。

日本列島は本来、森林の生育可能な土地が大部分を占め、山地は潜在的に豊かな緑に覆われる自然条件下にある。一般に、近接する二地点間の気温は標高が高い所ほど低い。高度上昇に伴うこの気温低下の割合は、気温減率と呼ばれる。気温減率は季節や地域、天候などによって大分異なるが、平均的には5・0~6・5℃／一〇〇メートル程度の値をとる。このような高度による気温の変化によって、本州の山地には、低い方から、暖温帯照葉樹林、中間温帯林、冷温帯落葉広葉樹林、亜高山帯針葉樹林が分布する。亜高山帯針葉樹林の上限が森林限界で、これより高所には、ハイマツや高山植生が分布している。[6] 一方、日本列島は南北に長いので、標高が同じでも緯度

（6）　山中二男（一九七九）：『日本の森林植生』築地書館。

の変化による気温の変化がある。このような気温の変化を反映して、植生帯の垂直分布は、北方に向かって高度を下げる帯状の配列を示す（図4）。そしてこのような植生帯の境界は、暖かさの指数や寒さの指数（図4の説明文参照）との相関が良い。[7]

春日山原始林の位置する北緯三五度付近は、潜在的には、標高六〇〇～七〇〇メートル付近まで暖温帯照葉樹林が極相林を構成する気候条件下にある。[8] しかし現実には、人が都市や村を建設し、平地には耕地が、山には植林地が広がり、自然植生はほとんど残っていない。そのため、ある程度まとまった面積を有する照葉樹林は今や貴重な存在となっている。

照葉樹林は、第三紀と呼ばれる地質時代（六千五百～一七〇万年）には、アジアから地中海地域にかけて広範囲に分布していた。[9] しかし、地中海地域の照葉樹林は、つづく第四紀（一七〇万年前以降：現在はこの時代に含まれる）の気候変化に伴い、その分布域を縮小し、今や大西洋に浮かぶカナリア諸島など、ごく一部の地域にしか分布していない。これに対して日本列島を含めたアジアの照葉樹林は、気候変化に対応して分布域を移動させながら、比較的広範囲にわたる分布域を保持してきた。しかしこれとて、人為的な改変の影響で、まとまった分布は極めて限られた存在になりつつある。

春日山原始林は、本州の中では、照葉樹林を豊富に残す貴重な林であるとともに、春日大社や東大寺、興福寺など、歴史的な文化遺産とも関係の深い林である。また、人間の居住空間に近接したこれらの地域で、古くから神格化された鹿とともに共存を果してきた。そのような観点から、近年、世界遺産にも登録されることとなった。

原始林と名づけられているが、実は、春日山の植生は、まったく人手にかかったことがない訳ではない。豊臣秀吉の時代には、現在の原始林の区域にスギの植林が施された記録

（7）吉良竜夫（一九四八）：温量指数による垂直的な気候帯のわかちかたについて。寒地農学、二、（二）、四七—七七。

（8）大場秀章・藤田和夫・鎮西清高（一九九五）：『日本の自然5 近畿』岩波書店。

（9）Ohsawa, M. (1999): Comparative ecology of Lurel forests in westerm and eastern hemispheres. Ohsawa, M. Wildpret, W. & Del Arco, M. eds. "*Anaga Cloud Forest: A comparative study on evergreen broad-leaved forests and trees of the Canary Islands and Japan*". Chiba University, pp. 3-7.

があり、[10]今でも山中に入ると、結構な数の立派なスギを目にすることができる。また、一九三〇年代に街路樹として植栽された中国原産のナンキンハゼは、今や、春日山の紅葉を彩る中心的な樹種になりつつある。[11]原始林の区域ではないが、一二〇〇年以上前に春日大社に献木・植栽されたナギは、原始林に隣接して、春日大社の東側にかなりの面積の立派な林を形成している。[10]一九二八年には、原始林を横断する春日山周遊道路も開通した。[10]

　春日山原始林の景観は、前述のような人間の直接的な改変の影響を受けてきたが、その他にも、鹿を媒介とした人為作用の間接的な影響も受けてきた。一般に、極相林としての照葉樹林を見た場合、高木層の上面にあたる林冠から地表面近くの林床に至る植生の階層構造の中に、後継世代の育つ下地が形成されているのが普通である。後継世代の幼樹などが存在しなければ、照葉樹林の極相林は維持され得ない。ところが現在の春日山原始林は、地表からおよそ一～一・五メートルまでの林床植生が極めて乏しい。また高木～低木の基部には、樹皮剥ぎの痕跡も目立つ。このような、ある高さに形成された植生状況の境界線は、ディアライン（ブラウジングライン）と呼ばれている[11]（写真1）。

写真1　春日山原始林内に見られるディアライン

　現在、春日山原始林の近隣では、有名な「奈良の鹿」が生息している。ディアラインは、この「奈良のニホンジカ」が、口の届く高さまでの稚樹や実生を食べてしまうために形成されたものである。春日大社とも関係の深い鹿は、古くから神格化され、保護の対象となってきた。したがって、

（10）奈良公園史編集委員会編（一九八二）：『奈良公園史』奈良県。

（11）前迫ゆり（二〇〇六）：春日山原始林とニホンジカ。湯元貴和・松田裕之編『世界遺産をシカが喰う　シカと森の生態学』文一総合出版、一四七―一六五。

鹿の食害は何も今に始まった訳ではなく、古くから春日山原始林に存在していたはずである。しかし、クマやオオカミなど鹿の個体数を減らす天敵がいなくなったり、周辺域の他の森林が縮小し、鹿が春日山原始林とその周囲の森林に追い込まれてゆくなど、森を取り巻く環境は大きく変わってきた。このような観点からすると、現在の鹿の個体数密度は、かつて経験したことがないほど過密になってきており、原始林がかつてないほどの鹿の食害を被っている可能性もある。原始林内のディアラインは、自然保護や環境保全は、自然や環境を多様な視点から総合的に捉えた上で考えなければならないという、難しさを我々に教えている。

3　険しくない河川の源流——谷中《こくちゅう》分水界の景観

日本列島を流れる河川の場合、通常、源流部は谷壁が迫り、巨岩累々とした河床や滝の散在する、谷幅の狭い急流路である場合が多い。そして一つの水系の源流部は、分水界を形成する明瞭な尾根に囲まれ、その反対側は、また別の水系の源流部となっているのが普通である。ところが、奈良盆地の周辺には、このような景観とはまったく相反する河川の源流部が散見される。

たとえば、奈良県と京都府の境界近くを流れる、大和川水系の秋篠川源流部と木津川水系の山田川について見てみよう。奈良市内を流れる秋篠川下流部は、平城京の条坊と合致

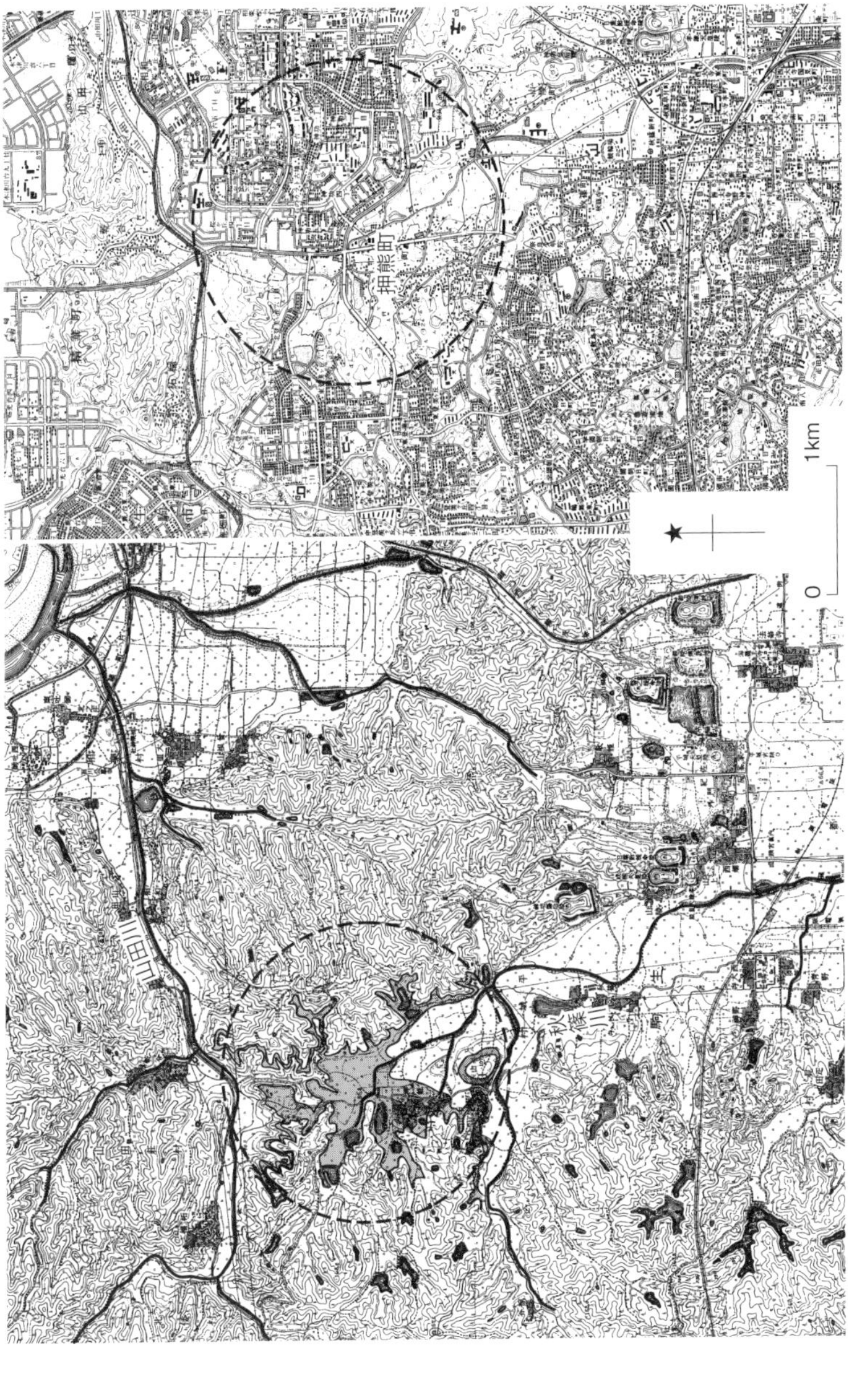

図5　秋篠川源流部の地形と谷中分水界

左：大正14年大日本帝国陸地測量部発行1:25,000旧版地形図『奈良』より一部抜粋　右：平成9年国土地理院発行1:25,000地形図『奈良』より一部抜粋
太破線の円（左右の地形図で同一地点）内に、本文で言及した谷中分水界がみられる。円内の標高90～100mをグレーの影で示した。山田川と秋篠川の流路は太実線で強調して示した。

するよう、人為的に付け替えられた南北に直線的な流路を流れている。しかし、奈良市押《おし》熊《くま》町付近の秋篠川上流域は、極めて奇妙な様相を呈している。すなわち、幅広い谷底平野と不釣合いな細い河川が、わずかな水を流下させている。そして、川の源流を目指して奈良盆地側を南から北へさかのぼると、傾斜のゆるやかな幅広い谷底平野が突然終わり、木津川水系山田川の一支谷の源頭部に出くわすことになる。このような奇妙な景観は、谷中分水界と呼ばれ、以下のように形成されたと考えられている(12)(図5)。

かつて、押熊町から更に北(現在の京都府域山田川流域など)に広い流域を有していた古秋篠川は、北方から豊かな水量を奈良盆地内に流しつつ、広い谷と谷底平野を形成していた。一方、木津川に流入していた古山田川は、河床を掘り下げながら源頭部を西へ西へと削り進み、勢力範囲を拡大していった。そして遂には、京阪奈丘陵内を北から南へ流下する秋篠川に、古山田川の源頭部が到達した。この時、古山田川の方が急流で、河川の浸食力が強かったために、古秋篠川上流部の水は、古秋篠川下流方向ではなく、古山田川の方へ流れるようになった。そして、流量を増した古山田川は、河床を掘り下げながら、西へますます勢力を拡大していった。したがって現在では、押熊北方の現山田川の谷底平野からみると、古秋篠川が形成した谷底平野は、比高二〇メートル以上の崖をはさんで、河岸段丘状の台地として残っている。古秋篠川の上流部が、古山田川に奪われたこのような現象は、河川争奪と呼ばれる。同様の河川争奪の名残の地形は、奈良県と京都府の境界を横切る国道二四号線付近でもみられる。

上記の場所以外でも、奈良盆地とその周辺域では、幅広い谷底平野と不釣合いな、細い流路を流れる河川の源流部が散見される。たとえば、奈良盆地内の西部に、盆地底からや

(12) 武久義彦(一九九五):大縮尺空中写真にみる奈良盆地の景観.奈良女子大学地理学研究報告、V、一—二六。

や小高い土地の広がる馬見丘陵でも、そのような地形がみられる。丘陵の大局的な地形は、丘陵の上部を構成する大阪総群の地質構造を反映し、東へ緩く傾くが、馬見丘陵内を流れる河川は、これらの地質構造を切って概ね南から北へ流下し、大和川に合流している。これらの河川の源流を目指して南下すると、谷底平野が急に終わって、南側の奈良盆地底との間が急崖となって、谷中分水界を形成している。河川の源流部は、幅広い谷底平野とは不釣合いに少ない水量しか流れていない。現在の馬見丘陵の領域は、かつて奈良盆地底の一部を占めていたが、最近の地質時代に隆起したため、かつて北方へ流下していた河川が、上流域である南側を失い、幅広い谷底平野と不釣合いに細い流路という不思議な景観を生み出したのであろう。

険しくない河川源流部は、馬見丘陵から更に南下した奈良盆地最南部の「風の森峠」でもみられる。この峠は、大和川支流の葛城川最上流部と吉野川支流の宇智川の分水界を成すが、周辺には広い扇状地や谷底低地が広がり、峠のイメージとはほど遠いなだらかな地形景観が広がっている。風の森峠は、紀ノ川右岸北部を東西方向に通る活断層としての中央構造線が、その東端部で北に向きを変え、金剛断層の名称で北上する屈曲部付近の東に位置する。この峠も、おそらく新しい地質時代の地殻変動と関係して形成された谷中分水界であろう。

4 頭上を流れる川——天井川の謎

天井川とは、堤防の河道側（提外地という）に土砂が堆積することによって、河床面が周辺の平野面よりも高くなった河川である。人為的に提防が固定化されると、土砂供給の盛んな河川では、河道内に多量の土砂が堆積し、結果として氾濫の危険性が増すことになる。氾濫を防ぐために、河道内の土砂を浚渫《しゅんせつ》するとともに、その土砂などを利用して堤防の嵩上《かさあ》げがはかられる。一般的には、このような過程の繰り返しによって天井川が形成される。天井川は、奈良盆地や京都盆地南部のように、扇状地が発達し、古くから開発が進んだところに形成されやすい。

奈良盆地では、盆地南部を北流する葛城川、蘇我川、寺川など大和川の南側支流群に、現在でも天井川化した河川がみられる。これらの河川では、河床高が周辺の宅地、耕地よりも高くなっている。しかし最近では、天井川の存在自体が新たな洪水氾濫を誘発することから、河道を掘り下げる改修が進行しており、往時の天井川の面影が失われたところも少なくない。

現在でも顕著な天井川がみられるのは、奈良盆地のすぐ北に隣接する山城盆地である。山城盆地では、北流する木津川本流に流入する支流群が典型的な天井川を形成している。その様子は奈良盆地の天井川よりも明瞭で、天井川化した河川の下を、トンネルで道路や鉄道が通過している箇所がいくつもある（図6、写真2、3）。山城盆地周辺の山域では、奈

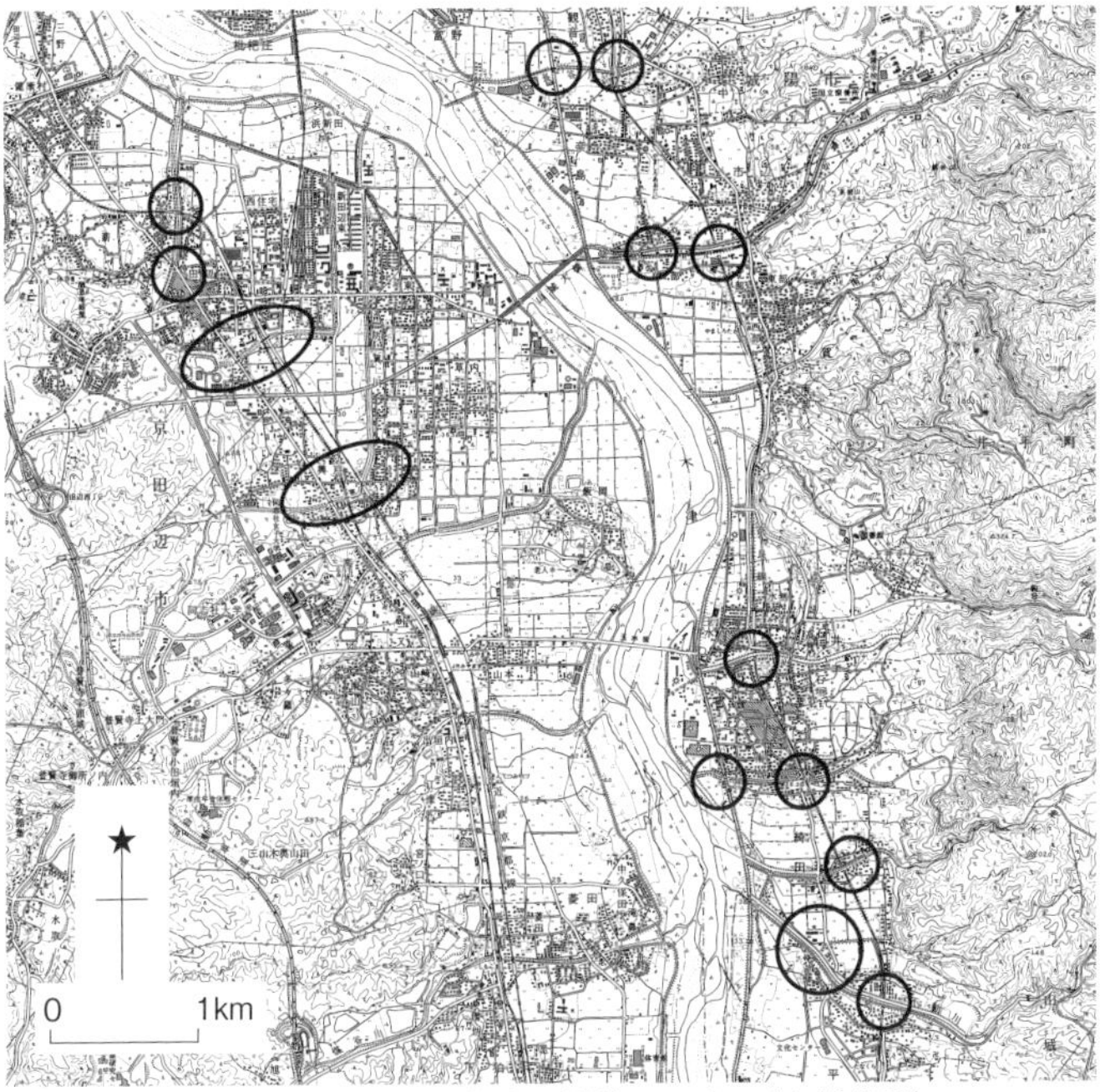

図6　天井川をくぐる道路や鉄道のトンネル（山城盆地）

太線で囲んだ丸印の箇所にトンネルが分布する。
基図として平成14年国土地理院発行1:25,000地形図『田辺』を一部抜粋して使用した。

良時代の東大寺建設の頃から伐採が行われ、支流沿いには古くから集落や耕地が立地してきた。そのような長い開発の歴史も、天井川の形成と深い関係を有している。なかでも、江戸時代～明治期にかけての源流山地域における森林荒廃は、山城盆地の天井川化を急速に進めたと考えられている。天井川という奇妙な景観には、山や森の保全と治水との関係の深さが垣間見られるのである。

写真2　木津川右岸支流の天井川
（京都府綴喜郡井手町；西から上流東方向を撮影）

写真3　天井川の下を通る国道24号線
（京都府綴喜郡井手町）

5　大災害の爪あと——十津川水害の痕跡

十津川流域では、明治二二年八月にいわゆる十津川水害が発生した。現在の十津川（新宮川）本流を上流へ遡ると、広い川原の河床をよく見かけるが、これは、十津川水害時に膨大な量の土砂が谷を埋めたことが関係している。この災害より以前の十津川は、V字状に切り込んだ幅の狭い流路に丸太橋がかかるような状況だったという記述があるほどである。また吉野郡十津川村重里には、この時の水害で出現した天然ダム湖（大畑瀞）が、唯一、決壊せずに現在も湖として残っている。この十津川水害に関して、先人達は、明治二四年に宇智吉野郡役所がまとめた『明治二十二年吉野郡水災誌』などの資料をもとに、おおよそ以下のようなことを明らかにしてきた。

八月一八日から降り始めた台風の北上に伴う豪雨は、翌一九日から二〇日にかけて、十津川流域の至る所で土砂崩れを発生させた。家屋が斜面もろとも谷底にすべり落ちたところも多く、崩れた土砂は十津川本支流をせき止め、至る所に天然ダム湖が出現した（図7、写真4）。それらの多くは、数時間から数日の間に決壊し、下流側に大洪水をもたらし、被害は河口の新宮にまで及んだ。

『延喜式』神名帳に記述のある熊野本宮大社は、この水害で流失し、上流側高台の現在の位置に再建された。つまり十津川水害の出水は、それ以前の過去千数百年間とは比べようもない程大規模なものであった可能性がある。なお、北海道の新十津川村は、この時被

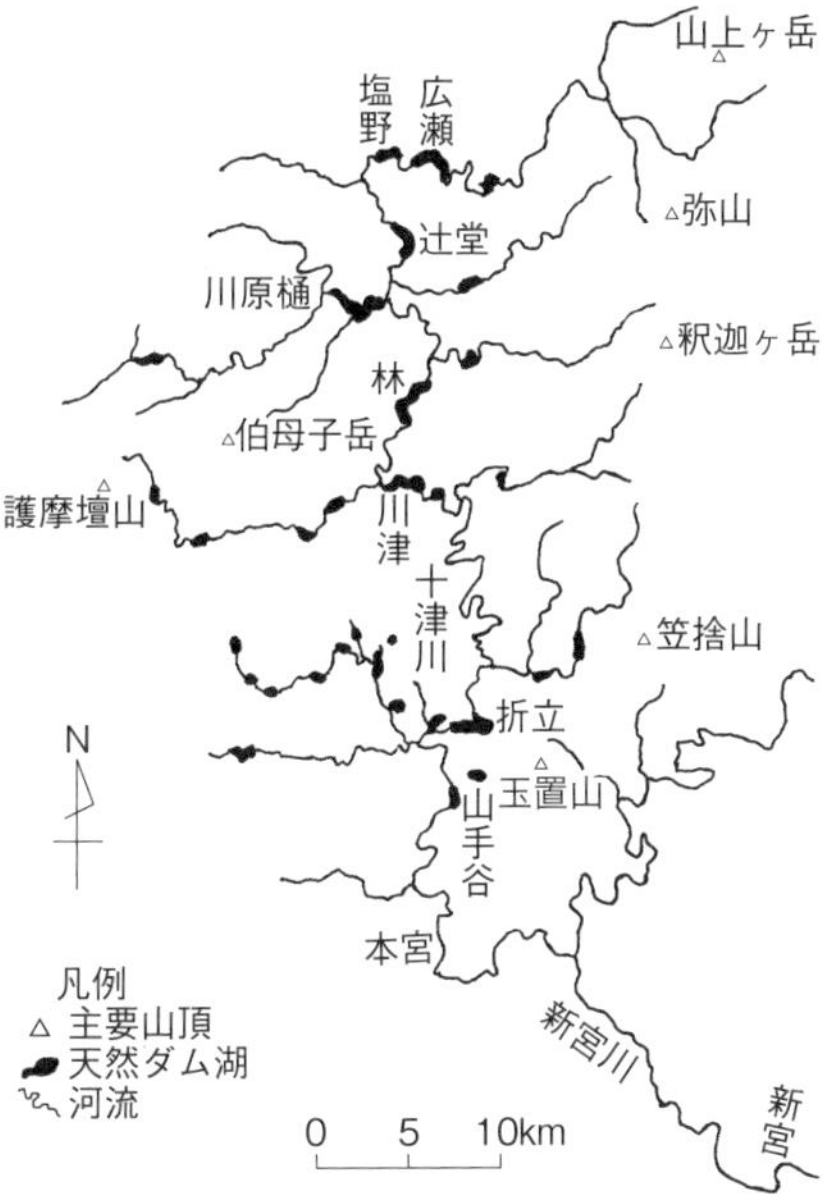

図7　十津川水害時に形成された主要天然ダム湖の位置（千葉徳爾作成の原図から一部抜粋の上、加筆修正）

災した十津川村の人々が移住して新たに建設した村である。住み慣れた故郷を離れ、遠い北海道への移住を決断せざるを得なかった状況は、山村での生活再建の困難さを示している。

十津川水害の場合は、豪雨が斜面崩壊と天然ダム湖形成の原因となった。また同じ紀伊半島の有田川流域でも、昭和二八年の七月中旬に、豪雨によって、天然ダム湖の形成を伴う未曾有の土砂災害・水害が発生している。しかし、同様の現象は大地震でも発生しうる。研究者の多くは、近い将来、中部～近畿～四国の太平洋岸で次の東海・東南海・南海地震が発生すると考えている。中央防災会議の想定によれば、これらの地震による揺れは、紀伊半島南西部や南部～東部で震度6強を超える。我々は、次の南海・東南海地震時には、恐らく紀伊山地でも、土砂崩れによって天然ダム湖が出現するのではないかと予想している。自然は人々に恵みと安らぎを与えてくれる一方で、時に、災いももたらす。そのような災いによる被害を最小限に食い止めるためにも、自然の振る舞いを深く知る必要がある。

写真4　十津川水害で大字林に形成された天然ダム湖（『明治22年吉野郡水災誌』巻之4）

6　日本列島最南端のトウヒ林——トウヒ林の悲鳴

奈良県南部の（北緯34度10分付近）紀伊半島に位置する大台ケ原山（一六九五・〇メートル）や大峰山脈（最高点一九一四・九メートル）では、標高一五五〇メートル付近より下方に冷温帯落葉広葉樹林が、上方に亜高山帯針葉樹林が生育している。しかしよく観察すると、同じ亜高山帯針葉樹林でも、大峰山脈では下部からトウヒ林、トウヒとシラビソの混交林、シラビソ林が分布するのに対し、大台ヶ原山ではトウヒ林のみが分布している。ちなみに日本アルプスなど十分標高の高い山域では、亜高山帯針葉樹林の上方に森林限界が位置しており、それを超えると周氷河地域（ほぼ高山帯に対応する）が広がる（47頁図4参照）。

今から二万年前頃の地球は、最新の氷河時代（最終氷期）の中でも最も寒い時期を迎えていた。そして日本列島では、植生の垂直分布が現在に比べて一七〇〇メートルほど低下していた。(13) この時代、大台ケ原山や大峰山脈を擁する紀伊山地では、標高一五〇〇メートルを超える地帯に、森林限界を抜き出た砂礫地や露岩地の散在する景観が広がっていたことであろう（写真5）。

氷河時代も終わりに近づき、今から一万年前をやや遡る時代になると、気温が上昇しはじめた。そして、約八千年〜六千年前には現在よりも2℃ほど気温が高くなった。この間、垂直分布帯は上方へ移動し、冷温帯落葉広葉樹林を構成する代表的な樹種であるブナなどは、分布範囲を高い方へ移動させた。そして亜高山帯針葉樹林を構成するシラビソやトウ

(13)　米倉信之・貝塚爽平・野上道男・鎮西清高編（二〇〇一）：『日本の地形1　総説』東京大学出版会。

写真5　大台ケ原山にみられる化石周氷河地形
（楕円で囲まれた部分）

ヒなどの林も徐々に高い方へ移動した。その結果、標高の高い大峰山脈にはシラビソ林や混交林が残ったが、大台ケ原山ではトウヒ林のみが残ることとなった。

現在、大台ケ原山のトウヒ林ではシカの食害が問題になっている。この背景には、トウヒ林が尾根部に広く分布しているという立地条件がある。分布が広いから食害も目立つのである。トウヒ林の分布の広さは、浸食小起伏面の名残りとされる稜線付近の緩斜面の分布とも密接に関連している。豪雨や地震動などによって激しい浸食にさらされる日本の山地では、このような緩斜面はあまり広くない。大台ケ原山における緩斜面の分布は、大峰山脈をはるかにしのぐ広さを有している。それが駐車場の建設にもつながった。

伊勢湾台風（一九五九年）よりも後に撮影された空中写真は、大台ケ原山付近で倒木が多く発生したことを如実に示している（図8）。大台ケ原山付近は、熊野灘からわずか二〇キロ足らずの水平距離で、一気に一五〇〇メートルを超える高さになるため、台風の被害を受けやすい。そして、最終氷期に周氷河環境を経験した土地は、氷期が終わり温暖化に伴って森林が進入しても、土壌が薄いため樹木が生育するには厳しい条件下に置かれている。薄い土壌層の存在は、トウヒ林を一層厳しい自然環境下に置いている。

大台ケ原山では、環境変化に伴いシラビソ林が消失したが、稜線付近の緩斜面には、氷河時代の置き土産としてトウヒ林が広く残った。しかし、ただでさえ厳しい環境に置かれている上に、シカの食害などによって、現在では存続の危機に瀕している。自然環境の変化でトウヒ林が消失することは仕方がない。しかし、人間がトウヒ林の消失に加担し、「氷河時代の生き証人」を消すことがあってはならない。

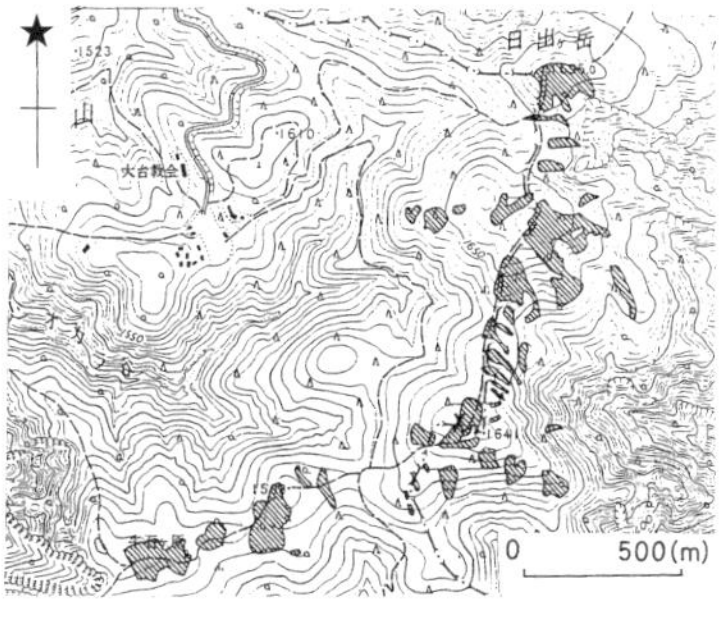

図8　森林の欠如した斜面と立ち枯れた森林の分布
（斜線部：1976年撮影の空中写真より判読）
（国土地理院発行1:25,000地形図『大台ケ原』に加筆）

奈良小景

奈良盆地の地割の施工をめぐる謎

出田和久

奈良盆地の景観を最も特徴付けているのは何かと言えば、東大寺や薬師寺、春日大社といった寺社と思う人が多いかも知れない。確かにそれらは点景として奈良盆地の特色ある景観を構成しているといってよい。しかし、それらはほんのわずかな場所を占めるに過ぎない。そこで奈良盆地を俯瞰してみると、東西南北方向の道によって整然と区画された正方形の地割が目につく。これが、一辺約一〇九メートルの条里地割で、およそ南北三〇キロ、東西一三キロの奈良盆地全体に広がっている。一九六一年に制定された農業基本法の下において、全国的に農業基盤整備事業として圃場整備が進められ、水田を中心とする農地景観が大きく変貌を遂げた。しかし、奈良盆地では条里地割がよく残っていたこともあり、圃場整備はほとんど行われなかった。したがって、今や奈良盆地のようになお広範囲にわたって条里地割が卓越している地域はもはや存在しない。この地割が、奈良時代の奈良盆地の条件のよい部分に施工され、その後徐々に周辺に拡大され、中世には現在見るように盆地全域に広がったとみられている。

一方、奈良盆地の北部には、奈良時代には平城京があり、一三〇〇年近く経た今日でも条里地割と同様の碁盤目状の区画が残っている。これが古代都城の土地区画である条坊地割である。幅七〇メートルにも及ぶ朱雀大路の痕跡をはじめ、大路で画された一辺が約五三二メートルの大区画（坊）を小路で各辺四分し、一六の区画に分割する都市計画に基づく道路網の名残が、現代の地表に明瞭にうかがえる。平城京の前の藤原京でもほぼ同様の区画があったと考えられているが、ここでは現在地表面に姿をとどめているのは条里地割である。

かつて関野貞は、平城京域復原の先駆的研究で知られる北浦定政が、一八五二（嘉永五）年に作成した「大和班田略図」の成果に大幅な修正を加えて、「二条五里十三坪」のような条里の呼称は平城京造営後に成立したが、京東・京南条里は連続する地割であること、京北条里の南端は北一条大路より一町北にあること、路西条里の一条の起点が南京極から三町南にある（この位置は正しくは二条にあたるので誤り）ことなどをあげて、条里地割は京造営以前の施工であると考えた。

しかし、藤原京の地に条里地割が残り、平城京の地に条坊地割が残っていることは、廃都後に藤原京では条坊地割を消し去るように条里地割が施工され、平城京では条里地割が施工されなかったことを示している。このことと、奈良盆地の統一的な条里の呼称法が平城京の条坊呼称と密接な関連があること等から、条里地割の施工が

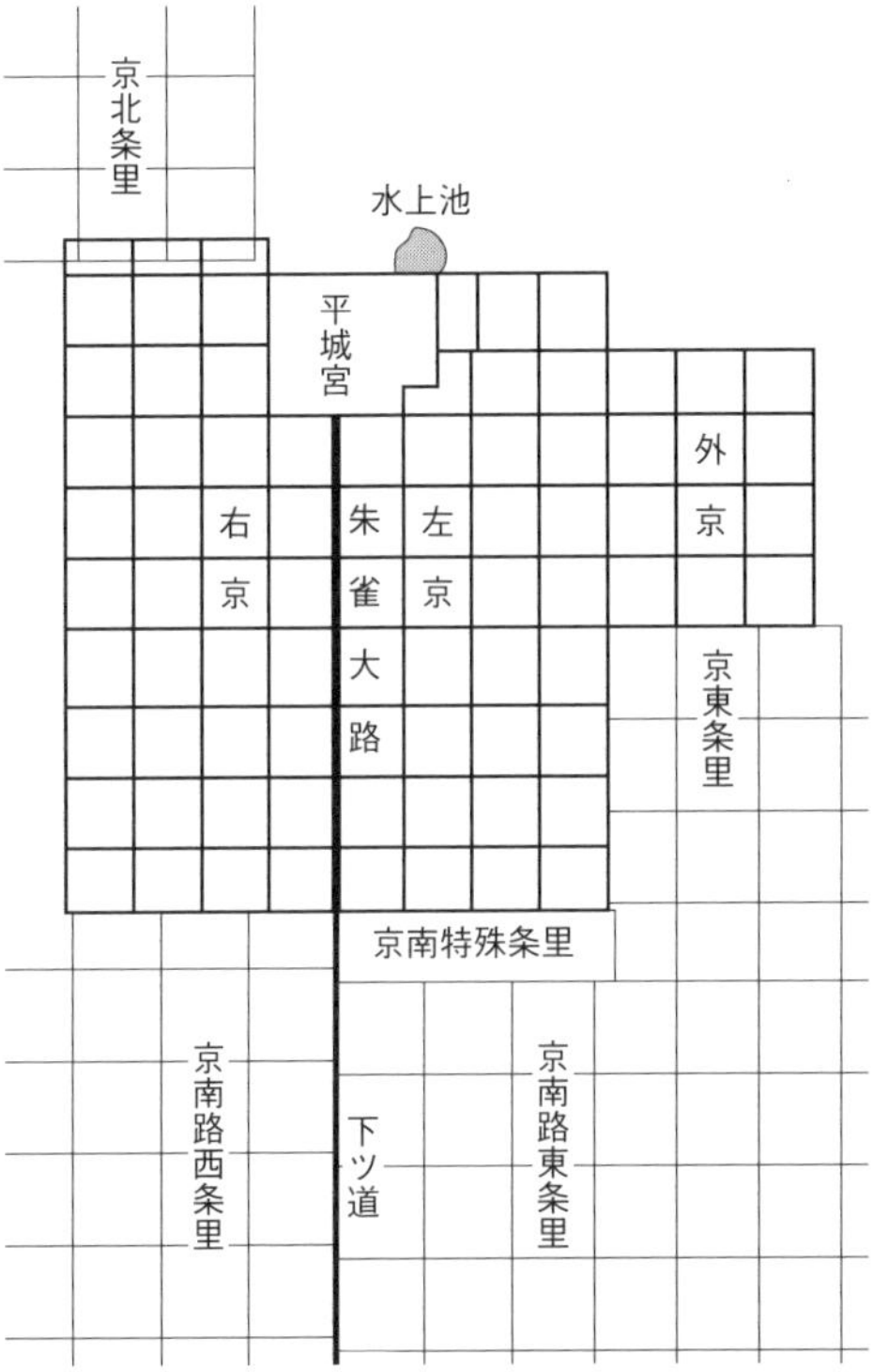

平城京条坊と周辺の条里（木全敬蔵（1985）：条坊制と条里制、季刊考古学22、84頁の図を改編）

平城京造営後であったとの考えがある。

そこで、平城京条坊とその周辺の条里地割とその呼称のありようを見ると（図）、条里地割は下ツ道を基準としており、明らかに下ツ道敷設後の施工であることが分かる。しかし、平城京造営後とすれば、条里呼称と地割（両者を併せて条里プランという）ともに平城京の条坊を基準にしていてよいはずが、そのようになっていない。

一方、奈良盆地における条里地割の発掘調査報告によれば、条里地割の施工時期について奈良時代であるとする例は少なく、むしろ平安時代後期よりも下がる例が多くみられ、荘園制の拡大にともなって地割が施工されたとの見解も出されている。

このような見解に対して、歴史地理学の側から条里を律令の土地システムにのみ結びつけるのではなく、班田収授が行われなくなってからは国衙の土地管理システムや荘園の土地管理システムとの関連を考えることで、条里プランを統一的に矛盾なく捉えることができるとの考えが提示されている。

このようにみてくると、奈良盆地の条里地割は少なくとも最初から盆地の全面に施工されたのではないとしても、その施工が始まった時期はいつであるのか、その拡大および変遷過程も含めてまだ未解明な部分が多く残されているといえる。このようなことを思い浮かべながら直線道路が目につく奈良盆地をめぐり、古代の土地景観に思いを馳せるのも一興であろう。

『万葉集』のある風景

西村さとみ

1 『万葉集』を歩く――原風景を求めて

『万葉集』に詠われた地が、それとして関心を集め、多くの人々がそこを訪れるようになったのは、いつの頃からであろうか。今日、書店には、『万葉集』に収められた歌と、ゆかりの地の写真を掲載する書物が幾冊も並んでいる。なかには、周辺の詳しい地図や、歌を刻んだ碑を収載したものもある（写真1）。

わたくしたちは、時代をはなれて生きられないように、風土からもはなれることはできない。万葉の歌にしても同じで、より正しい、より生きた理解のためには、あた

写真1　『万葉集』を歩くための書物の数々

写真2　『大和万葉古跡写真』より
天香久山から耳成山をへて遠く生駒山を臨む
(奈良女子大学附属図書館所蔵)

うかぎり時代をむかしにひきもどして見ると同時に、歌の生まれた風土におきなおして見なければならない。万葉の風土は、大和を中心としてほとんど日本全国におよんでいる。しかも万葉の故地は、古美術や古社寺のように目に見える人間の造作物をなにものこしていない。あるものは山河・草木・江海、あるいは、近ごろのように人為的に形をかえてゆく景観である。目に見えないだけに、かえって生き生きと、そこに定着している古代の心をよみがえらせることができる。

　これは、「万葉故地」の踏査といえば、まず、その名が思い出されるであろう犬養孝氏のことばである。[1] もちろん、彼以前にも、歌を詠み、あるいは『万葉集』を研究する人たちが、出てくる地名に関心を寄せ、そこを訪れている(写真2)。ただ、犬養氏は自身が歌の表現を風土との関係において追究されるとともに、幾多の人々を「万葉故地」へといざなわれた。

　一九五一年に始まった「大阪大学萬葉旅行之会」の参加者は、学生の枠を超えて広がり、一九九八年刊行の二六〇回記念誌によれば、参加人数は延べ四二〇〇〇人を超えたという。[2] その影響もあってのことであろう。この間、各地に「万葉故地」を訪ねるサークルが誕生し、それらの活動成果を収載して、二七〇〇といわれる「故地」の地図化を目指し

(1)　犬養孝『改訂新版　万葉の旅』上　大和(平凡社ライブラリー、二〇〇三年)、九頁。改訂前の『万葉の旅』上巻が社会思想社から刊行されたのは一九六四年のことで、二〇〇二年に絶版となるまでに、八〇刷を数えたという。なお、黒岩康博「万葉旅行の誕生—風景写真と臨地指導—」(『国文学　解釈と教材の研究』五三巻六号　二〇〇八年四月)には、犬養氏の「先達」としての辰巳利文の事績が語られ、彼が「万葉歌枕を『古跡』として広く知らしめ」るべく制作した『大和万葉古跡写真』も紹介されている。

(2)　http://www.ceres.dti.ne.jp/shige/manyo/index.html/(「大阪大学萬葉旅行之会ホームページ」)による。ちなみに、同ページの最終更新日以降も、会の活動はしばらく続けられており、最終的な参加人数はさらに増加している。

た雑誌『ウォーク万葉』も一九八五年に創刊され、一九九九年までに六〇冊が発行されている。(3)

大きな波は過ぎ去ったかも知れないが、「万葉故地」への旅は企画され続け、旅の標の一つとされる万葉歌碑は、現在もその数を増している。『万葉集』の研究や歌作に携わるわけではない数多の人々は、何を求めて「万葉故地」へと向かったのであろうか。

『ウォーク万葉』第四〇号に掲載された読者アンケート「私の好きな万葉故地」の結果は、第一位が明日香、二位は吉野と山の辺の道、三位が二上山・葛城古道、四位は三輪山のふもとと高岡周辺、五位が阿騎野、筑紫・太宰府、唐津周辺であった。そして、その寸評には「田原を含めた奈良がわずかに三人で意外な感じもするが、ここにも万葉風土を愛する人の心がよく表れている。それは、京都や鎌倉を好む心とは異なり、風土を点でとらえようとするのでなく、広い面でとらえようとする心の表れである。建物が何もなくてよい、メモリアルなものを求めようともしない、ひたすら自然を求める結果であろう」とある。(4)批評の妥当性はさておき、「万葉故地」への旅のキイワードの一つが「自然」であることは疑いなかろう。

わたくしたちを「万葉故地」へといざなう書物に載せられた写真、すなわち「自然」の一断面には、しばしば「原郷」や「原風景」といった語が添えられている。また、そこには「なつかしい」という形容句、さらには「日本人のこころ」、「こころのふるさと」といったことばも連なっている。それらに込められたメッセージを汲み取るならば、「万葉故地」への旅は「自然」に向き合うそれであり、郷愁を感じさせる「原風景」に抱かれ、そこで歌を読むことを通して「日本人のこころ」にふれる旅だということになろう。わたくした

(3)『ウォーク万葉』に掲載された「万葉故地」の散策地図と解説文は、現在、ホームページ、http://www.unisys.co.jp/KANSAI/manyo/（「ホットライン関西─ウォーク万葉」）でみることができる。なお、「故地」が何箇所あるかは、どう数えるかによって異なり、「二七〇〇」という数は同誌によるものである。

(4) アンケート結果が掲載された第四〇号は、一九九四年一〇月に刊行された。回答数は一二〇余と多くはないが、その結果はさほど違和感を与えるものではないように思われる。

ちは、さしたる違和感もなく、このメッセージを犬養氏のことばとともに受けとめる、あるいは耳慣れた表現として聞き流すのではあるまいか。しかし、「古代の心」はそのまま「日本人のこころ」に重なるのであろうか、また、自らにゆかりがあるとはいえない場所で、何ゆえ「なつかしさ」を感じるのか、「山河・草木・江海、あるいは、近ごろのように人為的に形をかえてゆく景観」のなかに、「原風景」はどのように立ち現れるのかなど、そこには問うべき点が幾つも見いだされる。それらの問いをふまえつつ、章題にいう「『万葉集』のある風景」について思いをめぐらせてみたい。

2　自然へのまなざし

a　明日よりは　春菜摘まむと　標《し》めし野に　昨日も今日も　雪は降りつつ(5)

b　春日野に　煙立つ見ゆ　娘子《おとめ》らし　春野のうはぎ　摘みて煮らしも(6)

c　春日野の飛火の野守いでて見よ今幾日ありてわかなつみてん(7)

d　かすが野のわかなつみにや白たへの袖ふりはへて人の行らん(8)

a・bは『万葉集』巻第八、第一〇の「春の雑歌」にみえる歌、c・dは一〇世紀初頭に編纂された『古今和歌集』巻第一（春歌上）に載録されている歌である。(9) いずれも春日野での若菜摘みの行事を詠っている。しかし、たとえばdは、紀貫之が歌を作るよう命じられて詠んだものであるなど、c・dは現地で詠まれた歌ではない。

こうしたことから、これまで二つの歌集は対比的にとらえられがちであった。実感を表

(5)　明日からは春菜を摘もうと思い、標をした野に、昨日も今日も雪が降ることよ。

(6)　春日野に煙が立つのがみえる。おとめたちが春の嫁菜を摘んで煮ているのだろう。

(7)　春日野の飛火の野守よ、外に出てみておくれ。後どのくらいすれば若菜を摘めるだろうか。

(8)　春日野の若菜を摘みに行くのだろうか。白妙の袖をうち振って人々が出かけていくようだ。

(9)　下文も含め『万葉集』の引用は、佐竹昭弘・木下正俊・小島憲之共著『萬葉集　訳文篇』（塙書房、一九七二年）に、『古今和歌集』は、小島憲之・新井栄蔵校注『古今和歌集』（新日本古典文学大系、岩波書店、一九八九年）による。

出した『万葉集』に対して、観念的な『古今和歌集』という構図である。確かに、春の到来を待って春日野に出かけたであろう人々と、日常的にそこを訪れることはなかった人々とでは、思いは違っていたかも知れない。

ただ、『万葉集』が実感をそのままに表現しているかといえば、そうともいいきれないのである。いわゆる四季歌に登場する地名を検討された古橋信孝氏によると、『万葉集』に圧倒的に多いのは、bも含め、春日山・春日野・春日の里など、春日を詠んだ歌であるという。思いのままに歌作したならば、そうした偏りは生じるであろうか。平城への遷都により、都の東に位置することになった春日の一帯。そこは季節を感受するための特別な場であるという、一種の約束ができあがっていたのではなかろうか。したがって、季節の移ろいを詠った歌も「理念的に詠まれたと考えるべき」なのである。(10)

写真3　石川義「祈り」
（奈良県立万葉文化館所蔵）
光明皇后の歌「大船に　ま梶しじ貫き　この我子を　唐国へ遣る　斎へ神たち」（巻19－4240）を描いたもの

もっとも、心に任せて場所を選び、意味を与えることができたわけではない。その点では、やはり春日の一帯は特別な場所であったとみなされよう。たとえば、七一七（養老元）年の遣唐使派遣に際して、御蓋山の南で神祇を祀っている。(11)また、時期は下るが、『万葉集』巻第一九には、「春日に神を祭る日」に光明皇后が遣唐大使藤原清河に贈った歌と、「春

(10)　古橋信孝『古代都市の文芸生活』第四章　郊外論（大修館書店、一九九四年）。引用箇所は一八九頁。

(11)　『続日本紀』養老元年二月壬申朔条。

日野に　斎《いつ》く三諸《みもろ》の　梅の花　栄えてあり待て　帰り来るまで」という清河の歌が収められている(12)（写真3）。御蓋山には祭祀遺跡もあり、(13)春日の一帯は春日大社の社殿が建立される以前から、神祭りの場であった。b歌に名残りがみられるような、春を迎えて若菜を摘み、ともに食する習俗は、そうした場にふさわしい意味合いをもっており、ゆえに、春日野は若菜摘みの場としても、長く記憶されることになったのであろう。

このように積み重ねられた意味の厚みを念頭におきながら、人々は自然を眺め、一定の形式をふまえて歌にしたのである。さらに、その際、必ずしも目の前にあるものすべてが詠まれたのではない、という点も重要であろう。このことは、景観が大きく変化した時期に作られた歌に、新たな景物がほとんど詠み込まれていない点にもうかがわれる。

飛鳥において大寺院の建立が始まり、藤原や平城に大路が直交する大規模な都が造営されたのは、まさに『万葉集』の歌が詠まれた時期であった。上野誠氏は「七世紀の飛鳥」について、「『万葉集』に登場する飛鳥は清らかな山河であり、私たちはそこから田園風景を想起してしまいがちだ。が、都があったころの景観はそうではない」といい、「朱塗りの寺院と金色の仏像が光り輝く、周辺とは隔絶した空間であり、なおかつ莫大な投資が行なわれた、いわば当時のハイテク都市だった」と表現されている。(14)しかし、越中守として赴任した大伴家持が「春の日に　萌《は》れる柳を　取り持ちて　見れば都の　大路し思ほゆ」(15)と、柳が連なる都の大路を偲んだ歌が巻第一九に載録されているなど、わずかな例を除けば、「ハイテク」な都の様相は歌には詠まれなかったのである。

『万葉集』の歌には、目に映るもの、感じたことがそのままには詠われていなかった。こうした事実の指摘は、歌の興趣を削ぐと思われるであろうか。しかし、景観の変貌に左

（12）　春日野の斎場に咲く梅の花よ、このまま咲き続けて待っていておくれ、私が帰ってくるまで。

（13）　御蓋山山頂には現在、本宮神社と呼ばれる神社がある。春日大社の摂社の一つで、武甕槌命・経津主命・天児屋根命を祀り、春日明神降臨の地とも伝えられている。『奈良県史』（第五巻　神社、名著出版、一九八九年）は同社を『延喜式』巻第九（神名）にみえる「大和日向神社」に比定するが、『奈良市史』（社寺編、奈良市、一九八五年）は有力な候補とするにとどめる。なお、両書によれば、社殿の東側に敷石の痕跡が確認されているという。

（14）　上野誠『万葉体感紀行　飛鳥・藤原・平城の三都物語』（小学館、二〇〇四年）、一四〜一五頁。

（15）　春の日に、芽吹いた柳を手にとってみると、都の大路が思い出される。

右されない、純化された自然というものをとらえようとする視点や形式があるからこそ、それを通して、異なる時代に生きる人々の間に共感が成り立つともいえよう。

先にその言を引用した犬養孝氏は、自身の見解はさておき、開発により失われようとしている「万葉故地」の景観を守るべく、歌碑を建てることに尽力された。今日「万葉故地」への旅の標、あるいは主目的ともなっている歌碑は、一九八二年に刊行された『万葉の碑』に四三二基が数え上げられている（写真4）。その数が著しく増加したのは一九六〇年代後半以降のことで、年間一〇余基から、時には四〇基以上が建てられたという。その後も数はますます増え、現在では、碑は一九〇〇を超えているらしい。(16) こうした『万葉集』への関心の背景には、景観の変貌に直面したという点において、一三〇〇年以上も前の人々と共鳴するところもあるのかも知れない。

写真4　佐保川沿いにたつ大伴坂上郎女の歌碑
「うち上る　佐保の川原の　青柳は　今は春へと　なりにけるかも」（巻8－1433）の歌が刻まれている

いずれにせよ、「原風景」・「原郷」は、『万葉集』の頃から変わることのない自然なのではない。それは、三者の間に立ち現れるもの、いわば共同作品ではなかろうか。三者とは、まずそこにあるはずの自然、次にそれをある形式においてとらえようとしたいにしえの人々、そして「原風景」を求める現代の人々、である。

(16)　本田義憲『万葉の碑』（創元社、一九八二年）。同書によれば、江戸時代の碑は二一基、明治時代が一五基、大正時代は九基、昭和に入って一九三〇年代後半から四〇年代にかけて二〇余基が建てられているという。建碑が盛んになる一九六〇年代以降を、本田氏は「高度経済成長期ないしはそれ以後」と記し、その盛行を後世の人々はどのようにみるのか、「古典の伝統への目ざめ」、「流行風俗のひとつ」と問いかけ、「おのずから風景に沈んでゆくものとは何であろう」と、複雑な胸の内を覗かせている。なお、増え続ける歌碑については、二〇〇五年に『萬葉千八百碑』を発行し、それ以降、新たに判明した碑や掲載情報の訂正を公開する田村泰秀氏のホームページ、http://www.wombatzaq.ne.jp/manyo-hi/index.htm（「萬葉集の歌碑」）もある。

3　なつかしいふるさと

都の景観がほとんど詠われなかったことは、すでに述べたが、都が他所に遷れば、そこは旧都として歌に詠まれることになる。『万葉集』巻第一には、「明日香宮より藤原宮に遷《うつ》居《つ》りし後」に、志貴皇子が詠んだ歌「采女の　袖吹き返す　明日香風　京を遠み　いたづらに吹く」[17]や、「藤原宮より寧楽宮に遷る時」に「古郷を廻《かへり》望」みて作られた歌「飛ぶ鳥の　明日香の里を　置きて去なば　君があたりは　見えずかもあらむ」[18]が収められている。都は「古郷」となった時、詠うべき場所として採り上げられた。その「古郷」は「明日香の　古き都は　山高み　川とほしろし　春の日は　山し見がほし　秋の夜は　川しさやけし」[19]と、雄大な自然において賛美され、時には「藤原の　古りにし里の　秋萩は　咲きて散りにき」[20]と、その移ろう自然が哀惜される。「ふるさと」は「自然」とともに、遷都にともない、詠うべきものとして意識化されたのである。

ところで近年、奈良は、そこを「発祥の地」とする平安貴族にとって、「京都に都があり続ける限り」、彼らの「ふるさと」であったといい、「今日にも窺え」るような「奈良を日本のふるさとと感じる意識」の淵源を平安時代に求める見解が示されている。[21]では、平安貴族たちは、奈良をどのようにみていたのであろうか。

「古郷」となった平城を詠んだ歌として、よく知られているのは、『古今和歌集』巻第二（春歌下）に載録された「平城帝」の「故郷と成にしならの宮こにも色はかはらず花は咲き

（17）采女たちの袖を吹き返していた明日香風が、都が遠のいた今は、むなしく吹いている。

（18）明日香の古京を捨てていったなら、あなたのいる辺りがみえなくなりはしまいか。

（19）明日香の古い都は、山は気高く川も雄大である。春の日は山が見事で、秋の夜には川音がすがすがしい。

（20）藤原の古い都の秋萩は散ってしまいました。歌は「君待ちかねて（あなたを待ちかねて）」と続く。

（21）浅田隆・和田博文編『古代の幻　日本近代文学の〈奈良〉』（世界思想社、二〇〇一年）、三一〜四頁。

けり」[22]であろう。そして、興味深いことに、この作者「平城帝」は『万葉集』と少なからずかかわりを有している。『古今和歌集』の仮名序をみてみよう。

古より、かく伝はる内にも、平城の御時よりぞ、広まりにける。かの御世や、歌の心を、知ろし召したりけむ。かの御時に、正三位、柿本人麿なむ、歌の仙なりける。これは、君も人も、身を合せたりと言ふなるべし。（中略）これより前の歌を集めてなむ、万葉集と名付けられたりける。（中略）かの御時よりこの方、年は百年あまり、世は十継になむ、成りにける。（傍点引用者）

いにしえから伝わってきた歌が広く詠まれるようになった「平城の御時」。それは、和歌の本質を体得した天皇の治世であり、臣下にも柿本人麿という歌に優れた人物がいた。君臣ともに歌を詠み、相互に理解しあえたその時代に、『万葉集』は編纂されたという。

この『古今和歌集』仮名序に記された「平城の御時」が、平城天皇の時代とも読めるのである。もちろん、平城が皇位にあったのは八〇六～八〇九（大同元～四）年であり、同時代に柿本人麿は生存していない。この点に『万葉集』の編纂事情もかかわって、「平城の御時」がいつの世を指すのかは、すでに平安時代後期から問題視されてきた。そして、現在でも、奈良時代の天皇幾人かの治世である、さらには、それ以前の天皇をも広く含んでいるといった解釈が出されている。ただ最近では、『古今和歌集』の文脈に沿って読むべきであり、その上で、同集がなぜ、そう描いたのかを考えるべきであるとの提言もなされ始めた。[23]

（22）　ふるさととなってしまった奈良の都にも、色ばかりは変わらず花が咲いている。

（23）　谷戸美穂子「『古今和歌集』仮名序と「ならの帝」」（『日本文学』五四巻四号、二〇〇五年）。

その提言にしたがえば、『古今和歌集』編纂時の醍醐天皇から一〇代、ほぼ一〇〇年前の天皇は平城天皇となり、それは同集の漢字で書かれたもう一つの序文、すなわち真名序に「昔平城天子、侍臣に詔して、万葉集を撰ばしめたまふ。爾れより以来、時は十代を歴、数は百年を過ぐ」とあることとも符合する。つまり、『古今和歌集』において、「平城の御時」は平城天皇の治世だと解されよう。

平城天皇は、位を皇太弟に譲った後、住まいを奈良に定めた。ほどなく薬子の変が起こり、嵯峨天皇に敗北すると、以後は奈良の地で幽閉同然の生涯を送った人物である。事変の処理に際して、嵯峨天皇の詔のなかで、平城への還都宣言が人々を混乱に陥れたといわれているように[24]、平城は平安京を拠点とする政権に危機をもたらしかねない場であった。その平城が、上皇自身によって「故郷」と詠われ、当代から切断される一方で、上皇、そして『万葉集』は勅撰歌集において、過去ではありながら、規範となるべき理想の世に属するものと位置づけられたのである。

なお、この時期には平城、さらにはそれ以前の都の地も含めた大和が、歌作ばかりでなく他の場面においても、自分たちの始原として語られ始めた。たとえば、九世紀から一〇世紀にかけて、朝廷で貴族官人を対象におこなわれた『日本書紀』の講義では、国号としての「日本」をめぐって、次のような問答がなされている。「日本」を文字通りヒノモトと訓じてはどうかとの問いに、博士は理にかなってはいるが、あえて音訓によらず、そこに込められた意を汲んでヤマトと読むべきだと応じた。また、ヤマトという語は、この世の始まりに人々が山で生活したことに由来し、王の政治が始められた地、すなわち大和の人々がそうであったために、「日本」とヤマトが重ね合わされた、との説も披瀝されてい

（24）『日本後紀』弘仁元年九月丁未条。

る。[25]『日本書紀』の講書は公的な行事であり、そこで大和は「日本」の始まりの地とみなされたのである。

平城、より広くは大和を、かつてそこに住んだ人々のみならず、「日本」に属する人々にとっての始原の地ととらえる意識は、過去の経緯をふまえながらも、意図的、政治的に創り出されたものであった。とすれば、問題となるのは、なぜそのような作為がはたらいたのか、であろう。当時の都、すなわち平安京は、いわゆる「国風文化」の創造の場であった。「唐」あるいは「漢」に対置される「和」を創りだす場としての平安京に「日本」の原点を求める。そうした選択肢もあったはずである。九〜一〇世紀の政策が、今日の「奈良を日本のふるさとと感じる意識」に直結するかはさておき、その形成をめぐっては、明治時代以降の国家政策ばかりでなく、平城が旧京となった直後の諸政策にまで溯り、その政治的意図と、それが広く受け入れられた背景を考える必要があるといえよう。

(25) 国号をめぐる問答は『釈日本紀』巻第一の「開題」に、ヤマトの語義に関しては同書巻第一六の「秘訓一」にみえる。

4 歴史を歩く

「万葉故地」への旅の盛行をささえる「奈良を日本のふるさとと感じる意識」、そこに「自然」、しかも都の繁栄とは対極にあるものとしてのそれをみようとする意識の形成には、歴史的な経緯があった。しかし、今日の「万葉故地」に関する書物の多くは、その経緯や時間の経過を消去し、一気に始原に回帰するかのように、現在と『万葉集』を結び、「原風景」や「原郷」を語る傾向が強いように思われる。

写真5　護岸工事がなされた現在の佐保川

『万葉集』の歌の大半が詠まれた奈良（平城）よりも明日香が「万葉故地」として人気を集めていることは、そうした傾向とかかわっているであろう。しかし、『古今和歌集』の序文に、『万葉集』の編纂を指示したかのように語られた、平城上皇の奈良における居所の辺りもまた、しばしば詠われた「万葉故地」なのである。平城京の南一条大路にあたるといわれる一条通りを、国道二四号線との交差点のやや東で北に折れて進んだところに、不退寺がある。その不退寺が平城上皇の住まいを息子の阿保親王、さらにその子在原業平が相承し、業平が八四七（承和一四）年に寺にしたと伝えられるところである。

この不退寺の東側、一条通り沿いから北の丘陵にかけては、現在も「佐保」の地名が点在し、通りの南には佐保川が流れている（写真5）。大伴家持が「千鳥鳴く　佐保の川門の清き瀬を　馬うち渡し　いつか通はむ」[26]と詠んだ佐保川である。そして、その一帯には、大伴坂上郎女が「世の常に　聞けば苦しき　呼子鳥　声なつかしき　時にはなりぬ」[27]という歌を作った「佐保の宅」や、長屋王の「佐保の宅」なども建ち並んでいた。[28]坂上郎女は「我が背子が　見らむ佐保道の　青柳を　手折りてだにも　見むよしもがも」[29]と、「佐保道」をも詠っているが、「こんにち一条大路は道幅が狭いわりには交通量も多く、町並みも新旧とりまぜた家が混在し、青柳に彩られたようなしっとりした風情はもはや探すすべもな

(26)　千鳥の鳴く佐保川の清い瀬を馬に乗って、いつになったらあなたのもとへ通えるだろうか。

(27)　いつもなら聞けば苦しい呼子鳥も、声のなつかしい時節にはなった。

(28)　「左大臣長屋王の佐保の宅にいまして肆宴したまふときの御製なり」と伝えられる歌が、『万葉集』巻第八にみえる。

(29)　あなたがご覧になっているであろう佐保道の青柳を、その手折った枝でもみられればよいのに。

い[30]」のである。

しかし、その景観がかえって、「万葉故地」を訪ねるという行為そのものを問いなおさせてくれるといえなくもない。『万葉集』に共感を覚えるのは、それを詠った人たちと、わたくしたちは何も変わらないからだと解することもできるであろう。しかし、すでに述べたように、その一方で時間をたどってみなければ、わたくしたちの行為は説明しつくすことはできないのである。これは、近年の「万葉故地」への旅を批判するものでは、もちろんない。そのような形で『万葉集』が受容されることにもまた、歴史的な意味があるはずである。ただ、そうした点をも含め、私たちにとって過去とはいかなるものであり、なぜそれを必要とするのかを考えるために、「万葉故地」に足を運んでみてもよいのではなかろうか。

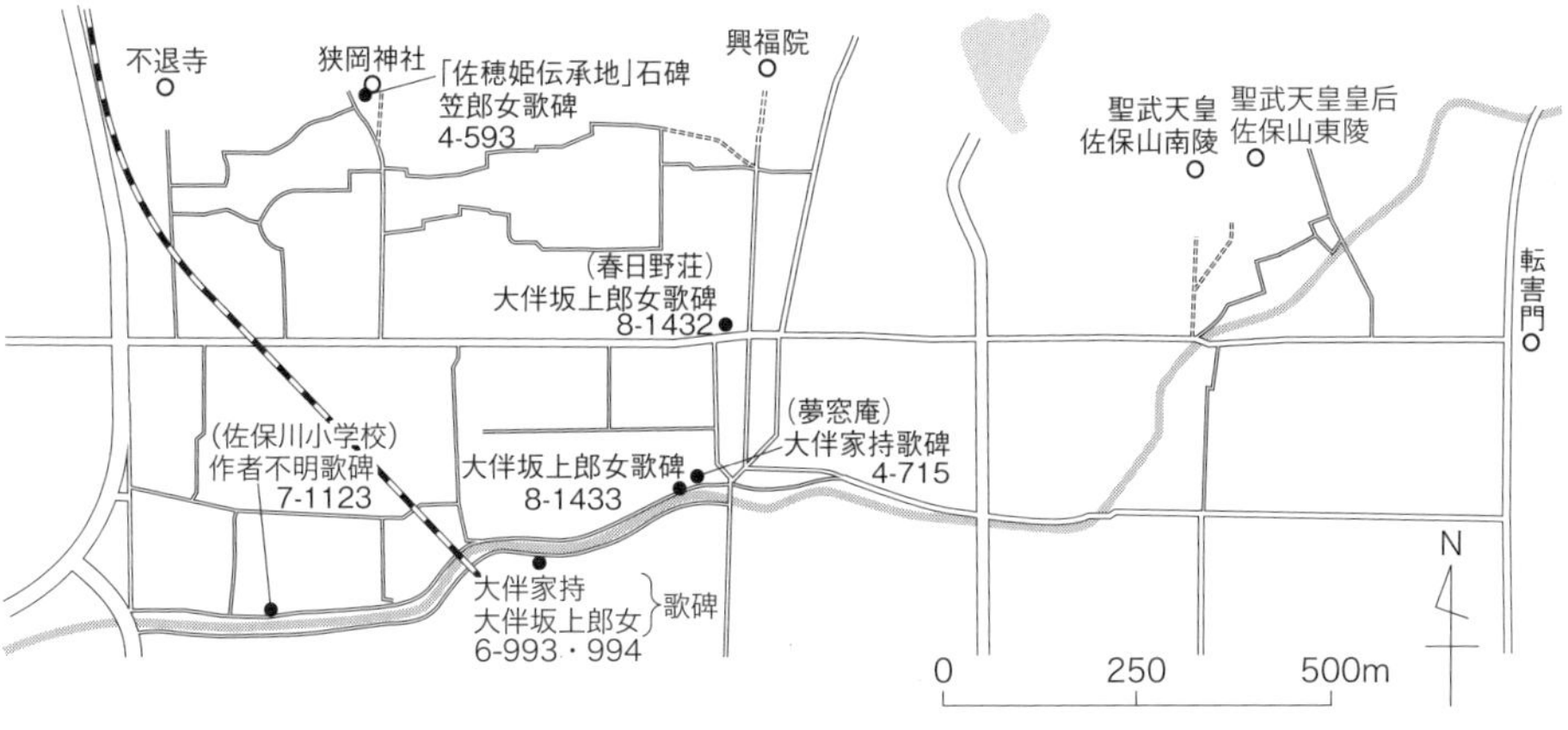

佐保川と万葉歌碑

(30) 扇野聖史『万葉の道』巻の三 奈良編(福武書店、一九八二年)、三一四頁。

奈良小景

佐保会館

疋田洋子

佐保会館は、奈良女子高等師範学校と奈良女子大学の同窓会、社団法人佐保会が所有する同窓会館である。一九二八（昭和三）年に同窓生、教職員、近隣の商店等からの寄附で約二万五千余円で建設された。設計は、奈良県吉野郡出身の建築家岩崎平太郎である。岩崎は吉野鉄道（現近鉄）の吉野駅、吉野神宮駅、天理大学外国学部、畝傍高校など、奈良県内に数多くの作品を残している。

佐保会館は、大学の南門を入りまっすぐ北に向かって歩くと突き当たる木造二階建ての建物である。この道は、三条通りから一条通りまでまっすぐに通っている道で、佐保会館建設前には佐保川に橋が架かっていて、一般市民も往来していたようだ。その頃、市はこの道を拡幅する計画を持っていたが、大学が二分されるのを嫌って、佐保会館をこの位置に据えたといわれている（佐保会報六八号）。

現在の生活環境学部と理学部C棟が建っている場所は、大学創設当時から一九六五年頃まで学生寮があり、佐保会館は、大学と学生寮を左右に見渡す場所に位置していた。一階は事務室と応接間と台所以外は、大小の和室からなり、二階は洋風の大広間と小部屋からなる。延べ床面積は約五九八平方メートルである。廊下をのぞく当時の洋室の床はリノリューム張り、窓は上げ下げ窓であった。

同窓会や在学生のクラス会や宿泊場所として利用されたが、一九二九年から一九三一年頃には、週三日午後のみ、二階のホールを喫茶室とし、同窓生や学生の憩いの場になった時期もある。その後、一九三一年、佐保会が佐保女学院（現奈良佐保短期大学の前身）を経営するようになり、一九四三年佐保女学院が、西笹鉾町に校舎を建てるまで、一階も二階も教室として使われた。第二次世界大戦の時には、学校工場にもなった。一九四九年、女子高等師範学校が奈良女子大学となり、教室不足のために、会館の二階が大学の講義室となり、一九七〇年頃までその役目を果たした。

数々の歴史を支えてきた佐保会館は、多くの佐保会員の要望によって、二〇〇五年一二月に、国の登録有形文化財に登録された。これは会館が、「昭和初期の和風木造近代建築の造形の規範となるものである」と評価されたことによるものである。

二〇〇六年から二〇〇七年の一年余をかけて、耐震補強を含め、平成の大修理を行った。改修工事は出来る限り当時の原型を崩さず、会館を有意義に使っていけるようにとの配慮のもとに行われた。廊下や縁側の床板や一部の塗り壁はそのまま残し、大半の照明器具は当時のままである。二階の大ホールで使われている机と椅子も一部は、当時から使われていたものを修理して利用している。また、百十年を経たアプライトピアノは、製造番号から現存する国産ピアノでは三番目に古く、同時に修理された百年経ったリードオルガンと共に、今も、懐かしくやさしい響きを聴くことができる。

佐保会館

会館内のトイレ、浴室、台所は現代風に改造され、奥の階段にはリフトを取り付け、昇降が難しい人への配慮がなされている。また、講演会や研究発表に対応できるように最新のＯＡ機器を備えている。

現在、佐保会館は、講演会、セミナー、音楽会、講習会、展示会等に利用され、同窓生にだけでなく、広く一般に門戸を開いている。特に、ここで開催される佐保会主催の「佐保塾」は文化の発信の場として、多くの地域住民に親しまれている。

第2部

生活と風景

歩いて楽しむ、なら町

上野邦一

1　はじめに

私は奈良に住み始めてから三五年近くになる。住み始めたばかりのころに、奈良は古い町で伝統・習慣が受け継がれている町なのだ、という思いを強くした。そういう思いをした出来事のうち、二つの事柄をまず書いておきたい。一つは地蔵尊祭りで、二つ目は各家の戸口に取り付けた鰯《いわし》の頭・柊《ひいらぎ》の枝である。

なら町を歩くと、どの町にでもとはいかないが、地蔵尊がほぼ各町に一つある。高さ三〇《センチ》ほどの見過ごすような小さい社《やしろ》もあるし、一《メートル》五〇《センチ》ほどの立派な社もある（写真1）。注意してみると、地蔵尊祭りでない時期でも、食物やお花を供えてある。地蔵尊祭

写真１　なら町の地蔵尊を祀る社

りは、町によって七月二三・二四日に行うところと、月遅れで八月二三・二四日に行うところとがある。祭りの数日前から準備は始まる。地蔵尊の前にちょっとした祭壇を設けたり、社にも祭り用の幕を張る。当日は、数人が集まり、お坊さんが地蔵尊の前でお経をあげると、あとは賑やかになる。夕方になると、町内の人々が工夫した夜店が開き、子どもたちが三々五々集まり、一しきり遊ぶと帰ってゆく。奈良に住み始めて、最初か次の年の夏、いつもはひっそりとした町の一画が賑わっているのに気づいた。何だろうと思って近づくと地蔵尊祭りで、地蔵盆とも言うことを教えられた。何げない行事が生きている、古い町を実感した訳である。

奈良に住み始めてから数年後、私は、いわゆるなら町ではないが、旧市街地の一画に移り住み、地蔵尊祭りと関わるようになった。祭りの数日前に紙でつくった手製のぼんぼりが、各家々に配られる。白紙で渡されたぼん

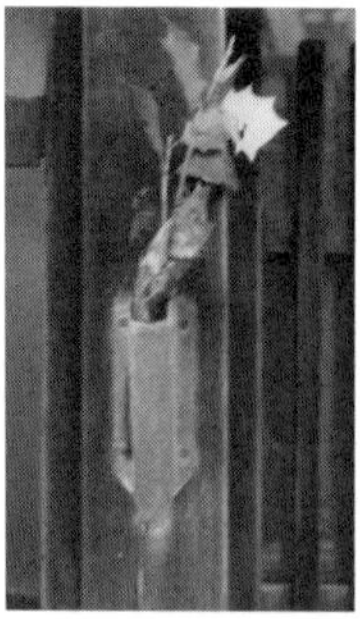

写真２　鬼除けの鰯と柊

ぼりの各面に手ごろな絵や願い文を書くのである。絵には、はやりのアニメの主人公が多く、願い文は「町内安全」とか「家族健康」とか、である。日常生活が、奈良の伝統を受け継ぐことになっているのである。

各家の戸口にある鰯の頭・柊の枝（写真2）は節分の行事と関連する。小学生のころだったか、節分の行事に際して、鬼が嫌がる鰯の頭・柊の枝を戸口に掲げる、と教えられた。あちこちを転居したが、実際に柊・鰯の頭を戸口に掲げるのを見たことが無かった。私の身の回りにそうした習慣を実際に見ることはなかったので、もうなくなったと思っていた。ところが奈良に来て、町を散策していたら、鰯の頭・柊の枝を軒並み戸口に掲げているのを目にしたのである。知識としてしか知らなかった鰯・柊というものが、実際に習慣として生きているのを目にし、伝統が生きている町を改めて知ったのである。

2 平城京となら町

ならの町は、ガイドブックや教科書に書いてある通り碁盤目状に道路があり、道が直交している。航空写真や地図を見ると、それが良く分かる（図1、写真3）。この碁盤目状のまち・道の形状は、奈良が平城京と呼ばれた一三〇〇年前の時代の町の割付・道の位置を受け継いだことによる。平城京は中国の都市の制度を学んで造ったとされ、東西南北に直行する道路であった。その様相が今にまで生きている。

しかし、ところどころに曲がった道があったり、碁盤目が整っていない場所がある。曲

写真3　空から見たなら町（昭和45年頃）

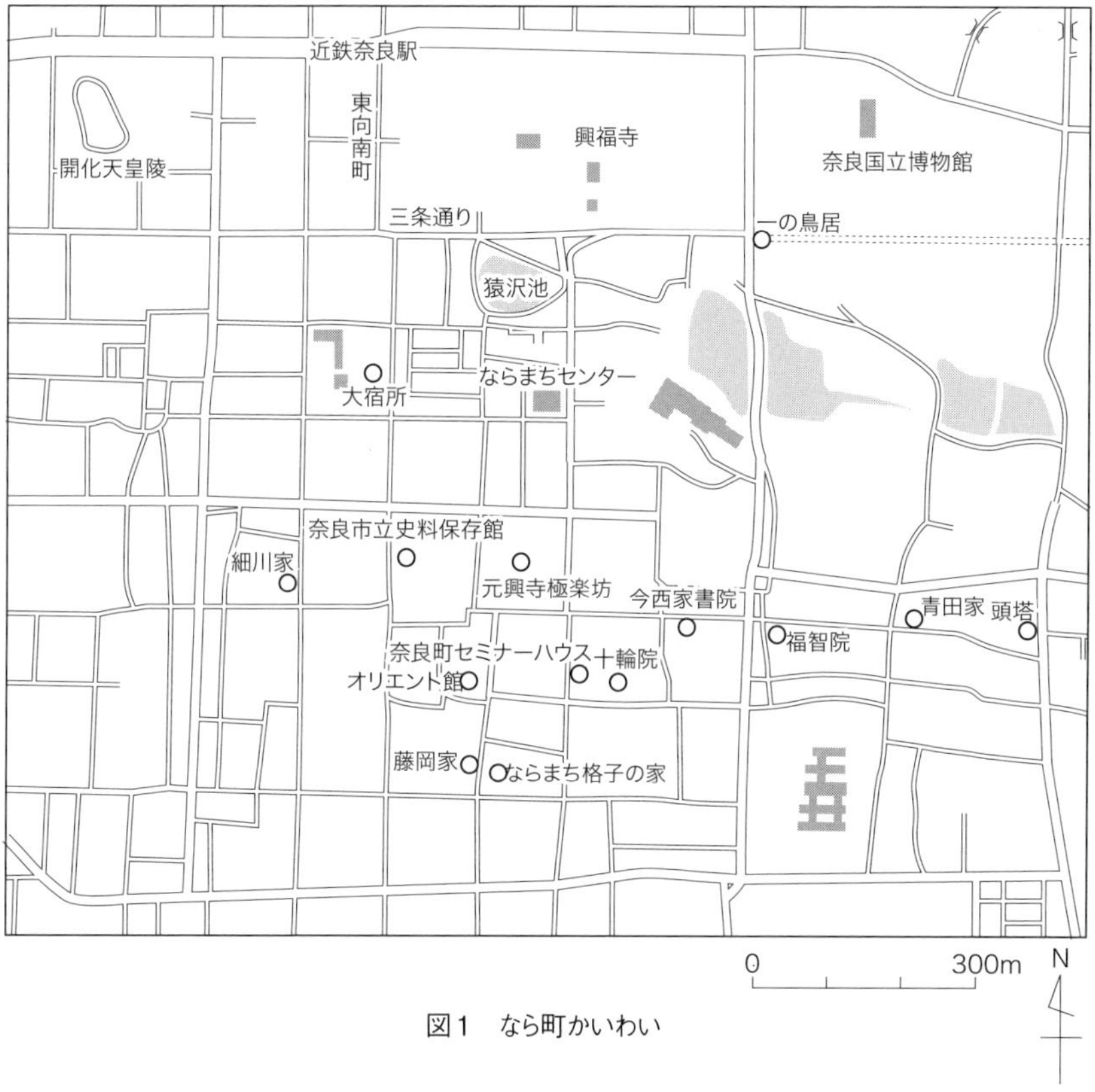
近鉄奈良駅
東向南町
興福寺
奈良国立博物館
開化天皇陵
三条通り
一の鳥居
猿沢池
ならまちセンター
大宿所
奈良市立史料保存館
細川家
元興寺極楽坊
今西家書院
青田家
頭塔
福智院
奈良町セミナーハウス
十輪院
オリエント館
藤岡家
ならまち格子の家
0
300m
N

図1　なら町かいわい

がっている道の多くは、もと町中を流れていた小川を覆って道路にしたからである。また、碁盤目がゆがんでいるような区画がなら町の中央部にある。この理由は、その区画がもとの元興寺境内であったからである。元興寺は日本で最初の本格的寺院である飛鳥寺を受継いだ大寺院で、広い境内地を持っていた。しかし、元興寺の勢いが衰え、もとの境内地に町家の敷地が秩序なく入りこんでしまい、不整形の区画ができたのである。

なら町は、高低差が五メートルほどあり、平らな地に出来た町のイメージがあるが意外に起伏がある。なら町は東の山々の裾野に広がる町である。山々からは、いくつもの小さい流れが西へ、そして南へと流れている。小さい流れは、それぞれに谷をつくり、そのために高低差が生まれている。この起伏のある自然地形を、こんにちのような土地造成を行わずに、地形に合わせて町を建設しているので、起伏のある町になっているのである。

3　なら町の町家

ならの町を歩いて見える古い建物は道路に沿って建ち並び、これらを町家と言い、多くは、かつて商売をしていた。町家は切妻造《きりづまづくり》・桟瓦葺《さんがわらぶき》・平入《ひらいり》・つし二階建が一般的である（図2）。この一般町家のほか、表屋造《おもてやづくり》・表塀造《おもてへいづくり》・表庭造《おもてにわづくり》と名付けた、タイプの違う町家もある（図3）。表屋造には、いくつかのバリエーションがある。一般的な町家を、屋根・瓦・入口・表の構え・建具・卯建《うだつ》の順に、すこし丁寧に見ていこう。

切妻造というのは屋根形の一タイプである。日本の伝統的な建物には、三つの基本とな

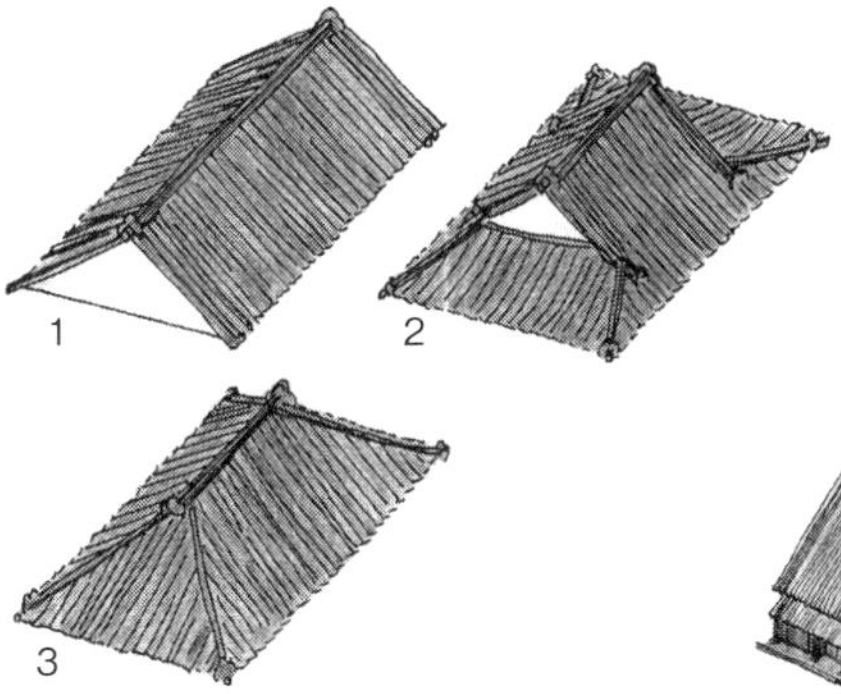

図４　屋根の基本形
（1．切妻造　2．入母屋造　3．寄棟造）

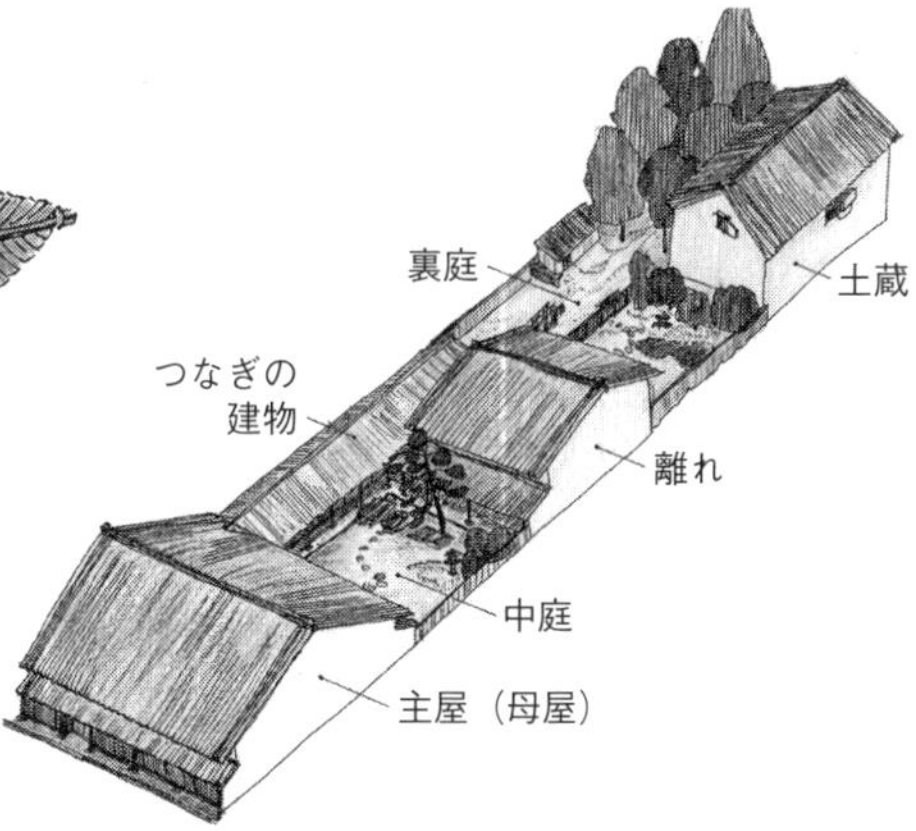

図２　一般的な町家

る屋根の形がある。切妻造・入《いり》母《も》屋《や》造《づくり》・寄棟《よせむね》造《づくり》、の三タイプ（図4）でこれらの変形や組合わせによって多様な屋根の形がある。なら町では、多くが切妻造屋根であるが、ところどころに入母屋造屋根の町家がある。よく見ると、片側が入母屋屋根で、反対側が切妻屋根という町家が多く、しかも道が交叉するカドに位置する

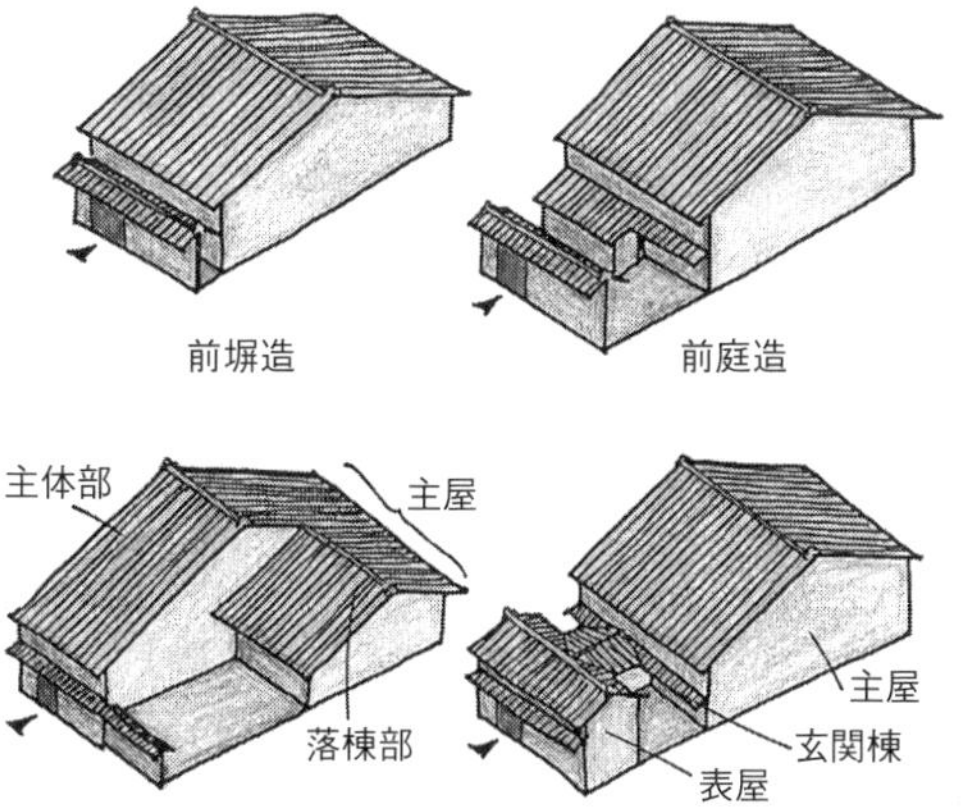

図３　町家の諸タイプ

家に入母屋屋根が見られる。カドにある家は、道を通る人が多く目にするから、見栄えを良くしたのであろう。

桟瓦葺は、瓦の種類の一つである。屋根を覆うことを葺くと言い、屋根を葺く材料にはいくつかの種類がある。瓦の他に、農家では茅葺がよく知られているし、山間にいくと樹皮で葺いた家々を見いだす。瓦には二タイプがあり、桟瓦は本瓦と区別する名であり、一枚一枚が波形である（写真4）。ちなみに本瓦は丸瓦・平瓦の二種の瓦を組み合わせて葺く。

平入とは入口の位置のことで、平入・妻入がある。屋根の一番高い部分を棟と言い、棟にたいして、平行の位置からか入るか直交する位置から入るかで区別するのである。建物平面を考えたとき、棟に平行な辺を平と言い、棟に直交する部分を妻と言う（図5）。こ

写真4　本瓦（上）・桟瓦（下）

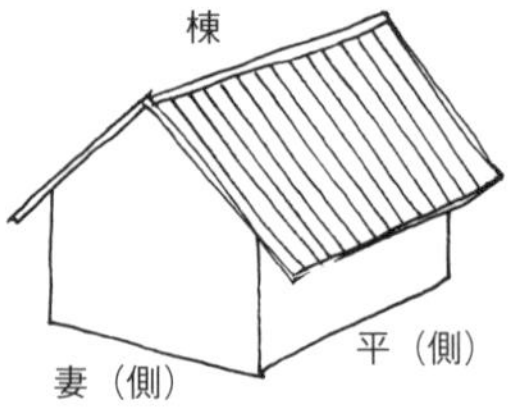

図5　妻平の概念図

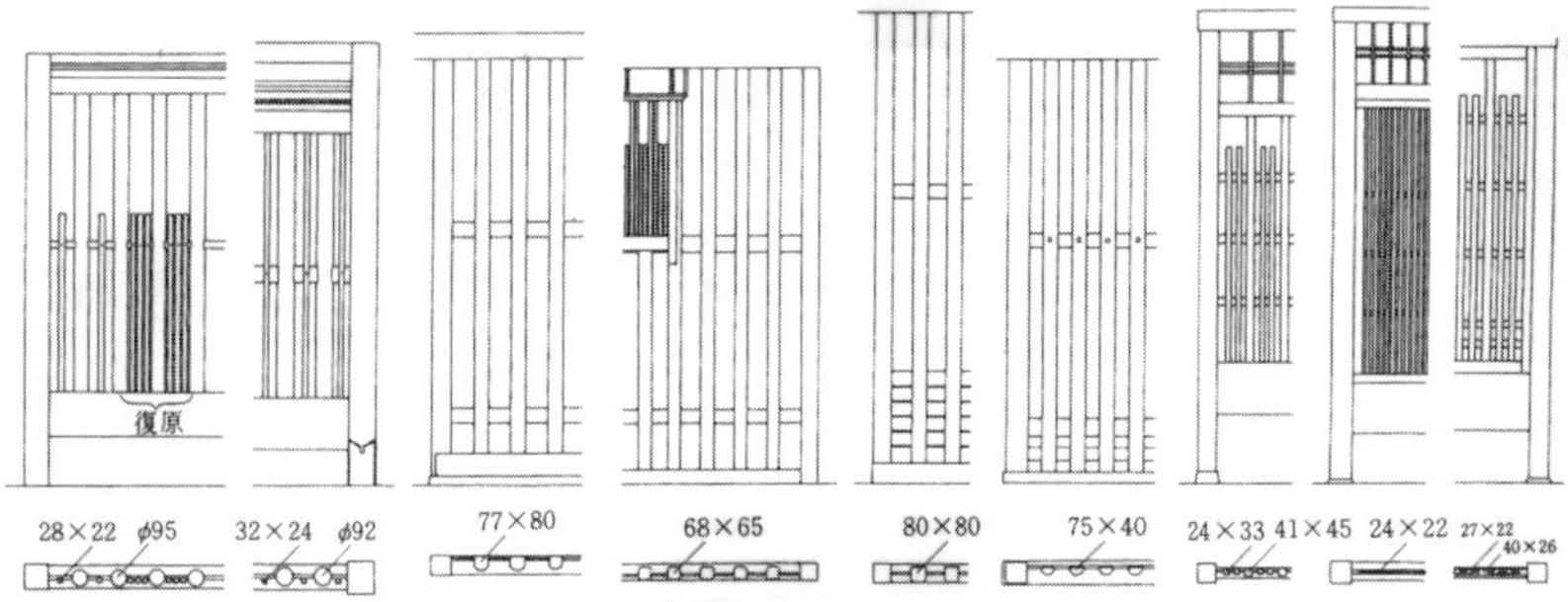

図6　奈良にある格子のいろいろ

写真5　奈良格子の一例

の平から入るとき平入と言い、妻から入るとき妻入と言うのである。ある地域は、平入か妻入でまとまっていて、無秩序に混在することはない。なら町では、基本的に平入である。

　なら町の町家では、一階は塗《ぬり》籠《ごめ》とせず木の部分を出すが、二階は大壁造と言って壁が柱を覆う造りである。大壁造とは、柱など木の部分を壁の中に入れてしまうもので、塗籠《ぬりご》めると言う。その結果表面には木の部分が見えず壁となる工法のことである。一階出入り口はかつて大戸が基本であり、大戸はすり上げたり、回転させたりして開閉する。大戸とは、巾が一二〇センチとか一八〇センチほどある大きい扉のことである。現在の住まいは、出入口の巾は九〇センチほどであろう。かつての町家で入口が巾広いのは、物資の出入の作業に都合良いように、という事情である。

　一階正面では、入口以外の開口部は格子《こうし》をはめるのが普通である。ただ、ミセノマの表はばったり床几《しょうぎ》が多くあったようで、数軒の町家にのこっている。格子はどこでも同じという訳ではない。太い格子や、細い格子、大小の組み合った格子など多様である（図6・写真5）。よく奈良格子と言う格子があるが、丸太状の格子を地面から立ちあげるもので、法蓮町《ほうれんちょう》一帯では、法蓮格子と呼ぶが、同じものと考えて良い。太い格子や、細い格子は規則性なく勝手きままに備えている訳ではない。入り口に近い方が太く、入り口から離れると細くなる、という原則がある。

明治時代中期以前の町家は、二階建てだが最近の二階建てのように高くなく低い。二階部分の部屋では天井が低くなっているか、天井が無く屋根裏部屋になっているのである。この低い二階のことを関西では、つし二階と言う。つし二階は通常は、物置や奉公人の寝る場所であった。明治時代中期ころから、二階にも家人が居住するようになり、天井を通常の三《メートル》弱ぐらいとする部屋をつくるようになり、近年の二階建ての高さになる。つし二階の表には、古いタイプの町家では虫籠窓《むしこまど》がある（写真6）。つし二階の表は、古くは壁であったと思われる。しかし暗いので明かり採りに

写真6　虫籠窓

写真7　袖卯建

窓を設けたが、火災予防や防犯のために、窓を大きくせず、格子を塗籠めるので太くなっている。この窓の様子が江戸時代初めの虫籠に似ているので、虫籠窓の名がある。

なら町で見かける卯建《うだつ》（宇立とも書く）にふれておこう。卯建には、本卯建《ほんうだつ》と袖卯建《そでうだつ》という2タイプがあり、なら町で見かけるのは袖卯建である（写真7）。つし二階の表両側に小さい壁が建物から出ているのが袖卯建である。通常は両側で、漆喰《しっくい》塗で、模様があったり、家紋が入っていたりする。

一般公開している町家はないが、藤岡家住宅（重文）、細川家住宅（県指定）、青田家住宅（市指定）など、見応えのある古い町家がなら町に散在する。機会があれば、是非訪れたい町家である。

4　町家と人との関係

古い町を散策して落ち着くということをしばしば聞く。落ち着く理由は二つある、と筆者は考えている。一つは、道と町家がつくる空間が人間の感覚に合い心地良いのと、二つめは、町家の木の感触に馴染んでいるから、であろう。

道に対して両側の建物が高いと、見える空が狭まり、窮屈な印象を受けることになる。逆に両側の建物が低く、道が広すぎると、開放的だが、しまりのない印象になる。見慣れているせいかもしれないが、道巾が三《メートル》から五《メートル》ほどで、二階建ての建物が並ぶ町並みが落ち着くのである。そして家々の間から、若草山が見えたり興福寺五重塔が見えたりする。

奈良の町を歩いていることが実感できるのである。

日本の住まいに入ると、落ち着くという。木の感触に馴染んでいるからでもあるが、木に囲まれていると人の脳が落ち着くという実験結果がある。気分だけではなく、医学的に脳に安らぎの刺激を与えているのである。

なら町では近年、町家を改造したみやげ物店・レストランなどが増え始めている。手軽なガイドブックが続々と発刊され、それらを片手に、なら町を散策するグループを多く見かけるようになった。古い町家を再利用して、新たな活動が広く展開し始めている。

古い町家を再利用する早い例は奈良町物語館があり、また、さんが俥《くるま》座などがある。さらに、一二年ほど前に「奈良女子大学奈良町セミナーハウス」がオープンした（写真8）。「奈良女子大学奈良町セミナーハウス」は、毘沙門町《びしゃもんちょう》にある正木さん所有の古い家屋で、明治時代中期ころの町家と考えられる。以前は乾物屋・カメラ店を営業していたり、またＮＴＴの診療所にも利用していたが、三〇年くらい居住せず倉庫となっていた。数年前に調査を行い、奈良女子大学が借受け、ゼミ・講義、その他の公開活動に利用している。学生が多く利用すると考え、なるべく学生の手で整備・改修することを考え、まず掃除・片付けを行った。その後トイレ・風呂の改修工事、土間の整備などを業者から手ほどきを受けて、学生・教官の手で実施した。また二〇〇八年に屋根瓦を葺き替え、表構えを一新した。

写真８　奈良女子大学奈良町セミナーハウス

伝統的な町家は、昔のままでは使えないし、利用できない。間取りや内装の工夫、光熱などに新しい設備を取入れることを行えば、本体がしっかりしている利点を活かすことができる。若いオーナーが、洒落た改造で町家を利用する例はしばらく続きそうである。

5 なら町の神社や寺院

なら町には、見応えのある社寺が散在している。町を歩いていて、あるいはすこし高いところから町を眺めると、ところどころに社寺の建物があり、アイ・ストップになっていたり、ランド・マークになっている。アイ・ストップというのは、通りに立って町を見る時、視界の焦点となるような位置にある物体を言う。大きい物でも小さい物でも良い。アイ・ストップがあることによって、眺めが心地良くなったり引き締まることになる。ランド・マークとは、あちらこちらから見え、相対的に自分がいる位置が分かるものを言う。奈良だと、典型的なランド・マークは若草山であるし、興福寺の五重塔もランド・マークになっている。

なら町には、国宝・重要文化財の建物がある寺院として十輪院、元興寺極楽坊、福智院、興福寺などがある。元興寺極楽坊や興福寺は世界遺産に登録されていて、ガイドブックも多いのでここでは紹介をはぶく。十輪院にはこじんまりしているが鎌倉時代の特徴を持つ本堂がある。福智院本堂は、大きくないがどっしりした佇まいを見せる。

町家でもないし、社寺でもないが、今西酒造の一画に今西家書院がある。もと興福寺大乗院に属する一つの居宅を移したものであり、室町時代末期の書院造の建物である。書院造というのは、室町時代の終わりころから江戸時代初期にかけて、貴族や上級武士の邸宅として盛んに造られた住宅のタイプのことである。床・棚・書院を備えた部屋を持つことが書院造の一つの特徴で、こんにちの和風住宅の元になっている。

社寺に関わって、いくつもの行事がある。そのうちの一つが一二月のおん祭で、なら町の雰囲気が変わる。一二月にはいるとなら町のあちこちで道を横断するように注連縄《しめなわ》・提《ちょう》灯《ちん》が飾られる（写真９）。知ってしまえば、「ああ、おん祭が近づいたんだ。」と気づくが、知らない時は、何が始まるのだ、と思ったものである。おん祭は春日若宮神社の祭りで、国立博物館近くの参道沿いにある御旅所《おたびしょ》には神を迎えて芸能などを奉納する。一方、餅飯殿《もちいどの》の通りには事前に大宿所《おおしゅくしょ》が設けられ、祭りに参勤する大和士が精進潔斎を行い、境内は多くの参拝者で賑わう。

写真９　おん祭を迎える提灯

奈良だけでなく関西一円では、「春はお水取りから」とよく言われる。「お水取り」のたいまつは有名であるが、本番を前に長い準備があることはあまり知られていない。たいまつの準備や、それを東大寺へ運ぶ一連の行事が受け継がれている。山城で伐採した一〇《メートル》ほどもある竹を、東大寺へ運ぶとき奈良のきたまちでは、東大寺の転害門《てがいもん》で人々を迎え暖かい飲み物などでねぎらう。

このほかの行事・イベントに、初恵比寿、山焼き、薪能があるし、近年では、燈花会《とうかえ》やバサラ祭り、と言った市民参加の行事・祭りが盛んになっている。鹿の角切りは、奈良の秋の風物詩である。

奈良を訪れる多くの人が、町に隣り合う公園に、場合によっては町の中そのものに、鹿が歩いているのに驚く。鹿は町中どこにでもいる訳ではないが、旧市街地のうち、興福寺・東大寺にちかい一帯ではこんなところにまでと思われるところまで出てくる。旧市街地は人口一〇万人足らずのこじんまりした町であるが、それにしても都市内部に、大型動物が生息するのは珍しい。自然と人々の生活が共存している。もちろん、昨日・今日の営みの結果ではない。春日大社は、平城京を守る神として奈良時代に始まる。四神をまつるが、その内の第一神は現在茨城県にある鹿島神宮から迎えている。茨城から奈良へ向かった際、神を守り導いたのが鹿であり、それ以来奈良では鹿は神に仕える動物として神聖視され保護されてきたのである。奈良時代以来、約一二五〇年もの間、奈良に住む人々が保護してきたから、現在奈良のここかしこに鹿が出歩くのである。

近年、環境にやさしくとか、環境との共生とかが、しばしば言われるようになっている。奈良は　千年近く実践していたのである。

6　むすび：歩いて楽しむ町

なら町を歩くと、さまざまなことに出会い、知的関心が刺激される。落ち着いた町家が並ぶ中で、鹿に出会う、読めない町名の通りを歩く、小さい博物館を発見する、などなど、である。散策する醍醐味を味わうことになるだろう。季節が違えば、その時々の祭りや行事がある。天候によっても町の風情は異なる。さまざまな出会いをすこし紹介しておこう。

　奈良には昔ながらの町名が残っている。東向南町《ひがしむきみなみまち》、南市町《みなみいちまち》、などの町名は、それぞれ由来がある。東向の北町・南町は、現在道の両側に建物が建並ぶが、かつては興福寺境内に接していて、道の西側にのみ町家があった。すなわち東を正面とした町家が建ち並んでいたために、東向の町名なのである。南市町は文字通り市が立っていた町である。北市町もある。なら町には難読地名も多く、奈良に住み始めて困ることの一つである。近鉄奈良駅周辺に高天町《たかまちょう》交叉点があるし、大豆山突抜町《まめやまつきぬけちょう》がある。なら町に入って行くと、次々に勝南院町《しょうなみちょう》・阿字万字町《あぜまめちょう》、南京終町《みなみきょうばてちょう》などが現れる。町の歴史が町名となっていて、詳しくは、関連する書物を読んで欲しい。

　なら町の町名にはそれぞれ由来があり、歴史がある。三条通りや一条通りは、平城京時代の道の名のまま、現在に受け継がれている。一九六〇年代ころから日本各地で住居表示を変更しもともとの町名が失われた経緯がある。また最近、市町村合併が進み、すこし前まで残っていた各地の馴染みある市町村名が分かりにくくなっている。奈良では、由来を表すもともとの町の名を受け継いでいる。近鉄奈良駅から東大寺への道は登大路という。この道から北一帯を「きたまち」と呼び、町づくりの活動が展開している。町を歩いていると「まちかど博物館」という小さい看板を目にする。「まちかど博物館」は奈良市が設定した、親しみやすい博物館である。鰹節屋であったり、手仕事の工房であったりする。なにげない建物にも、その地域その地域の歴史が刻み込まれているものである。「まちかど博物館」は、人々のなりわいを知ることができるように、その地域の歴史をたどることができるように、設定されている。

歩くと、いろいろ気づくことがある。季節が違っても、晴れ・雨と天気が違っても町のたたずまいは異なる。格子の違い、習慣の違いに驚くこともあるだろう。ぜひ、ゆっくりとなら町を歩いて欲しい。

奈良県内には、なら町以外にも歩いて楽しむ町がある。橿原市今井町、宇陀市松山地区は国の施策とあいまって歴史的町並保存を進めている。御所市御所、高取町土佐、五条市などにも往時の町並みが残り、市民が町並み保存を展開している。さらに、大和高田市や大和郡山市などにも魅力溢れる伝統的な町並みがのこっている。こうした町にも足を運ぶと、奈良県内の古い町を楽しむことができるだろう。

橿原市　今井町の町並み

宇陀市　松山地区の町並み

奈良小景

奈良と地域医療

栗岡幹英

東海地方のある大学から奈良女子大学に転出することが決まったとき、修学旅行以来三〇年訪れていない古都に思いを馳せた。記憶に残っていたのは、エンタシスの柱の並ぶ清々しい唐招提寺の金堂だった。奈良に移り住んで出かけたときは修理中で覆いの中にあり、まだ記憶は美しいまま止まっている。その代わり、金堂に安置される薬師如来にも再会できないままだ。

奈良の名刹には、薬師如来を本尊とし、あるいは安置するところが多い。法隆寺、元興寺などはいずれも国宝の薬師如来を有する。興福寺東金堂には重要文化財の如来がおわし、同寺所蔵の有名な国宝山田寺仏頭も薬師如来である。薬師寺、新薬師寺は、その名の通り薬師如来信仰に依拠して建てられた。「薬師」とは現代における「医師」のことであり、薬師如来は別名「大医王仏」とも呼ばれる。阿弥陀如来が極楽往生を約束する来世の仏なのに対し、薬師如来は現世の利益を司る。聖徳太子は、父の用明天皇の病の平癒を願い、薬師如来を祀って法隆寺を建立したという。

薬師如来への信仰は、病からの解放という人々の願いに根ざしている。この仏像がもつ薬壺には、健康への願いが凝集されている。人々は、狭い意味での病気からの回復に限らず、家内安全や安産などの願いをこの佛《ほとけ》に託した。

さて、時代は変わっても、健康への願いに違いはない。こんにち多くの人々は、病を得たとき、病院に救いを求める。この行為は、古代の人々が多様な悩みや苦しみの解決を求めて寺社仏閣に駆け込んだことに似ている。かつて広大無辺の力を持つ佛に頼ったように、今は人々の悩み・苦しみを病院が引き受ける。社会学では、この現象を「医療化」と呼んでいる。

かつては神仏に頼ることで人は癒された。こんにちの医療は人々を癒すことにかけてははるかに実際的で有効だと考えられている。医療はとても高度に組織された人間の行為の集まりである。診察の際に医師と患者は微妙な駆け引きをしているし、医学生は精妙に構築された医学部のカリキュラムを系統的に学ばなければならない。病院の診療科は細分され、それぞれは複数の職種を備えているし、相互に連携を取っている。救急医療では病院が三段階に役割分担をし、消防署の救急隊と病院無線システムを介して結ばれている。ただ、こうした高度なシステムは、環境や条件の変化のなかでいつも充分に機能するとは限らない。現代医療の有効性は、実は危うさをも孕んだものなのだ。

奈良県は都市化と過疎化、少子高齢化の大きな波に洗われており、とくに県南部の広い地域に医療過疎地が生じている。二〇〇六年八月に大淀町立病院で起きた痛ましい出産事故は、産科医療と救急医療に表れたほころびを白日の下にさらし、全国における同様の事態の縮図として大きな議論を巻き起こすことになった。

奈良の地域特性を踏まえた安心できる地域医療システムは、住民参加無しには構築できない。お任せ医療から患者が参加する患者中心の医療への転換は、このような社会システムの構築についても図られなければならない。

もちろん、現代医療が進歩し、有効で安心できるシステムが構築されても、それにゆだねることのできない悩みや苦しみは残る。人々を癒す医療の能力を過度に見積もることはできない。ときには、心惹かれる薬師如来の前で時を忘れることも有効かもしれない。

消えた川の記憶——ならまち率川物語——

帯谷博明

1　まち歩き型フィールドワーク案内

この章では、近代化・都市化の過程でその大半が暗渠になり、ならまちの町並みから消えてしまった「率川《いさがわ》」という小さな川について考えてみたい(1)。

あなたがある対象を深く知りたい（調べたい）と感じたとき、どのような方法が思い浮かぶだろうか。パソコンや携帯電話を介してさまざまな情報が手軽に入手できるようになったとはいっても、やはり「あるく」「みる」「きく」「よむ」は調べるための基本的な方法である。ここでは、これら四つの方法をまとめてフィールドワークと呼んでおこう。フィールドワークで重要なのは、さまざまな方法を相補的・立体的に組み合わせることで

(1)　ならまち（奈良町）は公式な地名（町名）ではない。興福寺や元興寺など寺院の門前郷（門前町）の総称である。本章では、主な寺院や歴史的町並み、古くからの商店街が点在する近鉄奈良駅以南、JR奈良駅以東の中心街を示す用語として用いる。

ある。とくにある地域（の問題や人びとの暮らし、景観など）の現状をくわしく調べようとすると、既存の書物や資料だけでは得られる情報がどうしても限られてくる。そこで、現地に足を運んで、「あるく」「みる」「きく」という作業が必要になってくる。[2]

あらかじめ話を聞く対象者が決まっている幸運な場合は別として、まずは地図を片手に五感を使いながら、興味を持った地域を歩いてみよう。時間帯や曜日を代えて何回かまち歩きができるとなおよい。町並みや行き交う人びとの様子を注意深く観察していると、何か小さな発見や疑問が見つかるかもしれない。そうすると、「あるく」や「みる」から得られる情報に飽き足らず、地元の人に話を聞きたいという欲求にかられるだろう。ひょっとすると通りすがりに「何かお探しですか？」と声をかけてもらえるかもしれないし、たまたま入った古い和菓子屋さんで親切そうなご主人に出会えるかもしれない。地域のことを教えてくれたり、詳しく知っている人を紹介してくれたりすることもあるだろう（こちら側にもそれなりの謙虚かつ慎重な態度が必要だが）。そうなればシメたものである。

「きく」という技法は、通常の社会調査論で考えられる「面接」や「半構造化インタビュー」[3]だけを意味するのではない。もちろん、話を聞きたい人を見つけ、事前に約束を取り付けて、質問項目を整理したうえで話を「きく」のは非常に重要な調査の技法であるが、いつもそのような恵まれた条件が揃うわけではない。たまたま訪問したり立ち寄ったりした場所で好奇心が湧いてくることもあるだろう。そして、そのような好奇心をもってまち歩きをスタートした段階で、あなたのフィールドワークははじまっているのである。それまで何気なく通り過ぎていたまちが、ある瞬間、奥行きと立体感のある別の風景として見えてくるかもしれない。以下は、これまでほとんど知られておらず、まち歩き型フィー

（2） 現代社会にかかわるさまざまな現象や問題を一般の人びとが調査する意義や、フィールドワークの具体的な方法については次の新書が参考になる。宮内泰介 二〇〇四『自分で調べる技術――市民のための調査入門』岩波書店。

（3） 事前に尋ねるべき質問文を定めておく調査方法。

ルドワークによって明らかになってきた、「消えた川」の記憶と人びとの物語である。(4)

2　ならまちの景観と率川

ならまちの景観

ならまち振興財団が発行している「ならまち散策マップ」は、奈良市内の主な観光ポイントや施設で配布されている、まち歩きに使える地図である。書店やコンビニエンスストアで購入できる都市地図『奈良市』(昭文社)の「奈良中心図」も便利でわかりやすい。

これらの地図を眺めてみると、あるいは地図を頼りに現地を実際に歩いてみると、寺社や歴史的町並み、資料館・博物館などさまざまな建築物以外で目に付くのは、猿沢池や荒池など奈良公園付近に点在するいくつかの池である。とくに猿沢池(の月)は南都八景の一つであり、奈良を訪れた観光客の多くはまずここに立ち寄ることになる。みやげ物屋や飲食店などが立ち並ぶ三条通(かつての三条大路)を抜けると、興福寺の手前で急に視界が開け、多くの人がたたずむ猿沢池に出る。周囲の松や柳の木々とともに、池の背後には五重塔がそびえ、「奈良に来たなぁ」と感じさせてくれる古都の景観が広がる。

その猿沢池の周囲を歩きながら注意深く観察すると、池のすぐ脇を小さな川——川というより水路や溝といった方がよいような外観ではあるが——が流れていることに気づく。それがこの章で注目したい率川である。

鴨川や琵琶湖疏水が景観の重要な構成要素になっている京都とは対照的に、観光客が訪

(4)　筆者が所属する奈良女子大学文学部の「地域環境学実習Ⅱ」(二〇〇六、二〇〇七年度)において、学生たちが収集した人びとの語りや資料と、筆者が独自に行った調査をもとにしている。

れる奈良市の中心市街地（ならまち）では降水量に恵まれていないこともあり、川の存在感はきわめて希薄である。「ならまち散策マップ」や各種地図でも、猿沢池周辺と奈良ホテルの脇に描かれた、細く短い水色の曲線（＝率川）がわずかに見られる程度である。

けれども、江戸時代の奈良の絵図などを見ると、今日の景観からは想像もできないほど、まちや寺院の境内に小さな川や水路（溝）が張りめぐらされていたことがわかる。埋め立てられ現在は大型マンションになった溜め池も数多くある。現存する荒池はもとより、消失した三条池や大森池、杉ヶ池なども元は率川の水を引き込んだ農業用の溜め池であった。

率川の来歴

率川は、奈良公園内に位置する鷺池と荒池を経て暗渠を流下する本流と、旧大乗院庭園や奈良ホテルの裾野を細々と流れる尾花谷川が(5)、途中で合流し、猿沢池の周囲約二百メートルを流れた後、再び暗渠に入ってまちの中を西へと向かう小さな川である(6)（写真1、2）。現在では、尾花谷川の一部を除くと、ならまち周辺で水流が地表を流れるのは猿沢池の周囲に限られる。まちの中を曲流した率川がふたたび地表に出るのは二キロほど下った地点、再開発が進むJR奈良駅の西側である。ここでは、地上部の人工河川（せせらぎ公園）をポンプでくみ上げた井戸水が流れ（写真3）、地下の暗渠を上流からきた汚水が流れるという二層構造になっている。県道と交差するあたりで汚水と合流したコンクリート張りの川が現れ、下流にある佐保川との合流点に向かう。

葉《は》根《ね》蘰《かずら》今為る妹をうら若みいざ率川の音の清けさ（『万葉集』七巻）

このように万葉集にも歌われた率川については、「奈良町の誕生から今日まで奈良の町

（5）率川の河川管理上の正式名称は菩提川であるが、場所によっては率川や子守川、あるいは単に「川」と呼ぶ場合も多い。

（6）町割も率川が境界になっているところが多い。

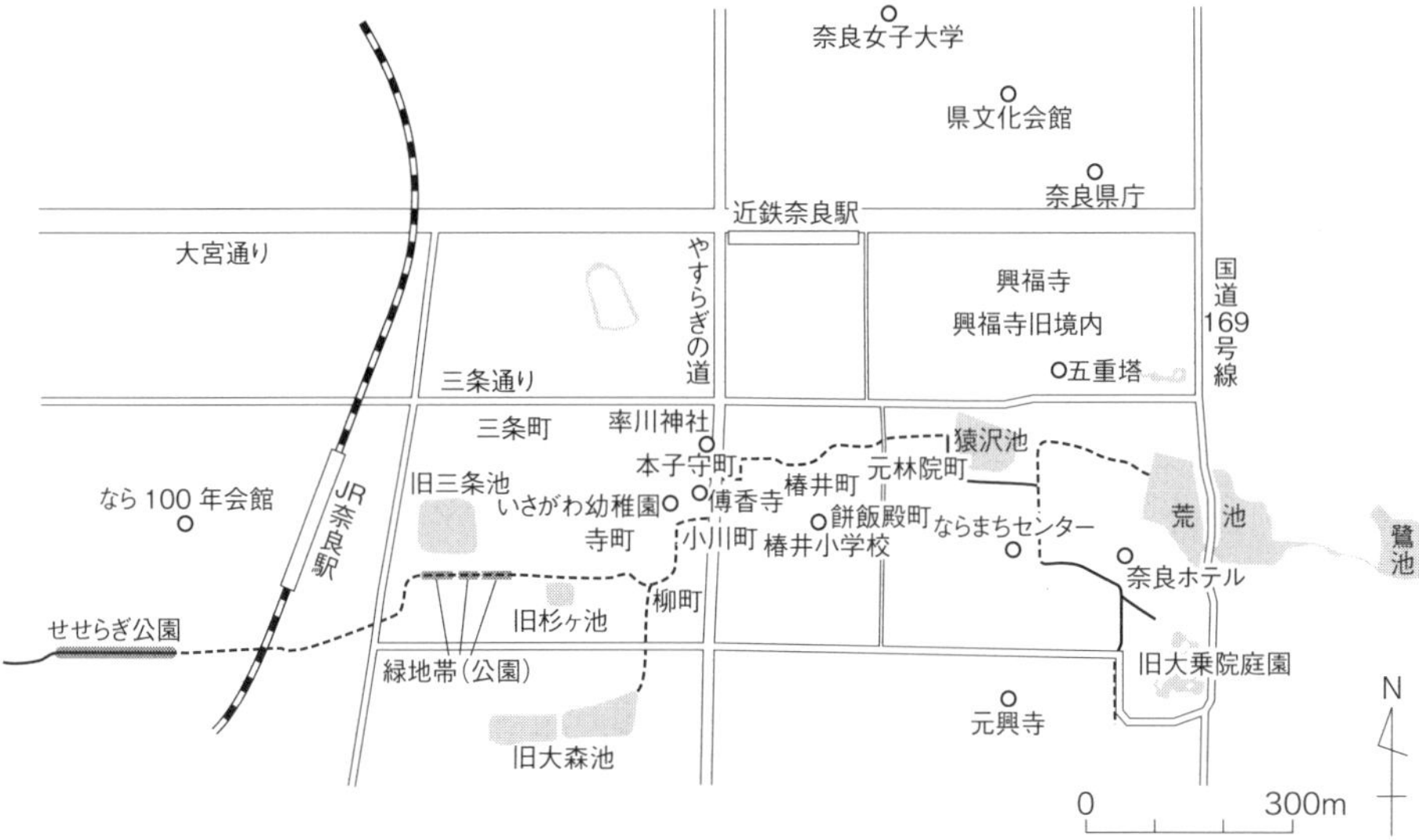

率川の流路（点線部分は暗渠）

写真2　再び暗渠に入る率川。ここからまちの中を曲流しつつ西へと流れていく。

写真1　駐車場とホテルの間を細々と流れる尾花谷川。

の発展に貢献した点は実に大きい。奈良に人々が住みつくようになったのもこの川のほとりであっただろうし……寺院の門前郷として奈良町をつくりあげたのもこの川のほとりである」[7]という指摘もある。そもそも降水量に乏しい奈良盆地では、古代から川（とくに小河川）は人間社会による徹底的な利用と改変が繰り返されてきた。[8]率川のわずか三キロほどの区間に、おもなものだけで四つの農業溜め池が作られてきたことを考えると、ほんの数十年前まで、この小さな川が果たしてきた役割の重要さが想像できるだろう（写真４）。一方で、流路が狭隘であり随所で曲流しているため、大雨の際にはたびたび市街地に水害を引き起こしてきた川でもある。[9]

率川が大きく変貌するのは、昭和三〇年代半ば以降の都市整備に伴う暗渠化や排水路化

写真３　人工河川（親水公園）になった率川。ポンプでくみ上げた井戸水が住宅地の裏を流れ、地下の暗渠を汚水が流れる。

写真４　現在の荒池。奥が興福寺五重塔。

（７）山田熊夫　一九八八『奈良町風土記　続々編』豊住書店、十七頁。

（８）奈良盆地における水利用（とくに農業水利）の歴史については、以下のものがある。古島敏雄　一九六七『土地に刻まれた歴史』岩波書店（新書）、宮本誠　一九九四『奈良盆地の水土史』農山漁村文化協会。

（９）近年では、一九九九年九月に、床上浸水二七戸、床下浸水二七二戸の被害が発生した。

の動きである。住宅地図や聞き取りなどを手がかりにすると、暗渠化は一斉に進んだのではなくて、道路拡張や下水道整備などとあわせて、時代ごとに部分的に工事が進められてきた。具体的には、現在片側二車線の幹線道路となっている「やすらぎの道」（市道）の整備・拡張（一九六〇年頃）を皮切りに、高度経済成長期を中心にして率川の暗渠化が実施されていくが（口絵5、写真5、6）、平成に入ってから暗渠になった場所もある。

都市を流れる河川（都市河川）がたどってきた排水路化や暗渠化という共通項について、三木は次のように述べている。「水質汚濁、基底流量の枯渇化、そして河道の二面、三面張りのコンクリート化は、都市河川を汚水と雨水だけしか流れない排水路という人工的都市施設と化してしまう。河川という水辺のもっていた多様な機能は失われ、……排水路、

写真5　率川に架かる傳香寺橋（1950年頃・奈良市小川町付近）（入江泰吉撮影、奈良市写真美術館所蔵）

写真6　現在の「やすらぎの道」（写真5とほぼ同じ地点）。右側の車線の下が暗渠。

あるいは下水路と化した河川は、流域はまちの表の顔ではなくなる。いうなれば裏の顔、あまりひとには見せたくない顔となり、人びとから嫌われ、見捨てられていく」[10]。河川は法律上公共用物であり、その暗渠化は、道路の整備や拡張を進めるに当たって、とくに開発用地の少ない市街地では格好の手段であった。さらに、上水道が整備され電気洗濯機が庶民に行き渡り、資源消費（浪費）型のライフスタイルが広く普及すると、各地では川の水質汚濁や悪臭が発生した。排水路や下水路となった「臭い川に蓋」する暗渠化は、そこに住む人々にも概ね歓迎されたのである。[11]

率川の歴史も、全国の都市河川とほぼ同じような経過をたどることになる。だが一方で、暗渠になり上部が道路となって見えなくなってしまった率川には、かつての橋の親柱や欄干が今でもまちなかに点在している。[12] そこで、これらを手がかりに消えた川の流路をたどりながら、人びととの記憶と語りを掘り起こしてみよう。

3　消えた川をたどる――人びとの記憶を求めて

猿沢池から上流へ

猿沢池を起点に、まず上流側に位置する支流の尾花谷川をたどってみよう。池の南東部にある、交番跡建物の脇にはさっそく「尾花谷川」という石碑が立っている。この道を南に少し下ると、左手に市営駐車場とシティホテルがある。ここには三〇年近く前まで、封切映画を上映する「尾花座（尾花劇場）」[13]があり、娯楽を求める庶民で賑わったという。[14]

（10）　三木和郎　一九八四『都市と川』農山漁村文化協会、六七頁。

（11）　映画『柳川堀割物語』（宮崎駿製作、高畑勲監督、一九八七年）が参考になるだろう。

（12）　現在も橋として機能している飛鳥小橋と嶋嘉橋を除くと、現存する親柱は、上流側から、飛鳥橋、絵屋橋、椿井橋、率川橋、傳香寺橋、長幸橋、柳橋である。

（13）　明治期に建設された当初は芝居小屋であったが、大正に入って映画の上映館となり、奈良を代表する庶民の娯楽施設として賑わった。一九八〇年に閉館。

（14）　向かいの「ならまちセンター」は昔の市役所が建っていた場所であり、その前を尾花谷川が流れていた。

さらに南に進み大きな幹線道路を左折してしばらく行くと、道の両脇に石でできた親柱が見えてくる（写真7）。尾花谷川に架かっていた、かつての飛鳥橋である。橋の南側約百メートルは道路拡幅工事によって暗渠になり、現在ではその上を車や観光バスが頻繁に行き交う。橋の北側は開渠となっていて、コンクリートで固められた川底をわずかな水が流れる様子を観察できる（写真8）。

地元で生まれ育ったAさん（八〇代、女性）の家の前にも川が流れていた。Aさんのお宅はこの地区でもっとも古い家の一つである。子どもの頃、奈良ホテル脇の川沿いの斜面(15)でよく遊んだというAさんによれば、「ここ（＝家の前）でも深さはね、二メートルまでありました。でもあの、下水もね、ずいぶん入ってきてます。きれいな水やなかったです。時には

(15) 奈良ホテル裏の川沿い斜面には、燃料用のコークスがたくさん積んであり、「コークスすべり」などと子どもたちの遊び場になっていたという。

写真7　車道の両脇に残る大正期の親柱（「尾花谷川」「飛鳥橋」とある）。左奥の道路の下が暗渠化されている。

写真8　尾花谷川の開渠部分。幅2～3メートル、深さ約2メートル。普段はコンクリートの底をわずかな水が流れる。川沿いの家には小さな橋が架けられている。

酒屋さんの廃水や奈良漬屋さんの粕なんかが流れてきて、臭くってね」。

汚くて臭い川だったという記憶が強いが、一方で、Aさんは近所の人と川に降りて、よく掃除や草取りをしたという。道路拡張工事は平成に入った直後だったが、暗渠化については地元から大きな反対は出なかった。もともと川の水量が少なくさまざまな排水が流入している上に、近所の子どもが川にはまって亡くなったり、ゴミが不法に捨てられる場所になっていたりという、住民にとっての負の要因が大きかったのだろう。ただ、飛鳥橋の親柱だけは、工事の際に「記念になるから残してほしい」という住民の要望で残されたという。道路が新たに整備されたことで便利になった一方、家の前を車が頻繁に往来するようになった。「もー、ほんとうにね、初めのうちは、喧しくって、埃でね、困りました。今でもじきにガラスなんかも汚うなりますしね。……やっぱし川あった方がよかったんかなって言うたりしてますねん」。

猿沢池周辺

ふたたび出発点の猿沢池に戻ってみよう。

池の周囲を歩くと大きな常夜燈と石橋（嶋嘉橋）に出会う（写真9）。ここは古代の上ツ道の起点とも言われており、現在の今御門町（商店街）の入口に当たる。この橋は古く、橋の下の石柱には、「明和庚寅年五月吉日」とあり、一八世紀後半に建てられたことがわかる。川の中には、大小四〇体以上の地蔵が舟形に囲われて祀られている（写真10）。地蔵の赤いよだれ掛けは、今御門町自治会の人びとが八月と一二月の年二回、川掃除と同時に新しいものに交換している。またお盆すぎには、周辺の自治会や行政と共催で、水を貯めた率川で灯篭流しのイベントも行われている。

　近くで旅館を経営するBさん（五〇代後半、男性）や飲食店を経営するCさん（同、男性）たちには、この川で遊んだ記憶が鮮明に残っている。奈良ホテルと荒池の間に古くからある導水管に入って探検をしたり、ひもに馬蹄形の磁石をつけて川の中を引きずり、ヒルに噛まれながら釘などの鉄屑を拾い集めたりした。鉄屑は買い取ってもらって子どもたちの小遣いになったという。大雨の後には上流の荒池から逃げ出した鯉や鮒が川にたくさんいたので、それを網ですくったり、スルメを凧糸につけてザリガニ釣りをしたりした。(16)

　狭い路地の両側に家屋が密集するならまちにあって、猿沢池とその周囲の率川は貴重なオープンスペースであり、自然と触れ合える数少ない場所でもあった。川原で野球やキャッ

写真9　常夜燈と嶋嘉橋。今御門町（商店街）の入口。上ツ道の起点でもある。

写真10　嶋嘉橋直下の率川と「舟形地蔵」。川の中に掘り起こされた地蔵が舟形に祀られている。

（16）　北村信昭　一九八三　『奈良いまは昔』奈良新聞社は、戦前の奈良の景観や庶民生活を窺うことができる貴重な写真資料集である。率川（菩提川）の魚取りに関する次のような記述がある。「荒池の樋が抜かれ、水量が増したときに流れだした鯉や鮒をねらって大人も子供も川に入った。……川の東突き当たりは石垣になっていて、……このあたりの石垣下の穴から鰻がよく捕れた」（二一九頁）。

チボールをしたり、障子の桟などを洗ったりしたという経験もBさんとCさんに共通している（写真11）。この川が目立って汚れたのは中学から高校時代、洗濯機が普及し人びとが大量に洗剤を使い始めた昭和三〇年代後半だった。

写真11　猿沢池周囲の率川で遊ぶ子どもたち（昭和20年代後半、絹谷眞康氏提供）。

写真12　昭和初期の絵屋橋（ゑやばし）の様子。奥が当時、花街として栄えた元林院町（絹谷眞康氏提供）。

「消えた率川」を現在でも眼にすることができるのは、ならまち周辺では尾花谷川の一部とここだけであるが、実は近年の整備工事によって川はその姿を大きく変えた。具体的には、①猿沢池西側の暗渠化（写真2）と「さるさわ遊歩道」の設置（一九九二年完成）と、②せせらぎ水路整備事業（二〇〇二年完成）である。

とくに後者の事業によって、上流から来た暗渠の中の水は川の脇に敷設された下水管を流れるようになった。今日、猿沢池の周囲で普段わずかに流れているのは、荒池と国立博物館の池から新たに引き込んできた水である。

Cさんが生まれ育った元林院町は、明治から昭和四〇年代まで花街として栄えた。[17]一九九二年の工事までは近くに絵

（17）昭和初期の最盛期には、町内に置屋が十二軒あり、芸者も二百人あまりいたという。

写真13　かつての絵屋橋付近（写真12と同じ地点から撮影）。1992年に暗渠化され「さるさわ遊歩道」となったが、親柱と欄干の一部は残された。

屋橋が架かっていて（写真12、13）、風景にも風情があった。ここは周辺の町よりも地形が低く、大雨が降ると狭窄部で行き場を失った率川の水が溢れ、洪水の被害を受けやすい土地だった。「大雨の時なんか、切った大きな木や電信柱が流れてくるし、畳も流れて来るし、いったい誰がそんなん流すんやろっていうのが流れてくる。それだけ水量が多かった。昔は大雨が川を掃除してくれたんですよ」。暗渠にして遊歩道を整備する事業や見かけだけの「せせらぎ」再生など、県や市の工事によって「川が変な方向に変えられている」と疑問を抱いたCさんは、自治会を巻き込んで行政と計画変更の交渉をする一方で、仕事の合間に個人で率川の歴史を調べはじめている。

猿沢池から下流へ

絵屋橋を後にして、「さるさわ遊歩道」をさらに西に下っていくと、落書きやポイ捨てが目立つ（写真14）。周辺は古くからの商業地域であり、家屋など建物も道に背を向けて建っているものが多く、文字通り「裏道」という雰囲気がある。日中でも人影はまばらで、不法に駐輪された自転車も少なくない。道一本隔てた三条通が、観光客や買い物客でにぎわっているのとは対照的である。

写真14　暗渠にして「遊歩道」となった路地。落書きやゴミが目立つ。

写真15　率川橋の親柱（左）と地蔵堂。お堂の左側の道がかつての流路。

餅飯殿《もちいどの》商店街や小西通と交差し、人通りの少ない道（川）をさらに西へ向かおう。道は不整形で左右にうねりながら緩やかに下っていて、かつての川の流路を体感できる。付近の家屋からは排水パイプが直接道にもぐりこんでいるため、暗渠を下水が流れる微かな音とともに、臭いもわずかに漂ってくる。というのも、このあたりは川に覆いをしただけで、その下では川底に敷設したU字溝を下水が、その周囲を川の水や雨水が流れるという簡易な構造（合流式下水道）が今でも残っているからである。したがって、大雨などで水量が増えると、たちまちU字溝の下水と混ざり合うことになる。

しばらく行くと率川橋の親柱と地蔵堂が見えてくる（写真15）。四本の親柱が路地を挟んで残る貴重な場所である。Dさん（八〇代前半、女性）によると、子どもの頃（戦前）はこのあたりの川はとてもきれいで、魚や蟹をとってよく遊んだ。ただ、それも昭和二〇年代ごろまでだったようで、姪が子どもの頃（昭和三〇年代）になると川はすっかり汚れてしまったという。一方で、Eさん（七〇代半ば、女性）は汚い川で暗くなるまでよく遊んだ記憶をもっている。男の子も女の子も川底にある石の上を飛び跳ねたり、橋の上で缶蹴りや「ケンパッパ」をしたり、欄干の上を歩いたりしたようだ。雨が降ると上流から金魚や鯉が流れてきて捕まえて遊んだ、という経験もBさんやCさんとよく似ている。

率川橋のすぐ先にあった傳香寺《でんこうじ》橋付近（現在の「やすらぎの道」）の川幅は、五、六メートルと比較的広く、農業用水を分水する大きな堰（子守井手）が設置されていた。(18) 堰の近くに住んでいたFさん（六〇代前半、男性）は、汚れた川が暗渠になったことはやむを得ないと思いつつも、堰から水が落ちる音を聞いて育ったため、道路整備によってその音がなくなってしまったのは寂しかった、と話す。

(18) 三條農家組合・三條水利組合編 二〇〇六『奈良 三條村史』、五四―六五頁。

写真16　路地沿いに点在する橋の名残（長幸橋）。

写真17　一見したところ普通の路地。下水道用地（＝暗渠）であることを示す看板が至る所に立てられている。

写真18　染織工場の両側の敷地をつなぐ空中の「橋」。中央の道が暗渠化された率川。

やすらぎの道の西側には傳香寺があり、その境内には「傳香寺橋」と彫られた親柱が保存されている。(19)ここから少し北に行くと率川神社があり、毎年六月には三枝祭《さいくさ》(ゆりまつり)が開催され、祭りの行列がまちを行く。初夏の奈良を代表する風物詩である。

傳香寺から「いさがわ幼稚園」へと続く路地に入ると、再び率川の暗渠が続く。長幸橋や柳橋の親柱が今でも路地の脇に残されているし(写真16)、下水道用地であることを示す市の看板(写真17)や染織工場の空中「橋」(写真18)など、かつて川が流れていたこと示す重要アイテムが次々に現れるので、見逃さないよう歩みを進めたい。

消えた三条池と旧三条村

ここまで来れば、「消えた川」をたどるまち歩きもあと少しである。薄暗く狭い路地をたどっていくと、急に道幅が広くなって、中央を細長い公園(緑地帯)、その両側が道、という風変わりな場所に出る。実はこの公園がかつての率川であり、現在は下を暗渠が通っている。春先になると公園の桜が満開になり、道行く人の目を楽しませてくれる。暗渠になる前、この辺りの川の土手では野菜などが作られていたという。

公園の北側には現在、大きなマンションが建っているが、そこがかつての三条池である。池の周囲は約五〇〇メートル《メートル》。率川の水を引き込んだ農業用の溜め池として一六二八年に築造され、旧三条村の人びとに利用されてきた。南北を三条通と率川に挟まれ、東は現在の三条町、西は佐保川に至るまで、三条村には広大な水田が広がり、溜め池や水路が点在していた。率川を流れる水は農業用水としての利用が中心で、三条村と城戸村(現大森町)、杉ヶ村(現杉ヶ町)が分け合っていたが、近世には少ない水をめぐる争い(水論)も頻発したよ

(19) 道路拡張工事や傳香寺橋に関しては以下にも記述がある。増尾正子 二〇〇三『奈良の昔話 奈良町編』ブレーンセンター、一七八頁。口絵5、写真5・6も参照のこと。

うである。[20] だが、宅地化が進展し耕地が減少したことなどを背景に、池は奈良市の市街地整備事業によって昭和五〇年代半ばに埋め立てられた（写真19）。

三條農家組合の総代を務めるGさん（七〇代後半、男性）は、三条池の様子や地域の農業のことを知る数少ない住民である。子どもの頃（昭和初期）は、三条池では鯉の養殖をしていて、「年にいっぺん冬場に池を空っぽにした時にな、鯉やら鮒をもらうわけや。きれいな水やったしな」。分けてもらった魚は、煮付けにして食べたという。だが戦後になって、率川の汚染が進むにつれて池の水も汚れ、魚を食べることもなくなった。率川の水質悪化に加えて、国鉄奈良駅の機関庫からの油の流入などによって、新たな農業用水の水源確保が必要となり、組合の井戸を掘ったことで、農業用溜め池としての三条池の役割は完全に失われてしまった。今は農地の大半が市街地になり、農業を営む人もほとんどいない。

写真19　埋め立てられた三条池の樋門。三条会館の入口に保存されている。

細長い緑地公園を抜けると、道路脇にコンクリート製の細長い欄干が残っており、すぐ下が暗渠になっていることが窺われる。だがその先、再開発が進むＪＲ奈良駅前の大通りに出ると、数年前まで残っていた川はもはや跡形もなく完全に消えてしまっている。率川が駅の西側で「せせらぎ公園」（写真3）として再び姿を現すのは、すでに述べたとおりである。

（20）三條農家組合・三條水利組合編　前掲書、五四頁。奈良市史編集審議会編　一九八八『奈良市史通史三』奈良市、四七四頁。

4　川の変化と人びとの多様な物語

ここまで「消えた」率川をたどりながら、部分的にではあるが、人びとの記憶と当時の暮らしを掘り起こしてきた。率川は人間社会の都合によって利用され改変され続けてきた、典型的な都市の川である。近代以降は、水質悪化と暗渠化、さらに近年では、地下水を人工的に汲み上げてせせらぎを「再生」するという人工河川化も試みられてきた。

フィールドワークを進めていくうちに浮かび上がってきたことがある。それは、「汚かった」と言いつつも、私たちの予想を超えて、当時の率川について実に生き生きと語ってくれる場面が数多くあったことである。とくに「魚を捕まえた」「欄干の上を歩いた」など、身体を介した具体的な出来事と結びつけながら、自分の物語として川を記憶しているケースが少なくなかった。暗渠になって視界から消えても、けっして「忘れ去られた川」ではなかったのだ。

ならまち周辺は比較的井戸水に恵まれていたため、川が飲用に用いられることはなかったようであるが、農業用水としての利用はもとより、魚とりや探検ごっこなどの遊び、洗い物など、濃淡こそあれ、周辺の人びとの生活との継続的、多面的な関わりが存在していたことがわかった。随所に残された親柱や欄干は、それらを今日に伝えようとするささやかな記憶の装置とみることもできよう。過去の物語としてではなく、掘り出された地蔵を川の中に祀り、川の掃除やよだれ掛けの付け替え、新たなイベントの実施など、現在でも何らかの形で川との関係を保とうとしている地域もある。

一方で、「万葉のせせらぎ再生」と銘打って、流域の数箇所で、地下に汚水を流し、地表には地下水をくみ上げて人工河川をつくるという行政の事業計画（菩提川流域水循環再生計画）がある。すでに紹介したように、下流の一部では工事が実施されて親水公園になっている。ただ実際に現地に足を運んでみると人影もまばらで、再生された川（流れ）には違和感を覚える。率直に言えば、非常に薄っぺらいのだ。そのように感じる理由は、おそらく単に工法や作られた形状（景観）だけの問題ではなくて、長い年月の過程で創られ変容してきた率川と人びととの関わり、折り重なった地域の記憶や歴史の厚みがほとんど踏まえられていないためであろう。[21]

このような小さな川を、絶え間ない水の流れ（フロー（flow））としてではなく、時代を経て社会の中で利用され手を加えられてきた、地域の「ストック（stock）」（財）として捉えてみると、ひとたび消えてしまった川を再生させるということはそう単純なことではないはずだ。

（21）　哲学者の桑子敏雄は、空間に刻み込まれ蓄積された歴史を「空間の履歴」と呼び、景観のもつ意味や価値を独自の視点で捉えようとしている。桑子敏雄　二〇〇五　『風景のなかの環境哲学』東京大学出版会。

奈良小景

「寝倒れ」、あるいは社会的知識の消費について——

中島道男

食い倒れの大阪——これはものすごく有名だ。食い倒れ人形はテレビにもよく登場するし、身売りの話題でも脚光を浴びた。京都は着倒れ、これも有名である。神戸は履き倒れ、と聞いたことがあるが、本当だろうか。で、ますます怪しいのが、奈良の寝倒れ、である。その昔、奈良女子大学に赴任したばかりのとき、大阪出身の年輩の先生に飲み屋で聞いた。食べる、着る、履くに対して、寝るということだろう。寝るのに凝っているのではなく、寝てばっかりというニュアンス。いささか失礼な言い方ではないのか。とはいえ、商店街が閉まるのはたしかに早い。のんびりしている。奈良については、普請倒れというのも聞いた。総じて門が立派なのだ。これは住宅地を歩いてみればわかる。

根拠もないような話を、いくらネタに困ったからとはいえこんなところに書くのは、不謹慎かもしれない。で、インターネットで調べてみた。履き倒れは、私は神戸の特徴として聞いていたが、東京や名古屋についても言うそうな。奈良の寝倒れ、たしかに出てきた。かつて、文化人類学者祖父江孝男さんの『県民性』という本が話題になった。私が今ネタにしたのも、この県民性論の一部だろうか。でも、「県」ではなさそうだ。県ではなくて都市が、外からどう見られているか、あるいは自らをどう見ているか——。これもなかなか興味のある題材ではないか。とはいえ、研究領域のまったくかけ離れた素人が、研究してみたらおもしろいのにと言っているだけで、すでになされているのかもしれない。テレビ番組「探偵！　ナイトスクープ」（朝日放送）あたりでも取りあげられたかもしれない。県民性論や国民性論にたいして、都市性論（？）あるいは、都市についての俗説研究だろうか。

〝倒れもの〟にかぎらず、都市についての俗説・世間知といったものを、他者の評価のため、自分の行動の正当化のために、われわれはさまざま駆使しているに違いない。血液型についての俗説を自分の行動の正当化に使ったりするように。――私の血液型は世の中ではもうひとつ評判が悪い。で、私は、逆に、非難を受けた行動を血液型のせいにしてなんとかその場をしのごうとする。すると、周りも妙に納得する……。都市についての俗説も調べるとおもしろいのではないか。

科学的根拠のほどはわからないが、一定の人びとのあいだで分かちもたれているそうした俗説・知識は、誰がいつ頃いかにして産み出し、どのように広まっていったのか、そしていかに消費されているか。とりわけ、最後の、いかに消費されているのかという論点が興味深い。われわれは、こうした知識を、日常生活のどのような場面で、どのように活用しているのだろうか。こうした知識を手札として用いることによって、その場面をどうしようとしているのだろう。科学的知識ではなく社会的知識の生産・流通・消費をめぐる研究、とりわけ、その消費のされ方についての研究ということになろう。

もしもあなたが幸運にして、「奈良は寝倒れだよ」と誰かが言う瞬間に居合わせたら、それがどんな場面、どんな理由だったのか、ぜひ記録していってほしい。そのメモの中に、消費される奈良の姿が映し出されているはずだ。

特産という物語

寺岡伸悟

1　大和の名産

旅に出て、その土地のいろんな名産と出会い、触れ、味わうことは、私達の楽しみの一つである。名産・特産物と呼ばれるものは、その地域の歴史や風土を教えてくれるものである。すでに江戸時代には、各地の名産・特産物を紹介する書物が著された。そのひとつ、『毛吹草《けふきぐさ》』という近世の俳諧書から、大和の項をひらいてみよう。

法論味噌、漬香物、溜糖《しるあめ》饅頭、飯鮨《いひずし》、僧坊酒、葛粉、御所柿、松茸、岩茸、煎茶、国栖《くず》魚《うを》、鮎白干、釣瓶鮨、三輪素麵、箸中糖粽《はしなかのあめぢまき》。

食べ物だけを抜き出してみたが、南都仏教と関わりの深いもの（法論味噌、僧坊酒）、奈良県東部の高原地帯で作られたと思われるもの（茶）、さらに南部吉野川の清流を彷彿とさせるもの（鮎）など、たしかに大和の歴史と風土がよく現われているように見える。三輪素麺など現代の名産もみられる。

たしかにこれらの特産をよくみると、すでに日本人の食生活の定番になっているものがいくつかみられる。つまり「大和発の産物」ということになろうか。国のまほろば、と言われる大和。食文化にとどまらず、大和を様々なものの生まれる場所——ルーツの地——とみる視点は文化史的な広がりをもって事物を紹介できる。こうした視点からすでに出された書物などにも拠りながら、(1) 本章では、食に関するものを中心に、歴史と地域性豊かな大和の一面を紹介していきたい。

2 〈発祥の物語〉と地域文化

では、大和発祥とされる食をいくつか挙げてみよう。

日本酒（清酒）

酒の醸造は奈良時代に始まったとされる。しかしそれは今で言う濁り酒であり、主に宮中行事や神事に用いられていた。寺院で作られる奈良の酒は、南都諸白《なんともろはく》と呼ばれ、上質で

（1）多田みのり『奈良のチカラ』（現代旅行研究所　二〇〇七年）とくに「奈良が一番！ルーツを探る」は、本章の視点の先輩にあたる。他の部分もとても面白く読みやすい、お薦めの一冊。

写真1　日本清酒発祥之地　碑文

あると高く評価されてきた。室町時代に入り、清酒の醸造を開始したのが、奈良市郊外にある正暦寺[2]である。紅葉の名所としても知られる正暦寺では、室町時代から、「菩提泉」と呼ばれた清酒造りが盛んに行われてきた。境内には、＜日本清酒発祥之地＞という碑が建てられている（写真1）。その後正暦寺では、酒の醸造が途絶えたが、江戸時代初期、奈良の地からは、良質の酒が出荷されていた。

近年、当時の酒造法が復元され、いまでは県内酒造メーカーが当時の製法に基づいた酒母（菩提元）の仕込みを行っており、できあがった清酒は、各社の銘柄をつけて販売されている（『出会い大和の味』一五八頁）。[3]

素麺《そうめん》

素麺は、奈良時代に中国より伝えられた「索餅」がその原型と伝えられる。現代の手延べ素麺技術は江戸時代にほぼ完成されたという。三輪素麺の老舗・山本から発行された史料集によれば、社寺での行事、宴席はもちろん、能狂言にも素麺が登場する（『素麺史料集』）。全国で広く食べられるようになった素麺であり、産地も各地にあるが、現在、三輪（奈良県桜井市）の里は、素麺の代表的産地として知られている。二〇〇七年、柿の葉寿司とともに、農水省の郷土料理百選に選ばれた。

（2）　正暦寺。奈良市菩提山町（ぼだいせんちょう）一五七。四季を通じて美しい境内。一度は訪れたい名刹。正暦寺ホームページ　http://www.asahi-net.or.jp/~id9s-mti/shouryakuji/index.html

（3）　酒の発祥の地となれば、奈良漬の発祥の地と語られるのも自然なことであろう。酒の粕によって漬けるこの漬物は、多くの地域で、奈良漬と呼ばれている。

三輪素麺は、大神神社《おおみわ》で毎年二月五日に行われる卜定祭で販売価格が決められている。まさに「由緒正しい（『同右』）」食べ物といえるだろう。

豆腐

豆腐も日本人の食生活の定番である。全豆連[4]によれば、古くは奈良時代に、中国に渡った遣唐使の僧侶等によって伝えられたとされているが、明確な記録は無いという。寿永二（一一八三）年、春日大社の記録に、お供物として「春近唐符一種」とある記載が最初の記録といわれている。いずれにしてもわが国で豆腐が造られたのは、奈良・平安時代からのようだ。豆腐はやがて精進料理の普及等にともない貴族社会や武家社会に伝わり、室町時代（一三九二～一五七二年）になって、ようやく全国的にもかなり浸透したという。製造も奈良から京都へと伝わり、次第に全国へと広がっていった（全豆連ホームページ）。

饅頭

和菓子の代表格、饅頭も発祥は奈良とされる。一三四九年、中国より来寧した林浄因という人物が伝えた。彼は奈良に住み、現在の奈良市内の漢国神社《かんごうじんじゃ》[5]前で店を開いた。当初、肉を詰めた饅頭をつくったが、仏前に供えることが出来ない。そこで、小豆を煮詰めて、甘みと塩を加えた餡入りの饅頭を考案したという。これは「奈良饅頭」とよばれ寺院を中心に広がった（『奈良のチカラ』一七〇頁）。いまの饅頭である。[6]

現在、浄因が帰国した四月一九日にちなんで、饅頭祭が行われている。全国の菓子業者が集う。塩瀬総本家の饅頭が社前に奉納され、祭壇にはさまざまな菓子折りが並ぶ。

（4）　全豆連ホームページ http://www.zentoren.jp/index.html

（5）　漢国神社。奈良市漢国町六境内社の林神社（りんじんじゃ）は、林浄因を祀り、饅頭の神社として製菓業者の信仰を集めている。

（6）　林の饅頭を祖にもつのが、現在の塩瀬総本家の饅頭であるとされる。塩瀬総本家ホームページ http://www.shiose.co.jp/history.

日本酒、素麺、豆腐、饅頭……。こうしてみると、奈良の産物のなかには、早くに全国へと広まり、ことさら奈良の産というイメージがなくなったものが多いのかも知れない。

　しかし、奈良の食文化はそれ以降も多様に展開してきた。奈良は、大和平野に代表される北西部の平野部、北東部の高原、そして南部の山間部と自然条件も多様である（図1）。近郊野菜やスイカ・イチゴなど良く知られた大和産の果実はもちろん、たとえば野菜については、近年、奈良県でも大和の伝統野菜を保護し、地域の食文化を再評価する動きが盛んになってきた。現在、大和まな、片平あかね、千筋みずな、宇陀金ごぼう、ひもとうがらし、大和いもなど一七品目[7]が指定されている。こうしたものは大部分農家の方たちが自家用に作られてきたもので、市場に出回っていないものも多い。しかし、地域の風土や文化のなかで育まれた、まさに「文化遺産」である。[8]

図1　奈良の地域区分
（奈良地理学会編『大和を歩く』奈良新聞社）

　奈良の食文化研究会による『出会い大和の味』（奈良新聞社）には、県内各地に残る大和の郷土料理や食材、さらに大和の風土のなかで始まっている地元の味作りが詳しく記されている。これを見ると、大和の郷土料理のなかで広く商品化されているものは、茶粥や地鶏、飛鳥鍋など一部に過ぎないことが分かる。

　平成一七年度から、「地域

html、または川島栄子『まんじゅう屋繁盛記　塩瀬の六五〇年』（岩波書店　二〇〇六年）

（7）　その他、祝だいこん、軟白ずいき、結崎ネブカ、小しょうが、花みょうが、大和きくな、紫とうがらし、黄金まくわ、大和三尺きゅうり、下北春まな、大和丸なすが該当する。

（8）　大和の伝統野菜について調査・研究し、食と文化の情報発信をするNPOとして清澄の村（http://kiyosumi.jp/）がある。三浦雅之「地域の文化遺産としての大和野菜とその現状」同上ホームページ掲載

団体登録商標」なるものが新設された。地域産品を商標権の側面からサポートし、地域ブランドの成長を促がそうとするものである。こうした制度を活かし、大和の食材をつかったさまざまな郷土料理が地元料理店で楽しめるようになることを願いたい。(9)

(9) 奈良の食文化研究会のホームページ http://www.nara-shokubunka.jp/

3 〈発祥の物語〉の背景

さて、ここまで読まれた読者のなかに、本章で取り上げた産物のなかには、自分の故郷がルーツだ、という意見を持たれた方があるかもしれない。たしかに、ルーツを特定するということは――何をその原型とみなすかということを含め――「正解」が出しにくい。その結果、同じ事物に関して複数の地域がルーツを主張している事例もある。しかし、ここで筆者が述べたいのはそうした「真偽」ではない。ルーツ・発祥という「物語」が、大和という地によく似合うということであり、「発祥の物語」をたくさん産み出すところに、大和の魅力のあり方が現われているのではないか、ということだ。

では、なぜそうしたことが可能となるのだろうか。想像をたくましくして考えてみると、

・(発祥というための)古い記録が残る。

・(そこが発祥であるという)情報(物語)を、広く伝えられる。

といった条件が浮かんでくる。

これを奈良に当てはめてみると、奈良はまさに古代から都が置かれたところであり、情報や記録が集積・記録されるところであったと思われる。京都に都が遷ってからも、社寺

が奈良の地に残ったこともあり、古くからの記録や行事が残りやすいということはあっただろう。神社や神棚への供物、神饌に奈良に特徴的なものが多いのもそれが背景の一つかもしれない（口絵3）。

　第二の、情報を広く伝えるという点はどうだろうか。奈良は古くから伊勢詣、高野、吉野などへの参詣者が多く通過したり、目的地とするところであり、人々の広域の往来があったと考えられる。図2は、大和の食文化研究の成果、柿の葉寿司の分布だ。吉野の特産とのみ普段思われがちな柿の葉寿司が、意外に奈良県中南部、ちょうど伊勢街道あたりを東西に帯状に作られてきたことがわかる。柿文化の広がりを人々の往来と重ねてとらえ、先の〈発祥の物語〉のメカニズムと結びつけることは無謀な話だろうか。

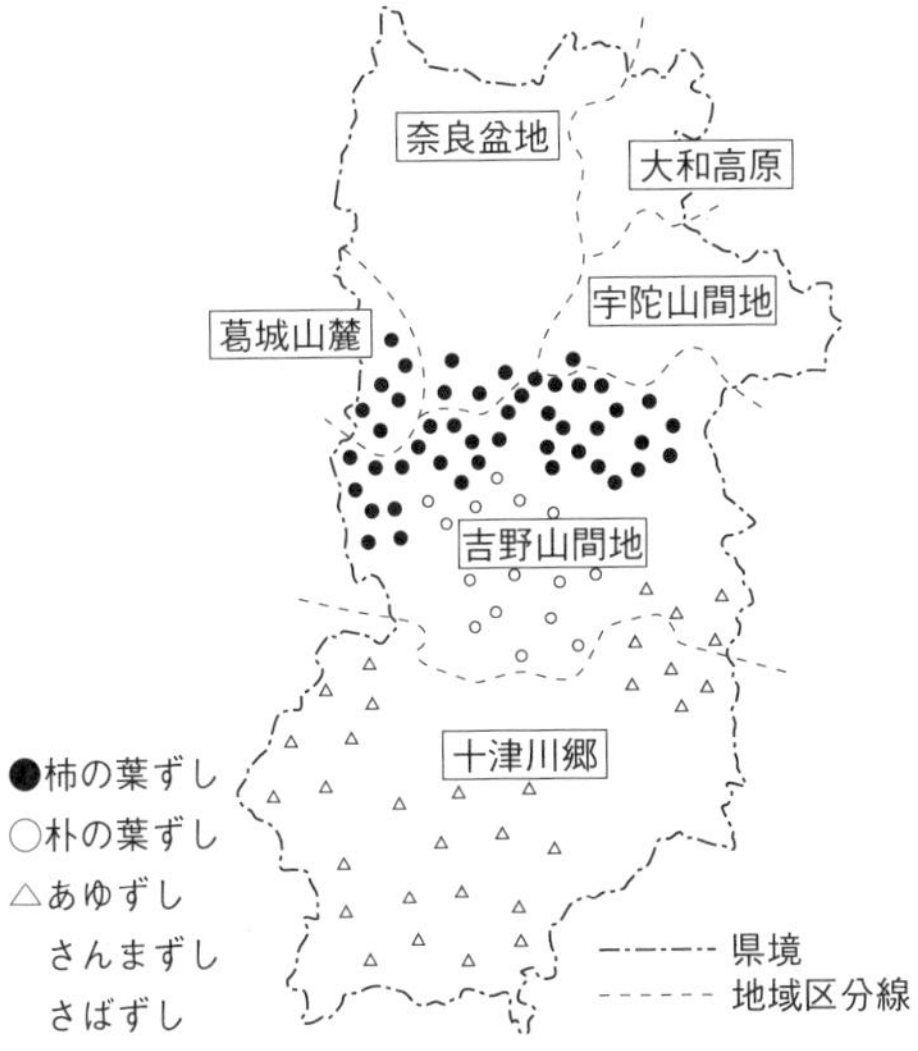

図2　柿の葉寿司分布図
（冨岡典子著『大和の食文化』奈良新聞社）

　また、大和は富山と並ぶ配置売薬業のさかんな地である。大和を基点として、配置薬業に携わる人々が全国を往来していたのだ。もちろん、こうしたことはいまだ想像の域を出ない。しかし、観光社会学者のD・マッカネルは、真偽確認以前に、私達が、旅先で出会うもののなかにつねに「本

（口絵3）談山神社　百味の御食（ひゃくみのおんじき）。多武峰の談山神社で、一〇月の嘉吉祭の際に供えられる特殊神饌。五色に染めたお米や木の実などが美しく飾りつけられる。

物」を捜し求める姿勢を持っていることにこそ注目すべきだと述べている（MacCannell, D. 1976）。ルーツを辿ろうとする姿勢は、まさに「本物」を探したいというマッカネルのいう姿勢と同じである。こうした姿勢をポジティブにとらえ、想像力を豊かにすることが、むしろ奈良探索の、奈良らしい入り口の一つになるのではないだろうか。これは、旅人だけでなく、普段奈良県内に住んでいる人にとっても、である。以下では、そうした地元の人達の、あるルーツ探しの取り組みを紹介しよう。

4　奈良と柿

柿食えば、鐘が鳴るなり　法隆寺

といえば、正岡子規のあまりにも有名な句である。これが柿と奈良をイメージ面で結びつけるのに一役かったことは間違いない。しかし、正岡子規が明治二八年奈良を訪れ、柿を食べたところとして記録に残っているのは、奈良市内東大寺の近くにあった老舗旅館「對山楼」でのことである。[10] 俳誌『ホトトギス』には、「くだもの—御所柿を食ひし事」（第四巻六号、明治三四年）としてその際の様子が描かれている。ここで子規が宿の女中に求めた柿が「御所柿《ごしょがき》」である。

御所柿。どこかで耳にされたことはあるかもしれない。しかし実際に見た方や食べた人はとても少ないのではないだろうか。御所柿は、すべての甘柿の元祖とされる柿の品種で

（10）　對山楼と子規の庭……現在、對山楼跡の日本料理店「天平倶楽部」に「子規の庭」が作られ句碑が建てられている。詳しくは「子規の庭」保存会ホームページ。http://www.shikinoniwa.com/。

「秋暮る、　奈良の旅籠や　柿の味」

ある。現在、くだもの店やスーパーでよく見かける富有柿《ふゆがき》も、もとは「居倉御所」といい、御所柿の子孫にあたる。御所柿は市販の柿より小ぶりで、先が尖っており、しばしばヘタが五弁、果実もやや五角形であることが特徴だ。色は、市販のものより赤みが濃く、まさに「柿色」である（写真2）。

写真2　御所柿

御所柿は、由緒ある柿である。

一六四五年刊の俳諧の作法書『毛吹草』には、大和の特産の一つとして「御所柿」の名が挙がっており、(11)『和漢三才図会』にも、御所柿が記載されている。大和研究を代表する人物、水木要太郎の『やまとめぐり』（明治三六年）にも、

「柿は古来有名にして其名の御所の産より起れる御所柿を最上品とす。幕府の世、郡山藩主献上品の中に大和柿の名あるもの即ち是なり」

と記載されているように、かなりの量が江戸に運ばれていたようだ。昭和初期には、御所柿が天皇に献上されたという記録も残っている。まさに甘柿の元祖というにふさわしい。

では、味はどうだろうか。これこそ御所柿の最上の魅力であろう。上品な甘さとなめらかな触感は、「天然の羊羹」とも言われる程だ。一二月に入っても食べることができ、晩成の柿とされてきた。しかし半面、完全に熟すまでは渋みが残っており、食べごろが難しい柿でもある。

このように、江戸時代には全国に名声を博した御所柿であったが、商業的に栽培される品種としては、これま

写真3　枝になる御所柿

(11)「御所にそたつ其味ひや柿の王」（空存）

で大規模に維持されてこなかった。その理由は、世話が難しいことにあるという。落果も激しく、実る個数も決して多くない。そのため比較的栽培しやすく収穫量も多い富有柿などが主に植えられていった。現在、五條市や下市町周辺は全国でも有数の柿産地である。奈良の柿は、古くから首都圏でも親しまれてきた。産地の一角五條市西吉野地区には柿の博物館も存在する。[12] 毎年一一月中旬には、「柿の里まつり」という地元の特産品を紹介・販売するイベントも盛大に行われている。[13] しかしここでも、果樹園に植えられているのは、富有柿や刀根早生《とねわせ》と呼ばれる渋柿である。

姿を現すルーツ：御所町《ごせまち》

市街地での御所柿はどうだろうか。そこで、＜御所柿発祥の地＞に足を向けてみよう。それは大和盆地の西南部に位置する御所市《ごせし》である。近鉄、またはＪＲの御所駅を降りてみよう。西には修験道の発祥と深くつながる葛城山地がその青々した姿をすぐ近くに見せている。ここは葛城山や山麓ハイキングの出発点でもある。

駅の東側には、製薬会社の建物が見える。御所は大和売薬が盛んな地域でもある。商店街のアーケードを過ぎると、ほどなく古く立派な家並が右手に見え始める。ここが御所町《ごせまち》と呼ばれるところだ（写真4）。御所町は、江戸時代初期に形成された陣屋町だという。その後も、奈良中南部の中心地として繁栄を誇ってきた。御所町は、一つの川をはさんで、西岸には商業都市の西御所《にしごせ》、東岸は寺内町の東御所《ひがしごせ》と、二つの町が形成された。江戸時代の地図がいまでも使えるほど、町のかたちはよく残っている（写真5）。家々の間を流れる下水（背割り下水）まで、ほぼ当時の姿をとどめる（写真6）。こうした素晴らしい地域

（12）西吉野の柿と柿博物館……奈良県五條市西吉野地区は、国営農地開発事業などによって大規模で機械化のすすんだ柿栽培が行われている。同市、湯塩地区にある柿博物館は、柿の歴史や品種、利用法についてよくわかる楽しい施設である。

（13）西吉野の柿や関連イベントについては、以下のＪＡならけん西吉野のホームページを参照のこと。
http://www.nishiyoshino-kaki.com/

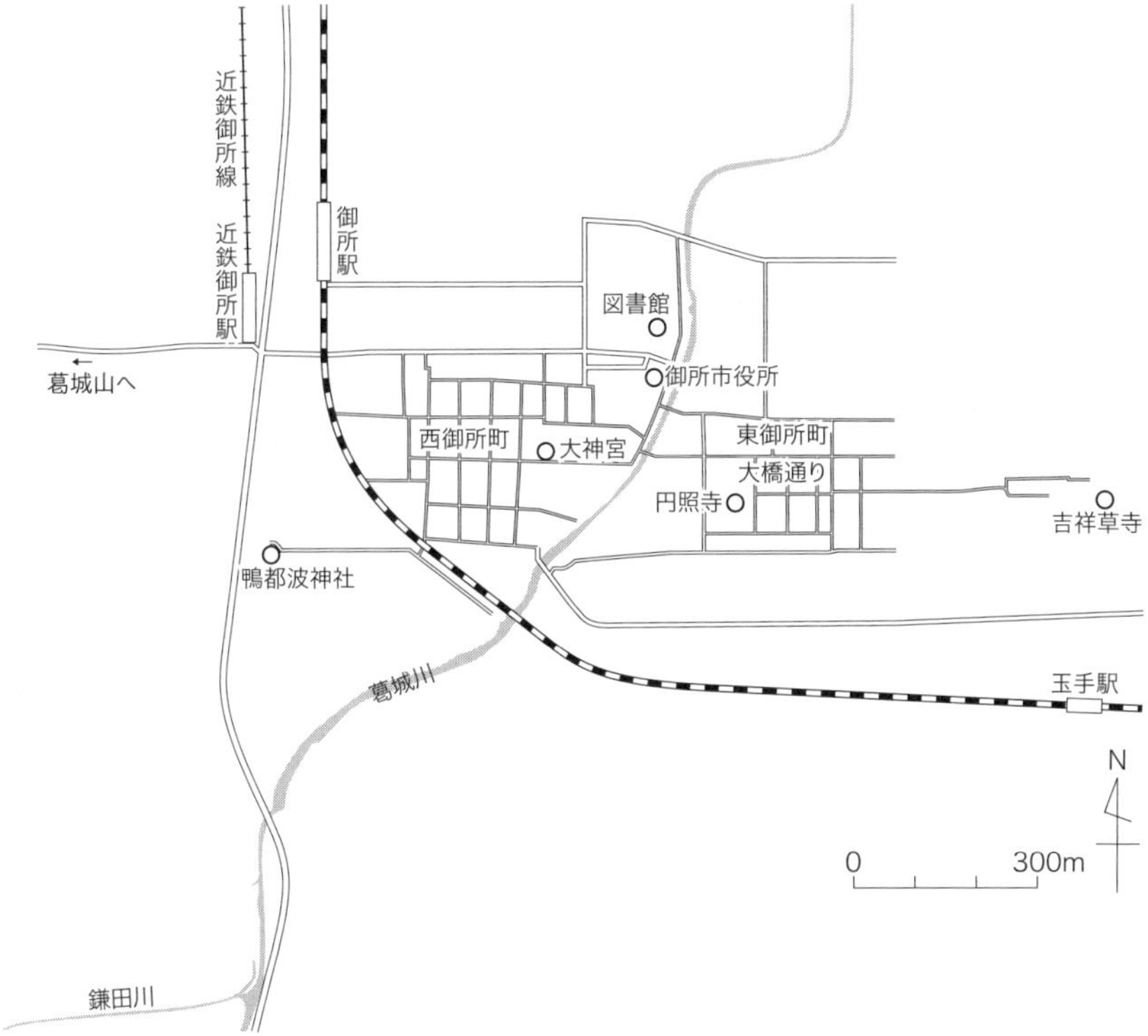
近鉄御所線
近鉄御所駅
御所駅
葛城山へ
図書館
御所市役所
西御所町
大神宮
東御所町
大橋通り
円照寺
吉祥草寺
鴨都波神社
葛城川
玉手駅
N
0
300m
鎌田川

ごせまちとその周辺

写真４　現在の御所町

写真６　背割り下水

文化遺産が残った理由は、近代に入っても続いた繁栄にやがてかげりが見え始め、静かな伝統都市へと、御所がその位置づけを徐々に変えていったからかもしれない。

　さて御所周辺では御所柿はどうなっているだろうか。一般家庭でも、その甘さは菓子として珍重され、裏庭に一本植わっているという家も少なくない。しかし、やはり大きくなった柿の木からの落葉に困るという家庭が増え、さらに増改築の際に伐り倒されるという話も聞かれるようになった。

　こうしてまさに、御所柿は「幻の柿」と呼ばれるようになったのである。

御所柿をまちのシンボルに―復興運動―

　この御所柿に着目したのが、地域のまちづくりNPO（ごせまちネットワーク・創）である。彼らは、御所柿を町のシンボルとしてとらえ、これをごせまちの再びの活性化につなげていこうと考えた。ごせまち周

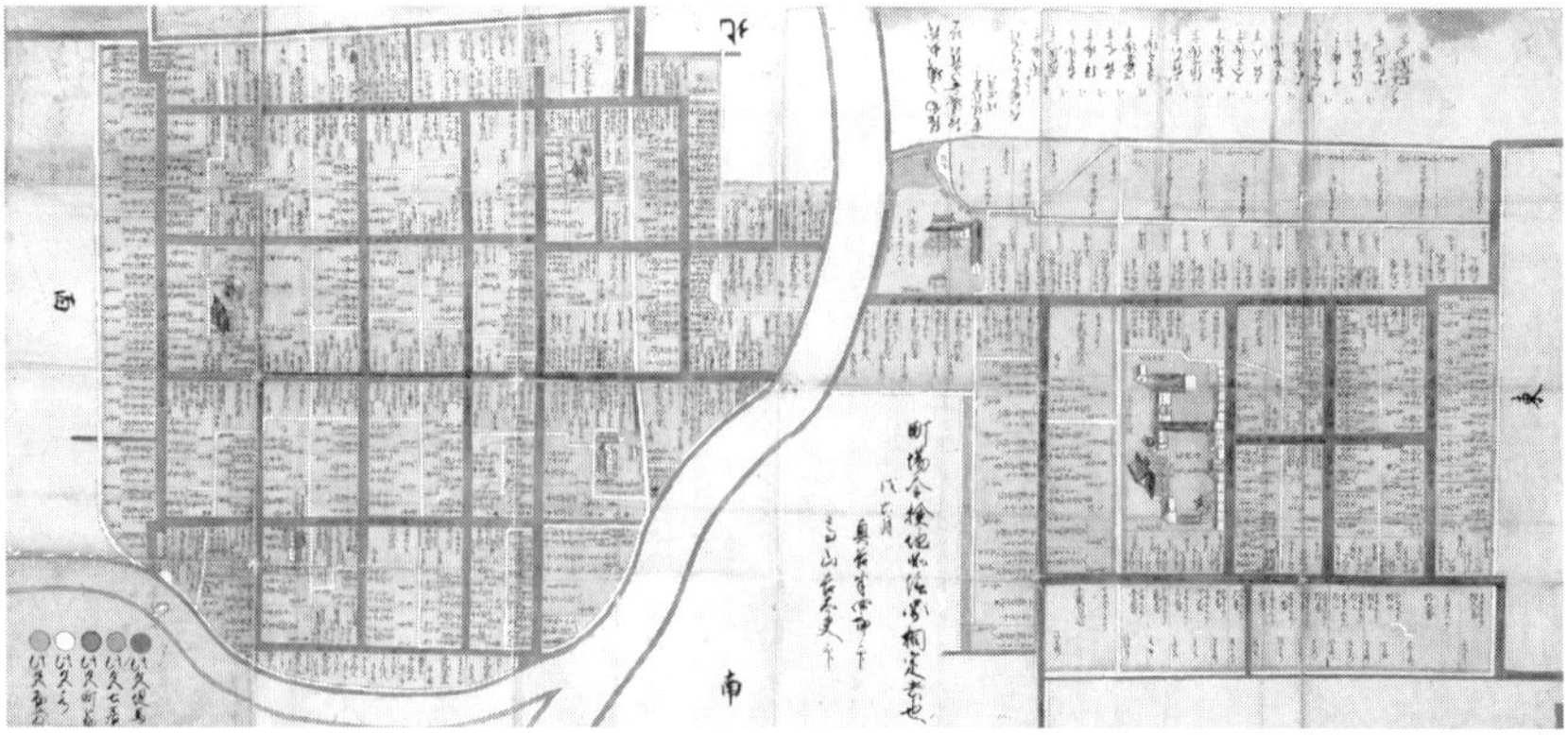

写真５　江戸時代の御所町：寛保2（1742）年の「御所町検地絵図」（御所まち「町の扉」より転載）

辺は柿の葉寿司を家庭で作る習慣もまだまだ残っている。とくに六月一六日、「大神宮さん」と呼ばれるまちの神社の祭礼前日には一斉に柿の葉寿司を作る。また御所には宮戸地区という場所を発祥とする宮戸柿など、柿の文化が豊富で、人々の柿に関する意識も高い。

まずNPOが始めたのは御所柿の所在調査だった（写真7）。幻の柿とされる御所柿が御所市周辺に一体どの程度残されているのか。誰も全体像をつかんでいなかったのである。二〇〇七年からの調査によって御所市内の御所柿の分布が徐々に明らかになりつつある。

これによると、本数は二〇〇七年現在で七〇本前後。市内の分布状況は、ごせまちを中心に分布していることがわかる。一般家庭の庭に残っているのだ。中には、複数の柿の木があっても御所柿は特別に大事に、と親から言い聞かされてきたという家もある。

さらに、御所市全体の分布に目を向けてみると、古い街道沿いに御所柿が点在している様子も確認された。まさに、当時の人々の往来が目に見えるようである。さらに情報が寄せられるにつれて、御所柿は私達にいろんなことを語ってくれるだろう。

写真7　御所柿を調査する

御所柿は、農産品としての生産高はわずかである。[14] しかし、御所のまちづくりNPOや県の果樹振興センター、さらに御所市も、御所柿を御所とその周辺地域のシンボルと考えている。その結果、地元の農家でも御所柿を育てようという気運が高まってきた。甘柿のルーツ御所柿が、多くの家庭に届く日も決して遠くはないかもしれない。

（14）現在、鳥取県の郡家町大字花地区では、「花御所」という柿が生産・販売されている。これは、今から二百年前、当地の農民野田五郎助氏が大和の国から御所柿の穂木を持ち帰って、庭先に接木したのが始まりという。

5　歴史の積み重ねを楽しむ――ごせまち歩き

最後に、御所柿の復興にとりくむ、奈良県御所市、とくにごせまち周辺の散策に皆さんをご招待しよう。

ごせまちは、前述のように伝統的な建物がたくさん並ぶ風情ある街だ（写真8）。しかしただ古いものが残っているだけではない。近世の町並みをベースに、明治・大正・昭和、そして平成という時間と生活の積み重ねがそこにある。ごせまちを最も堪能できるのは、

写真8　ごせまち

写真9　「大神宮さん」

毎年一一月中旬にある霜月祭《そうげつさい》かもしれない。この日はいくつかの家の見学ができるだけでなく、地元の商店や団体が店を出し、さながら町の文化祭となる。(15)

ごせまちでは、様々な伝統行事が行われている。六月中旬には、「大神宮さん」（写真9）のお祭りがある。大神宮さんは、西ごせ町のなかにある伊勢の神を祀る小さな社。江戸末期にあったおかげまいりを記念して創建されたものだという。当日は露店も出て、浴衣姿の子供たちが楽しげに集う様は心やすらぐ風景だ。この日にあわせて、ごせまちでは柿の葉寿司（当地では鯖寿司と呼ばれる）が一斉に作られる。(16)

鴨都波神社《かもつばじんじゃ》(17)の「ススキ提灯祭」もごせまちの祭だ（写真10）。夏と秋の大祭には、ごせまちと周辺地区から、ススキ提灯とよばれる、十の提灯を三段、稲穂型にくみ上げた提灯（高さ四・五メートル）が奉納される。夕闇の中、次々と神社に到着するすすき提灯が美しく勇壮である。

ルーツをめぐる旅ということでは、まず吉祥草寺《きっしょうそうじ》に足を運びたい。(18) ここは、修験道の開祖役行者《えんのぎょうじゃ》の生誕地とされ、吉祥草寺も役行者の開創と伝えられる。行者堂には、役行者が自ら彫ったとされる像が安置されている。

写真10　ススキ提灯祭のポスター

役行者はまた薬草の利用に長けていたとされる。彼が考案したとされる薬、「陀羅尼助《だらにすけ》」は、現在でも販売される薬品として最古の部類に属するだろう。ごせまちの中や周辺には、たくさんの製薬会社や歴史を感じる薬房がある。もっと薬の歴史を知りたい方は、足を伸ばして、三光丸のくすり資料館(19)を訪れてもよい。

さらに関心のある向きは、ごせまちの西につらなる

（15）霜月祭については、御所市観光振興課などに問い合わせてほしい。

（16）地元に伝わる昔話によれば、「（おかげまいりの際）あちこちから、そうこの御所からも大勢、てくてく歩いて伊勢神宮へ参らはったそうや。そのとき、弁当に作ったのが、さばずしの始まりやていう人もいたはる。また大神宮さんのお社を修理しゃはった時、お社の床下に敷きつめる玉石をとりに、みんな歩いて吉野川に行かはったそうや。その時、弁当に作ったのがさばずしの始まりやっていう人もいたはる（『御所のむかしむかし』）」。

ここにも歴史と柿のつながりが見える。

（17）鴨都波神社　御所市宮前町五一三。ホームページ http://www6.ocn.ne.jp/~kamotuba/

なお「ススキ提灯献灯行事」が平成12年に奈良県指定無形民俗文化財となった。

（18）吉祥草寺。奈良県御所市茅原二七九。本堂は応永三（一三九六）年の再建で、不動明王を中心とする五大力尊を本尊とする。毎年一月一四日「茅原「ちはら」の大とん

葛城山方面に向かうのもいいだろう。山麓には、京都の上加茂・下鴨神社を創建した鴨氏の氏神にあたる高鴨神社、一言主神社、九品寺、高天神社、橋本院など、神話にも登場する由緒ある社寺が点在する。周囲の風景は美しく、葛城古道と呼ばれ、山辺の道とならぶ珠玉の散策道である。

地域にはその歴史や風土に根ざした文物がある。食や農はそのなかでも、とりわけ楽しく、また地域の生活をよく表現するものだ。また、そうした文物のルーツを辿ることは、奈良を探索・探求するにふさわしい入り口である。こうした視点から奈良の地域文化を楽しみ、掘り下げていけば、きっと、面白い奈良を見つけられるに違いない。

〔謝辞〕御所柿復興に関する調査、資料については、ＮＰＯ法人　ごせまちネットワーク・創の皆さんのご教示に多くを拠っている。ここに記して感謝したい。ごせまちや御所のさらなる発展をお祈りします。

〔参考文献〕

傍島善次編著『健康食　柿』（農山漁村文化協会　一九八六年）
『毛吹草』岩波文庫　一九四三年
『和漢三才図会』一五、三三九頁（平凡社　一九九〇年）
奈良の食文化研究会著『出会い大和の味』（奈良新聞社　二〇〇七年）
多田みのり『奈良のチカラ』（現代旅行研究所　二〇〇七年）
冨岡典子『大和の食文化―日本の食のルーツをたずねて―』（奈良新聞社　二〇〇五年）
永野周志『よくわかる地域ブランド―徹底解説改正商標法の実務―』（ぎょうせい　二〇〇六年）
松藤貞人『水木十五堂小伝』（やまと崑崙企画発行　星雲社　二〇〇八年）
朧谷寿、五島邦治編集『素麺史料集』（三輪そうめん山本　一九八五年）
『御所のむかしむかし』（御所おはなしの会編　二〇〇一年）
MacCannell, D. (1976) "The tourist : a new theory of the leisure class" Macmillan.

ど」が行われる。ホームページ http://www.en-chan.com/

(19) 三光丸くすり資料館……御所市今住。ホームページも充実している（http://www.sankogan.co.jp/）。

ＪＲ和歌山線「掖上駅」下車徒歩約一〇分、近鉄吉野線「市尾駅」下車徒歩約一五分。飛鳥・吉野観光のルートの一つに加えてもよい。

三浦雅之「地域の文化遺産としての大和野菜とその現状」（註8参照）
・ホームページ参照はすべて二〇〇八年八月一日段階での内容である。

奈良小景

古梅園の文化力

松尾良樹

近鉄奈良駅から南へ小西通という小さな道が通じている。その道をほんの五分程歩くと、椿井小学校の前に「墨」と大書した大きな額を掲げた老舗がある。室町時代の創業以来、四百年にわたり、日本の墨造りをリードしてきた古梅園である。

五世松井元規は京都の伊藤仁齊の古義堂に漢学を学び、家業の墨造りに励むとともに、漢詩人として知られた。六世元泰は父の薫陶を受け、和漢の墨に関連する文献を抄写し、中国の造墨史上最高とされる方于魯・程君房の製した明墨を多数蒐集し、二人の作品集である『方氏墨譜』『程氏墨苑』を入手し研究した（『程氏墨苑』は稀覯本として知られ、江戸時代に舶載されたのは三部のみ。古梅園の他に所蔵していたのは、江戸幕府と尾張徳川家）。

文献の研究・過去の名品の研究・多年の造墨の経験。これを集大成したのが『古梅園墨譜』四巻で、元集（名家の寄せた序文集成）亨集（大墨式・御墨式）利集（和方式）貞集（唐方式）から構成されている。一七四二（寛保二）年に刊行された。

元泰は朝鮮通信使と共に来航した李朝の代表的な文人・李東郭と漢詩文を応酬し、琉球国の慶賀典翰官・程順則とも詩文の交わりを結んだ。更に幕府の許可を得て長崎に赴き、来船清人達と交際し、中国の造墨業について質問し、『清人造墨法問答記録』として書き残した。奈良の地にあった造墨工場の主は、漢文という東アジアの国際語を用い、民間国際交流を展開したのである。

七世元彙も父の志を継ぎ、膠の研究と改良に尽力し、『古梅園墨譜後編』五巻を出版した。

元規・元泰・元彙三代の蒐書・自筆原稿・出版物、さらには「墨譜」の版木九三枚などを含む「古梅園文庫」の資料群を調査中である。〝古梅園の文化力〟さらに〝奈良の文化力の奥深さ〟を早く示したいと念じている。

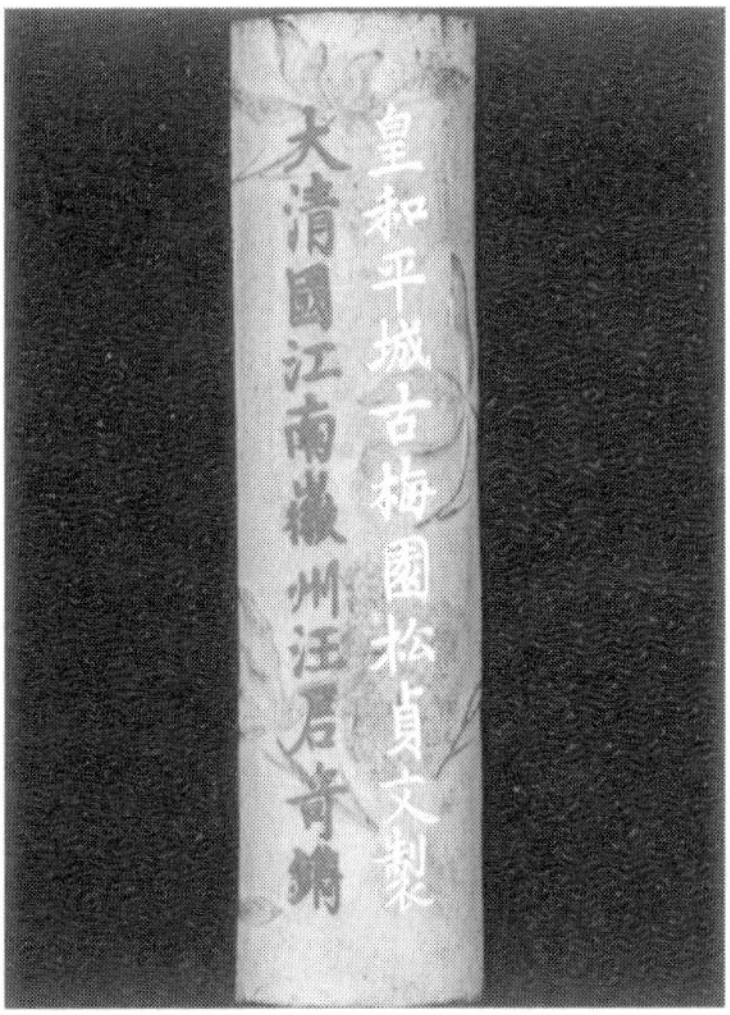

清国安徽の名工・汪君寄の彫刻した墨型を用いて、松井元泰の製造した墨（所蔵・写真とも筆者）

なら町　古梅園

流域の時代——吉野林業と吉野川——

水垣源太郎

1 『紀ノ川』から

有吉佐和子の『紀ノ川』は、明治から戦後にかけて、紀州和歌山の素封家に生まれた女性三代の生き様を描いた名作である。(1)

奈良県境にほどちかい紀ノ川南岸、高野山参詣口に位置する九度山村の名家「紀本家」に生まれ、育ての祖母から家霊を受け継いで、婚家にかしずく花。その伝統的な生き方に反抗する進歩的な長女、文緒。さらにその文緒にも反撥する孫、華子。

『紀ノ川』は、花の嫁入りの場面から始まる。結納から二年をかけて絢爛な道具を整え、五艘の舟を連ねて、塗駕籠の花嫁を運ぶ豪華な嫁入り。時期は、明治三〇年三月初旬の早

(1) 有吉佐和子(一九三一～一九八四)は和歌山市生まれ、一九五二年東京女子短大卒。一九五六年『地唄』が芥川賞候補となり、世間の注目を集める。『紀ノ川』は一九五九年に発表された作品であり、和歌山で代々庄屋をつとめた母方の実家、木本家がモデルといわれている。引用文は新潮文庫版(二〇〇六)による。

朝、とある。九度山村の対岸、橋本の町では鉄道開通を翌年に控えていた時期である。そのような時に舟運による輿入れは大時代ともみえるが、かえってそれが紀本家の家格を際立たせてもいる。

家格といえば、花の嫁入り先をめぐる、祖母豊乃と父信貴のやり取りには、さまざまな基準によって、地域や人が格付けされる階層社会の諸相がうかがわれる。「家柄やの家の格やのは大黒柱の男あってのことやしてよし」と、家格は下でも前途有望な青年に嫁がせようとする豊乃。「官省府ノ荘」九度山に比べれば、「段違い」に格下の村の「田地持ち」なぞよりも、近隣の名家からの申し込みに応じるべきだとする父、信貴。

「川下」の村に対する「川上」の村の優越。「田地持ち」に対する「山持ち」の矜持。家格にとどまらず、いくつもの格による評価が及ぶ、吉野—九度山—和歌山という世界は、まさに吉野川—紀ノ川を軸とした流域の世界である。「紀ノ川沿いの嫁入りは、流れに逆ろうてはならんのやえ。……私のお母さんは吉野からこの家に来なした。あんたらのお母さんは大和から嫁入りしてきたんえ。みんな流れに沿うて来たんや」。当時の多くの河川がそうだったように、吉野川—紀ノ川もまた一つの社会の基盤だったのである。

もちろんそうした含意は、この小説の背景でしかない。表題『紀ノ川』は、周囲の男性たちの生命力を吸収してたくましく生きる三代の女性たちの生き様を象徴している。いわば、明治から戦後へという激動の時代にあって、この三人の女性の生き方を貫く縦糸の役割を果たしている。だが、現実の吉野川—紀ノ川は、まさに花が嫁入りしたこの時代に大きな変化を迎えるのである。

吉野川（吉野町窪垣内）

2　吉野川―紀ノ川

吉野川―紀ノ川は、三重との県境に近い奈良県吉野山地東南部の大台ケ原付近に源を発し、しばらく北流したのち、吉野あたりで左折すると、ほぼまっすぐに西流し、和泉山脈南壁に沿って紀伊水道へ流れ込む。川上村、黒滝村、東吉野村など吉野山地の北部と、和歌山県では高野山から南岸への一帯が主な集水域であり、紀ノ川水系であるが、本流は、奈良県内では吉野川、和歌山県に入ると紀ノ川と呼ばれる。

吉野川―紀ノ川沿いには、紀州・大和・伊勢を結ぶ主要街道が走っている。この街道は、伊勢街道とも大和街道とも紀州街道[2]とも称せられ、伊勢参宮への街道として、また紀州藩の参勤交代の街道として栄えた。和歌山から岩出、粉河、橋本と紀ノ川北岸に沿って大和に入り、五條、上市へ、さらに吉野川とその支流をさかのぼって、鷲家から高見峠を経て、三重県櫛田川沿いへ抜ける。大和に入ってからのルートは、桜井を経由する伊勢本街道（中街道）や伊勢上街道（北街道）に対して、伊勢下街道（南街道）と呼ばれた。

吉野川―紀ノ川はまた、信仰と修行の世界を沿い流れる川でもある。これも和歌山から遡れば、根来寺、粉河寺といった名刹を経て、九度山からは高野山参詣道が南に伸びている。さらに吉野には春の絶景をなす桜に囲まれて金峯山寺、如意輪寺があり、そこから、尾根伝いに大峰山、さらには和歌山県熊野本宮へと修験道が続く。さらに遡行すれば、丹生川上神社上社を経て、大峰山を見上げる谷にいたる。

（2）大和街道、紀州街道は奈良・大和もしくは紀州に向かう街道の一般的な呼称であり、ともに複数存在する。前者は、京都あるいは大阪から奈良・大和への街道が、後者は大阪から和歌山への街道が有名である。

吉野川ー紀ノ川流域

吉野川（川上村大滝ダム付近）

こうした資源は、橋本、五條、上市といった沿岸の町村に長く繁栄をもたらした。例えば、県境の町、五條では鉄道の開通する以前の明治二五（一八九二）年に、年間の旅行宿泊者が約五万八千人もあったという。当時、五條の旅館数は二〇件程度であったから、近代初期においてもなかなかに繁盛していたわけである。(3)

それだけでなく、吉野川―紀ノ川そのものも農業用水としてはもちろんのこと、交通にも大きな役割を果たしていた。その利を十分に活かしたのが、吉野山地北部約二〇ヘクタールを対象として成立した吉野林業である。

3　吉野林業

吉野山地は良質の杉、桧といった吉野材の産地として有名であるが、これらが商品として流通するようになったのは近世以降といわれている。そもそも森林資源は輸送手段がなければ経済的価値をもちえないものであるが、吉野山地北部の場合、吉野川―紀ノ川の水運と、大量消費市場がある大坂や和歌山への近さが有利な条件として働いた。さらに近世の都市形成や産業発展に伴う木材需要の伸びや、従来地域における森林資源の枯渇にも影響されて、一八世紀初頭には生産が本格化した。(4)

吉野林業は植栽と経営に、「吉野方式」と呼ばれる独自の方式を編み出した。(5)

吉野の人々は、一ヘクタールあたり八千本から一万本という、他の育林地の倍以上の密度で植栽し、一五年目以降数年おきに間伐して、八〇年目から一〇〇年目に皆伐した。こ

（3）　五條への鉄道誘致に功績のあった名望家桜井徳太郎の報告による（『五條市史』）。ちなみに、明治四〇（一九〇七）年から大正一一（一九二二）年の『奈良県統計書』には市郡別の本籍人口および現住人口統計が掲載されている。これによると、宇智郡（現在の五條市域に該当する）の現住人口に占める他籍人口（域外に本籍を持つ人口）の割合および本籍人口に占める他住人口の割合は、とくに明治四〇（一九〇七）年から大正三（一九一四）年にかけて、奈良県他市郡と比較して突出して多くなっている。明治四〇年以前については不明であるが、宇智郡の人口がこの期間大きな変化を示さなかったことを考え合わせると、この地域が従来から人口の流出入の盛んな都市的地域であったことが推測される。

（4）　他方、吉野山地南部には、熊野川を本流とする新宮川水系の支流、北山川流域および十津川流域に属する広大な森林が広がっている。紀州新宮港が集積地として、上北山村、下北山村を中心に営まれた北山林業、十津川流域十津川村付近の十津川林業、十津川のさらに上流に位

れによって、間伐材と皆伐材という径の異なる木材が生産されることになり、市場の多様な需要に対応することができた。また他の育林地における四〇年毎皆伐などに比べて、連続的な収益を上げることも可能となった。

吉野における有力な山林所有者はたいてい、「材木方」と呼ばれる出材業者でもあった。彼らは所有林地の立木を一代あるいは八〇年目から一〇〇年目の期間を単位として村外者に売却し、自らは「山守」として、その育林を行った。「材木方」は林地を売却したわけではないから、伐採後も植林することによって継続的に経営を行い、森林資源を再生産することができた。また外部の資本を取り入れつつも地元にとどまり、伐採や搬出を担う地元の山林労働者を組織化し、地域支配力を保つこともできたのである。

このように、単なる資源の採取にとどまらない再生産のしくみは、「わが国では初の本格的かつ大量の育成林を供給するシステム」として高く評価されたものであった[(6)]。

木材生産の中心地は吉野川上流部の川上、小川、黒滝といった村々であった。吉野山地は急峻な谷をもち、吉野川も上流部は川幅が狭く、急流が続くため、筏を組んで、木材を大量輸送するには不向きであった。そこで当初は、筏を組むことが可能な飯貝（現在の吉野高校付近）まで、一本ずつ流す方法（管流し）が取られたが、継続的な川の浚渫作業によって、筏流の範囲はしだいに奥地へ奥地へと伸びていった。

伐採した材木は、その地形の特徴に応じてさまざまな方法で川沿いの搬出場（土場）まで搬出された。そこで、筏は木材の種類や本数などによってさまざまに組み合わされ、一つの筏に組まれた。さらに筏はいくつもつながれて五〇《メートル》ほどになり、いくつかの乗継地点を中継しながら、和歌山湊まで流送された。

置する天川村、大塔村、野迫川村地方の三郷林業が知られる。この地域はかなり早くから過疎が続き、昭和初期には多くの山林労働者が域外から入っていた。新宮の木材業者には吉野地方の出身者が進出しており、山林経営教育の中心である吉野高校で子弟を学ばせる者もいたようである（『吉野高校百年史』による）。

（5）吉野林業の発展に貢献したすぐれた指導者として、「吉野林業の父」土倉庄三郎（一八四〇〜一九一七）が有名である。土倉は現在の川上村大滝の山林地主の家に生まれ、吉野材木方の総代、川上村村長をつとめた。土倉の功績は、流筏のための吉野川の改修や道路整備を進め、効率的な輸送を可能にしたこと、密植などの造林法を確立し、それを全国に紹介したことなどが挙げられる。とくに明治二三（一八九〇）年の東京内国勧業博覧会への出品以降、吉野への見学者が増大したといわれている。土倉自身も育林指導や講演で全国を回り、林業の発展に尽くした。川上村大滝の鎧掛岩には、土倉の没後、東京帝大教授本多静六の呼びかけでつくられた「土倉翁造林頌徳記念」磨崖碑（奈良県）がいま

流送は梅雨や台風を避けて、秋から初夏にかけて行われた。多くの場合、一人もしくは二人ほどの筏乗師が早朝から昼ごろまで操縦し、乗継地点では次の筏乗師が翌朝から乗り継いだ。こうして上流からは約十日、飯貝からは五〜六日で河口部北岸にある和歌山湊へ運ばれたという。

明治後期にも年間四千から五千の筏が流送されたというから、年間流送日を二〇〇日としても、一日に二〇もの筏が紀ノ川を下っていったのであろう。筏の流れの合間に見えた嫁入りの船列は、さぞ華やかであったにちがいない。

ところで筏乗師たちは、山林労働者とは異なり、沿岸の各地に住んでいた。中継地点で降りて交代する場合もあれば、途中の五條や橋本で、あるいは和歌山湊まで乗る場合もあった。降りた土地で現金を受け取った彼らはしばらく滞在して羽振り良く振る舞った後、徒歩で戻った。先に述べたように、紀ノ川―吉野川沿いには吉野まで伊勢街道が走っており、街道沿い各地に彼らの定宿が設けられていた。そうしたルートを定期的にたどる彼らは、和歌山の市況や沿岸の諸町村の地域情報を山元まで伝えていたといわれる。

吉野林業は、そうでなければ自給自足経済にとどまっていたはずの山奥にまで貨幣経済を浸透させ、川下の富農や商家に匹敵する経済力をもたらした。吉野山地にもそれなりの経済力と情報力を蓄え、紀本家に見合う家格をもった階層が成立し、「川下」の「田地持ち」に対する「川上」の「山持ち」の矜持を支えたのである。

も残る。

（6） 藤田佳久『吉野林業地帯』（古今書院 一九九八年）。吉野林業についての記述は藤田の研究を参考にしている。

土倉庄三郎像（右）「土倉翁造林頌徳記念」磨崖碑（左）（いずれも川上村大滝）

4　流域の終わり

　こうした流域の時代は、まさに明治から昭和にかけて変容しはじめる。

　その一つの要因は、鉄道および自動車輸送の普及である。

　奈良、高田を経由して、あるいは五條、橋本から河内を抜ける高野街道を経由して、大都市大阪へつながるという人々の夢があった。地元の名望家桜井徳太郎らによる運動の甲斐あって、明治二九（一八九六）年には高田―五條間、明治三一（一八九八）年には五條―橋本間が、さらに明治三三（一九〇〇）年高田―和歌山間が全通した。これ以後、奈良・五條・高田への通勤客が増加し、物流に関しても鉄道会社は吉野材木産業組合に木材の鉄道輸送を進めるなど積極的な営業活動を行っていた。橋本や五條などの沿線各町には運送業者や倉庫業者が開業して、都市部で生産された生活雑貨が流入した。しかしながら、木材輸送がこうした都市ネットワークにすぐ回収されたわけではなく、筏流は昭和初期まで残存した。

　むしろ決定的であったのは、もう一つの要因である貿易の国際化である。和歌山市場には、大正初期からアメリカ産の木材が入ってきていたようである。この時期は第一次世界大戦中にあたり、戦争特需とそれをきっかけとした世界貿易の拡大が影響したのだろう。さらに大正一二（一九二三）年には関東大震災が起きて、復興資材としての木材需要が高まり価格が暴騰した。政府は外国木材の輸入を促進したため、国内用材のシェアは激減し

五新鉄道跡（五條市新町）明治末期に五條―新宮間を結ぶ鉄道構想がもちあがり、昭和三四年には路盤工事までが完成したが、中止された。今はその跡が残る。

た。これに昭和二（一九二七）年の昭和金融恐慌、昭和四（一九二九）年の世界恐慌による不況が響き、さらに昭和六（一九三一）年の満州事変以降には、安価な満州材が大量に入るようになって、和歌山市場は外国材が占めるようになった。和歌山市内には製材工場、製函業、建具業が目立つようになり、和歌山は中継地から、外材中心の木材加工業に特化していった。

こうした状況に加えて、昭和初期の筏師の労働組合とのあつれきもあり、吉野林業関係者は、通年の取引のために明治二二（一八八九）年以来設置していた和歌山、鼠島の貯木場を昭和一一（一九三六）年に売却し、和歌山市場を撤退するにいたった。

その後の吉野林業は、昭和初期の県内道路整備とトラック輸送の普及を受けて、桜井市場との結びつきを強め、並行して、吉野内部にも貯木場や、製材工場、木材加工業を発展させ、自ら販売流通機構を確立していった。

こうして市場の拡大と輸送手段の近代化により、従来の流筏による吉野材の和歌山市場との流通機構は全面的な再編成を余儀なくされた。聞くところによれば、吉野と大和の間の縁組がめずらしくなくなったのもこの頃からだという。吉野林業と吉野川—紀ノ川はそれまでの密接な関わりを解かれ、吉野と和歌山の流域社会も姿を消していったのである。

貯木場（吉野町飯貝付近）

材木工場（近鉄吉野神宮駅付近）

奈良小景

奈良町奉行所の暮らし向き

宮路淳子

現在、奈良女子大学の建つ場所には、江戸時代に奉行所がおかれていたことをご存知だろうか？　奉行所の正式な名称は「奈良町奉行所」、慶長一八（一六一三）年に江戸幕府が遠国奉行の一つとして置いたもので、主に南都の町政や大和国内の社寺行政を担当していた。幕末の奈良町奉行川路聖謨は、弘化三（一八四六）年から嘉永五（一八五二）年まで奉行を務めたが、大変優秀な人物で善政を行い、町衆と力を合わせて現在の奈良公園の界隈を整備し、奈良県北部を流れる佐保川沿岸に桜を植林したことなどでその名が知られている。奈良女子大学の構内では、校舎を建てるときや建て替えのときなどに、真下に眠る奈良町奉行所跡の発掘調査が行われている。

発掘調査をしていると、遺跡からは動物や魚の骨、貝など、人間が作ったものではない遺物が出てくることがある。土器や石器、木製品、そのほか人間の手による道具類などが出てくると、「あぁ当時の人はこんなことをするために、こんなものを、こうやって作っていたのではないかぁ」ということを考える手がかりとすることができる。その一方で、動物や魚の骨、貝の類は、うっかり見過ごされがちだが、実は、当時の人たちがどんなものを、どうやって手に入れ、どのようにして食べていたのかなど、生活の実態について多くのことを考える手がかりとなる。

奈良町奉行所のような近世の遺跡から出土する動物骨からは、様々な情報を得ることができる。当時人々が多く集まっていた江戸や大坂の城下町、京都などの町中の公家・武家屋敷跡や町屋跡などから動物骨が見つかると、その時代の都市部の台所事情がみえてくる。出土した骨には、調理の時に包丁で付けられた傷などが残っていることがあり、例えば現在にも残る鯛の胄割りなどが、江戸時代にもおこなわれていることが分かる。そして

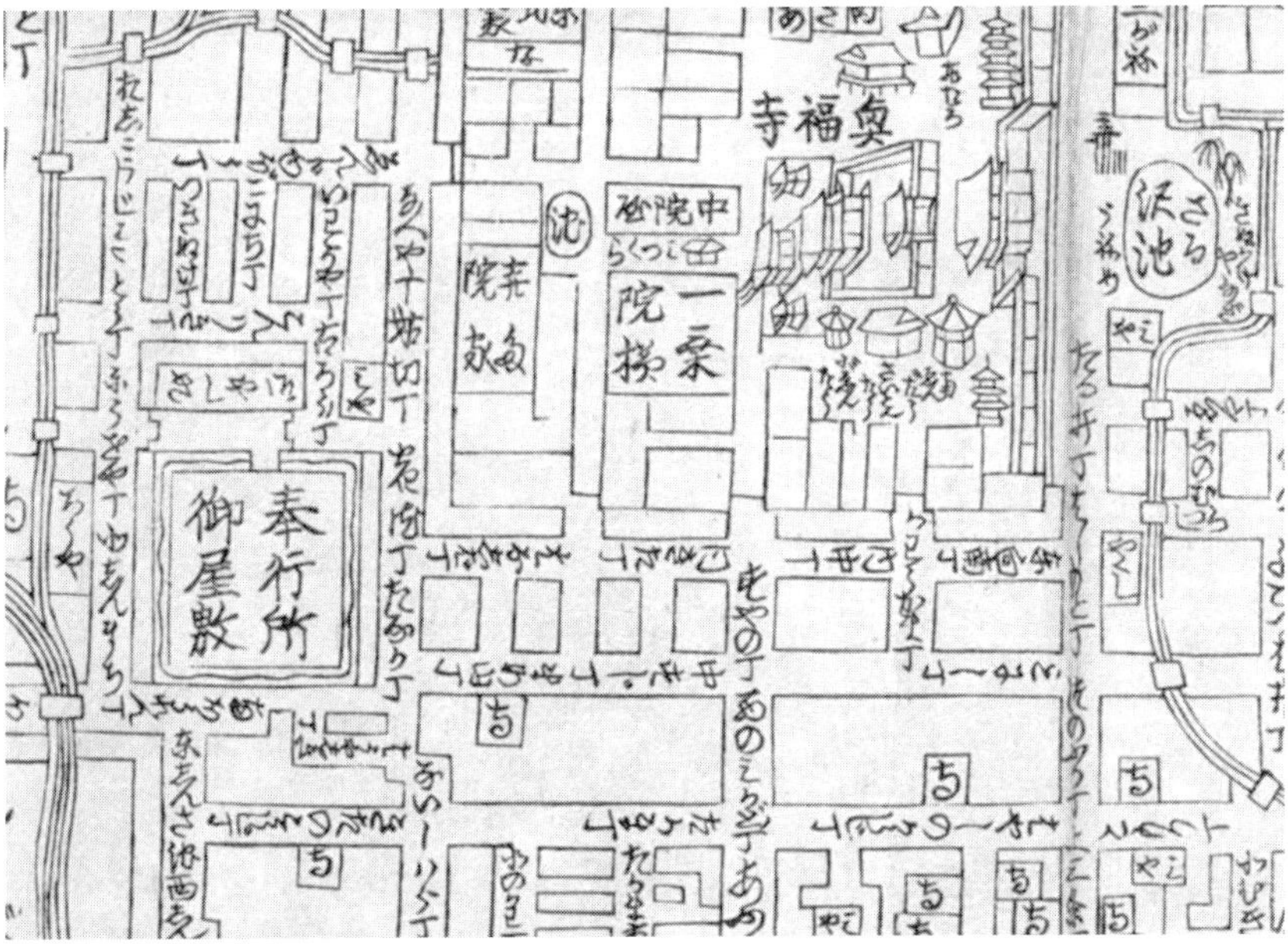

江戸期の地図（上が東）。左下に奉行所、中央右に興福寺、右端に猿沢池がみえる。
（『和州南都之図』柳原喜兵衛板、渋川清右衛門（1778年）奈良県立図書情報館所蔵）

海産物が、近くに海のない奈良や京都の町中から出てくれば、少なくともそれらは大阪や京都北部、或いは三重などの遠隔地から手間隙をかけて運び込まれてきていることが分かる。すると、輸送手段や保存方法などが気になってくる。どんな階層の人がどんなものを消費していたのかも気になってくる。当時の魚流通事情など、多くの情報を骨から得ることができるのである。奉行所のゴミ捨て場から骨が出てくれば、奉行の好みや奉行所の暮らしぶりの一端がうかがえるかもしれない。

しかし昨日ポイっと放り込まれたものかもしれないので、遺跡の発掘調査では、その骨がどのような状態で埋まっていたか、どんな遺物と一緒にどのように発見されたかを丁寧に調べることが大変重要となる。そのような条件がクリアできた資料を調べていくと、普段何気なく食卓で見かける骨から、文献史料にはなかなか残りにくかった市井の人々の暮らしが、生き生きと浮かび上がってくるのである。

第3部

過去からの贈り物

都のある空間

舘野和己

1　藤原京から平城京へ

七一〇（和銅三）年三月一〇日、都が藤原京から平城京へと移った。奈良時代の始まりである。『万葉集』には「飛ぶ鳥の　明日香の里を　置きて去《い》なば　君があたりは　見えずかもあらむ（一に云ふ「君があたりを　見ずてかもあらむ」）」（巻一―七八）という、元明天皇が「和銅三年庚戌の春二月、藤原宮より寧楽宮《ならのみや》に遷りましし時に、御輿《みこし》を長屋の原に停めて、迥《はる》かに古郷《ふるさと》を望みて作る歌」がある。長屋原というのは天理市西井戸堂・合場町付近にあたるから、天皇一行は橿原市高殿町・醍醐町にあった藤原宮から、中ツ道を北上したとみられる。[1] 中ツ道というのは、奈良盆地を南北に直線的に通る三本の道の一つである。

（1）岸俊男「大和の古道」『日本古代宮都の研究』（岩波書店　一九八八年　初出は一九七〇年）。

東から上ツ道・中ツ道・下ツ道といい、約二・一キロずつの間隔で七世紀に造られた。

元明天皇は、七〇八（和銅元）年二月に出した平城遷都の詔の中で、「平城の地は四禽《しきん》図に叶い、三山鎮《しず》めを作《な》し、亀筮《きぜい》（＝占いの結果）並びに従う」良い地であるので遷都をするのだと述べている。四禽は青龍（東）、朱雀（南）、白虎（西）、玄武（北）という四神のこと、それが図に叶うという具体的な内容は不明だが、三山が平城の地を守っているというのは、そこが東の春日山塊、北の平城山《ならやま》丘陵、西の生駒山地（あるいは矢田丘陵）によって三方を囲まれ、南に開く地勢であることを意味している。なおここに見える「平城」という表現だが、これは「なら」という地名を表す。それを平城と表記したのは、都を置くにあたって決めた用字であろう。

この詔を受け翌三月に造宮省、半年後の九月に造平城京司を立ち上げた。それぞれ平城宮・平城京の造営を担当する臨時の役所（令外官《りょうげのかん》）である。平城京の地は平城山丘陵の南麓に位置していたため尾根や谷が伸び、また佐紀盾列《さきたたなみ》古墳群の所在地であったため、尾根を削り谷を埋め、古墳を破壊して平らにした上で、宮を造り、溝を掘って道路を造るという大規模な土木工事が進められた。(2) そしてはじめに述べたように、わずか二年後の七一〇（和銅三）年三月に、藤原京から都を遷したのであった。

現代でも都を移そうとしたら大変な事業なのに、なぜこのように短期間で遷都できたのか。その事情を語ってくれる木簡がある。現在平城宮跡では、奈良時代前半の大極殿の復原工事が、二〇一〇年の完成をめざして進められている。大極殿は元日朝賀や即位式などの最重要な儀式が行われる際に天皇が出てくる場であり、宮内で最も重視された建物である。復原に伴い大極殿地区南門の西側で、南面築地回廊に取り付いて造られていた楼閣跡

（2）佐紀盾列古墳群は、ウワナベ古墳・コナベ古墳・五社神古墳（神功皇后陵）・ヒシアゲ古墳（磐之媛陵）などの大型前方後円墳を含む、四―五世紀の古墳群である。現在平城宮跡の北辺に接するように位置している円墳の市庭古墳は、桓武天皇の子で、その跡を継いだ平城天皇（八二四年〔天長元〕没）の陵墓とされているが、実はもともと前方後円墳であり、平城宮の造営に伴って前方部を壊され、後円部のみが残ったものである。

を発掘した。すると建設前に一帯に敷かれた整地土の中から出土した木簡の中に、次のようなものがあった。

・伊勢国安農郡阿□〔刀カ〕里阿斗部身

・和銅三年□〔三カ〕月

これは伊勢国安農郡阿刀里《あとのさと》の阿斗部《あとべ》身という人が貢進した税の荷物に付けられた、長さ二〇センチの荷札である。これが和銅三年三月、すなわち平城遷都が行われた月のものであることがポイントになる。その時に作られた荷が平城宮に運ばれ、荷ほどきにあたって木簡が捨てられたのは、三月以後になる。しかもそれは整地土中から出土しているから、木簡が捨てられた時には、大極殿地区の前面では整地工事を行っていたのである。したがって遷都時には、少なくとも南面回廊のあたりは完成していなかったことになる。

写真１　復元された朱雀門

実は『続日本紀』を見ると、この年の正月一日には、騎兵や隼人《はやと》・蝦夷《えみし》らを率いた左右将軍が朱雀大路から朱雀門（写真1）を入り北へ進み、大極殿に出御している元明天皇に正月のお祝いをする元日朝賀の儀が行われている。しかるに前年十二月五日に天皇が藤原宮から工事中の平城宮に行幸し、その後藤原宮に戻ったという記事がないことから、この朝賀は平城宮でのことだ、いや記事がないだけで天皇は藤原宮に戻っていたのであり、藤原宮での朝賀だという両説があったが、先の木簡によれば、平城宮大極殿地区はまだ整地工事中か、あるいはまだそれも始まっていないのであり、藤原宮でのことと理解すべきである。(3)

しかも藤原宮の大極殿と平城宮のそれとは同規模（間口四四メートル、奥行一九・五メートル）であり、後者は前者を移築したものと考えられている。(4) そうであるなら七一〇年の元日に用いられた藤原宮大極殿は、その後解体されて平城宮に運ばれたことになる。旧宮の建物や瓦などは、できるだけ新宮で再利用されたわけである。『続日本紀』で平城宮の大極殿が初めて見えるのは、七一五（霊亀元）年の元日朝賀の儀の時である。その頃に漸く完成したのであろう。つまり遷都は、新都の完成を意味するものではなかった。とりあえず天皇の居住や日常政務に支障がなくなった段階で遷都は行われたのである。これが遷都までの期間が短かった理由である。したがって遷都後も延々と造営工事は続いたことになる。

2 平城京の都市計画

平城京の都市計画（図1）は、下ツ道を拡幅して造ったメインストリートである朱雀大路によって、東の左京と西の右京に分けられ、その全域が縦横に走る大路《おおじ》と小路《こうじ》によって区画されるものであった。そうした都市計画を条坊制という。京内では四五〇尺（約一三三メートル）ごとに道路設定の基準線を引き、それに幅を持たせて道路敷きとした。そして四本毎に幅の広い大路を置き、その他を狭い小路としたのである。(5) したがって大路と大路の間隔は一八〇〇尺（約五三二メートル）であった。道路の両側には排水路として側溝を掘った。

(3) 渡辺晃宏「平城宮第一次大極殿の成立」『奈良文化財研究所紀要二〇〇三』（二〇〇三年）。

(4) 小沢毅「平城宮中央区大極殿地域の建築平面」『日本古代宮都構造の研究』（青木書店　二〇〇三年　初出は一九九三年）。

(5) 最も広い大路は朱雀大路で、その幅（両側溝の中心間距離）は約七四メートル、それに次ぐのが二条大路で、平城宮前面では約三七メートルもあった。その他の大路は二〇メートル以上のものが多い。それに対し小路の幅は七メートルほど。井上和人「都城の定型化」『季刊考古学』二二（一九八八年）、舘野和己「平城京」古代交通研究会編『日本古代道路事典』（八木書店　二〇〇四年）。

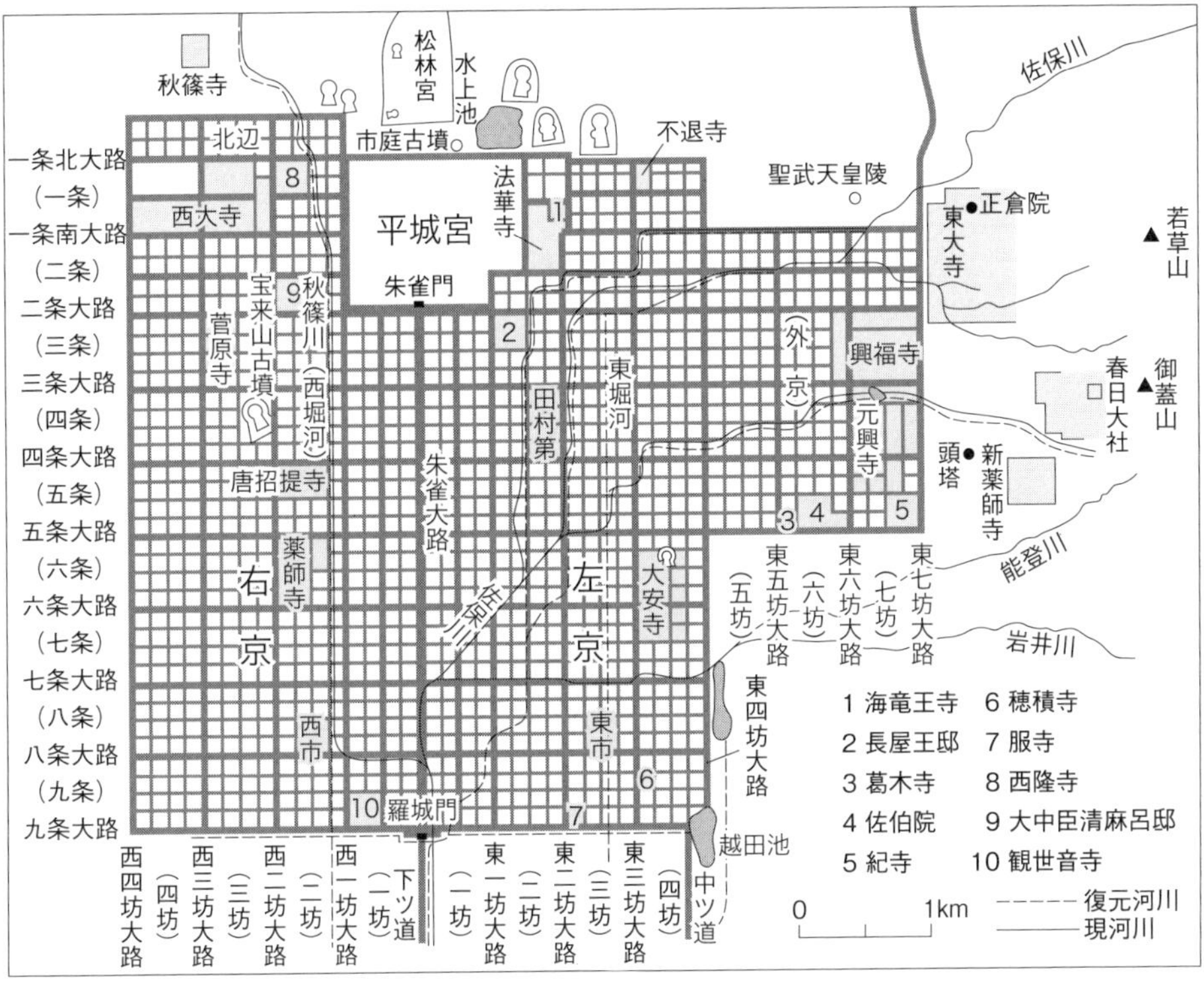
秋篠寺
松林宮
水上池
市庭古墳
不退寺
聖武天皇陵
佐保川
正倉院
東大寺
若草山
北辺
一条北大路
（一条）
一条南大路
（二条）
二条大路
（三条）
三条大路
（四条）
四条大路
（五条）
五条大路
（六条）
六条大路
（七条）
七条大路
（八条）
八条大路
（九条）
九条大路
西大寺
平城宮
法華寺
朱雀門
宝来山古墳
秋篠川（西堀河）
菅原寺
唐招提寺
薬師寺
右京
西市
朱雀大路
田村第
東堀河
（外京）
興福寺
元興寺
春日大社
御蓋山
頭塔
新薬師寺
能登川
佐保川
左京
大安寺
東市
羅城門
越田池
岩井川
東七坊大路
（七坊）
東六坊大路
（六坊）
東五坊大路
（五坊）
東四坊大路
西四坊大路
（四坊）
西三坊大路
（三坊）
西二坊大路
（二坊）
西一坊大路
（一坊）
下ツ道
（一坊）
東一坊大路
（二坊）
東二坊大路
（三坊）
東三坊大路
（四坊）
中ツ道
1 海竜王寺
2 長屋王邸
3 葛木寺
4 佐伯院
5 紀寺
6 穂積寺
7 服寺
8 西隆寺
9 大中臣清麻呂邸
10 観世音寺
0 1km
復元河川
現河川

図1　平城京の構造

大路には街路樹が植えられていた。七五〇（天平勝宝二）年三月二日に、国守として越中国（今の富山県）に赴任していた大伴家持《おおとものやかもち》の詠んだ歌、「春の日に張れる柳を取り持ちて見れば都の大路思ほゆ」（『万葉集』巻一九―四一四二）によって、平城京の大路に柳が植えられていたことが知られる。平安京朱雀大路にも柳が植えられていた。

また奈良市役所西隣のイトーヨーカドーの地では、建設時の発掘調査で二条大路の路肩に掘られた濠状遺構から、約七五〇〇〇点もの木簡が出土した。その中には、左・右京の各所から「槐花《かいか》」を貢進していたことを示すものがあった。それらによって、槐《えんじゅ》も街路樹として用いられていたことがわかった。平城京のモデルであった唐の都長安城では、柳や槐は街路樹であったので、この点でも平城京は中国を模倣したのであった。(6)

さて縦横に伸びる大路で区画され、東西方向・南北方向の帯ができるが、前者を条、後者を坊という。条坊制というのはそのためである。もちろんいずれも幅一八〇〇尺である。条は北から一条・二条といい九条まであり、東西方向の大路は、三条大路のように〇条大路と呼ばれた。一方坊は朱雀大路を中心に、そこから離れるにしたがって一坊・二坊となり、左・右両京とも四坊までであるのが基本だが、左京はその一部が東へ張出し、二条から五条までは七坊まであった。この張出し部を「外京《げきょう》」と呼んで基本形部分と区別しているが、それは近代になって作られた学術用語であり、(7)あくまで左京の一部である。南北の大路は、東（西）二坊大路のように〇坊大路と呼ばれた。これにより平城京は南北四・七九キロ、東西は基本形部分で四・二五キロ、外京を含めると五・八五キロという広大な地域を占めた。ただし西辺は丘陵地にかかるため、道路は造られていなかったとみられる。

そして周囲を全て大路で囲まれた一八〇〇尺四方の区画も坊というが、その中は縦横三

(6)　東野治之「二条大路木簡の槐花」『長屋王家木簡の研究』（塙書房　一九九六年　初出は一九九二年）。

(7)　関野貞「平城京および大内裏考」『日本の建築と美術　下』（岩波書店　一九九九年　初出は一九〇七年）。

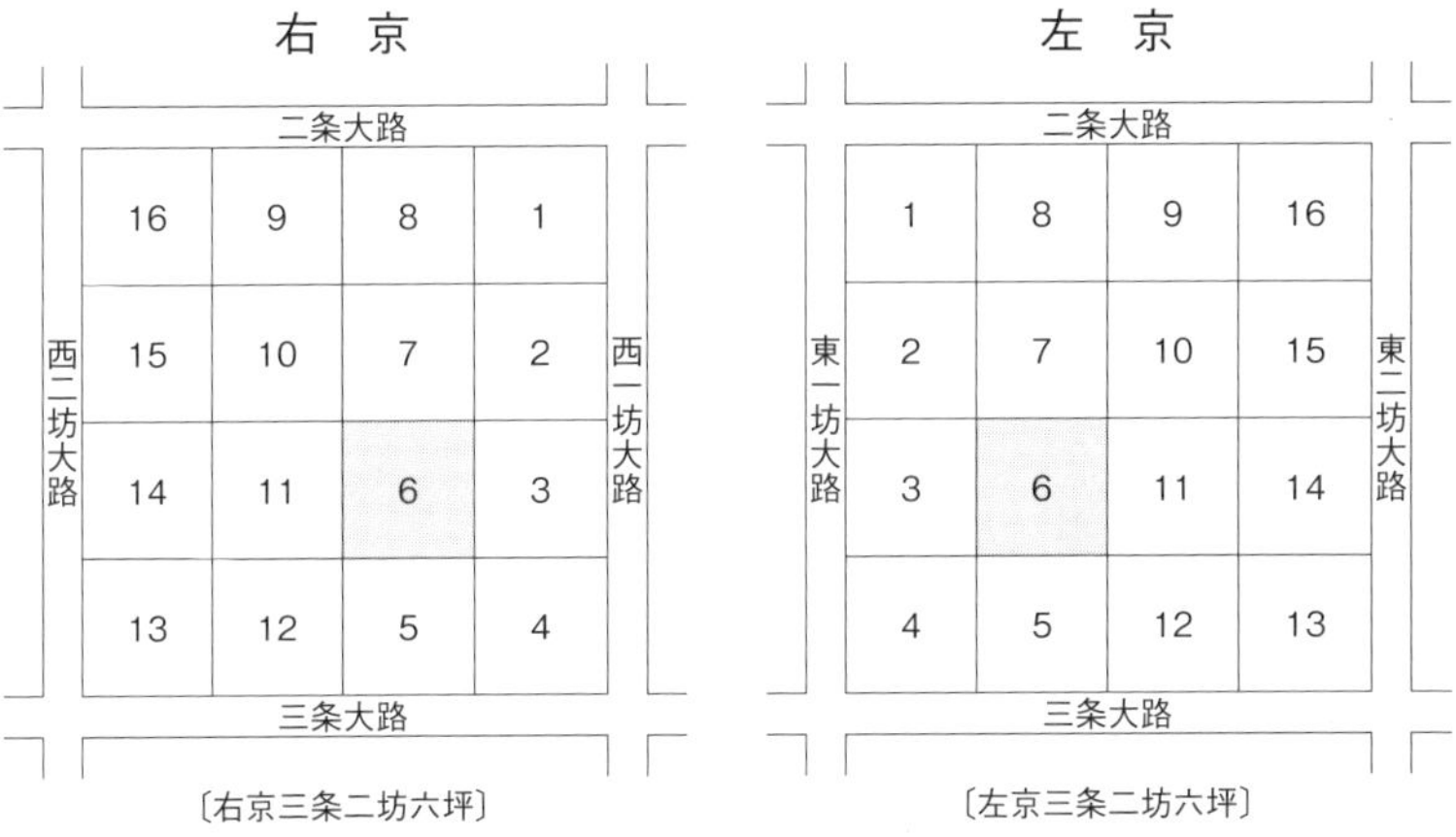

図2　平城京の坪付方式

本ずつの小路によって、一六の小区画に分割された。それを坪というが、それも数字で呼ばれた（図2）。すなわち坊の中の朱雀大路に近い側、左京なら西、右京なら東の北端の坪を一とし、南へ二・三・四と続き、その後はジグザグに一六まで順番を付けられた。

　このような方式で、京内の場所は数字で表された。例えばイトーヨーカドーの南側にあり、特別史跡・特別名勝に指定されている奈良時代の庭園遺構の指定名称は「平城京左京三条二坊宮跡庭園」と言う。より詳しく言えば、その場所は左京三条二坊六坪である。また奈良女子大学の敷地は、左京二条六坊十一・十二・十三・十四坪からその東の二条七坊三・四坪にかけて広がっているのである。

　藤原京では坊には小治町や林坊のように固有名詞が付けられていた(8)。それに対し平城京の坊は左京三条二坊のように呼ばれ

（8）　小治町は平城宮跡出土木簡に（奈良国立文化財研究所『平城宮木簡二』一九二六号木簡）、林坊は『続日本紀』文武天皇三（六九九）年正月壬午（二六）条に見える。

た。藤原京までの都は、長い伝統のある奈良盆地南部に置かれていたが、平城京はそこから離れている。そこでもし固有名詞の坊名をつけても、なじみのないものでわかりにくい。その点数字で呼べば、誰でもすぐにその位置を理解することができる。平城京の数字坊名は、おそらくそうした理由によるのであろう。

ところで左京三条二坊六坪というように、坪名も数字で表されると言ったが、不思議なことに奈良時代の史料には、七四七（天平一九）年の「大安寺《だいあんじ》伽藍《がらん》縁起《えんぎ》并《ならびに》流記《るき》資財帳《しざいちょう》」にしかそうした記載は現れない。(9) ところが平安時代以後の史料になると、盛んに坪名記載が見えるようになる。どうやら京内の場所を数字による坪名で表すのは、平安時代に既に平城京が都でなくなり、そこが次第に水田に姿を変えるようになった時に、京域周辺の条里制における水田区画で行われていた、○条×里△坪という呼称に倣って成立したもののようである。(10) 坪名が現れる先の「資財帳」は、平安時代に書写されたものしか残っていないので、坪名は書写時に書き加えられた可能性もあろう。

ところで、上に述べてきたような常識的な平城京の形が、遷都当初からのものではなかったということが近年わかり、大いに驚かされたところである。二〇〇五年以来の大和郡山市下三橋《しもみつはし》遺跡における発掘調査で、羅城門から少し東、京南端の左京九条一坊から二坊にかけての地域の南側、これまで京外とされてきた所で、条坊制に基づく道路が次々に見つかり、ついには「十条大路」までが検出されたのである。それにより少なくとも左京は、「十条」まで広がっていたことになった。ところがその「十条」部分は、あまり建物が建っていた痕跡がなく、奈良時代の早い時期、七三〇年頃までには廃され、京は九条にまで縮小された。そして九条大路の南には、二列の掘立柱が続く遺構が見つかり、それが羅城で

(9)　たとえば東大寺の写経所に勤める写経生が、勤務先から借金をした時の借用書が、正倉院には多数残っている。そこに記された質物（担保）には京内の宅地もあるが、その所在地は「在左京八条四坊」のように坊名しか記されていない。これではその坊の中のどこにあるのか、わからない。

(10)　舘野和己「平城京その後」門脇禎二編『日本古代国家の展開　上』（思文閣出版　一九九五年）。

あると判断されたのである。但し羅城は一坊部分では見つかり、東は東一坊大路まで延びていたが、二坊部分までは続いていなかった。つまり羅城は羅城門から始まり、一坊部分の南面のみにあったことになる。おそらく右京域でも同様であったろう。[11]

この発見によって、平城京の成立過程については新たな問題が提起されたことになる。もともとどのような形の京を造ろうとしたのか、それがいつ、またなぜ途中で変更されたのか、「十条」部分は京としての位置づけだったのか、築地塀でなく木造の羅城は、どのような性格を持ち、また羅城門はいつ造営されたのか、京周辺に広がる条里地割はいつできたのかなど、実に多くの課題が突きつけられた。いずれも難しい問題であるが、平城京研究がおもしろくなってきた。少なくとも平城京の羅城は、軍事的な意味を持たず、南方からの眺望を意識して、都城を装飾するものでしかなかったことは確かである。これは都の周囲を羅城で取り囲む中国の都城との大きな違いである。

(11) 山川均・佐藤亜聖「下三橋遺跡の発掘調査について」『条里制・古代都市研究』二二(二〇〇七年)。

3 平城京の住民

先に見たような条坊制を施工された平城京域(写真2)には、多くの人が住んでいた。その人口は十万人以下とみられている。平城宮で働く役人たちのほか、僧尼や一般の人たちも多くいた。役人らには宅地が与えられた。それは彼らを宮の周囲に住まわせ、毎日出勤させるためである。位階の高下に従って、宅地の広狭が決められた。面積規定に関する記録は残ってないが、五位以上の貴族は一坪以上であったとみられる。[12]一つの坪の面積は、

(12) 藤原京の宅地班給基準は、『日本書紀』持統天皇五(六九一)年十二月乙巳(八)条に見える。そこでの位階を大宝令制下のものに換算すると、二~三位で四町、四位は二町、五位は一町、六位以下は家族数に従って一町・半町・四分の一町となる。町とは一つの坪の面積である。平城京もおそらくこれに準じたのであろう。

写真2　平城京の模型（奈良市蔵）

周囲の道路の広さによって違ってくるが、一二〇《メートル》四方ほどになる。

若干の例をあげると、奈良市役所西側のイトーヨーカドーの地（左京三条二坊一・二・七・八坪）は、奈良時代初頭は一つの宅地（約二五〇《メートル》四方）であり、そこは長屋王の邸宅であった。長屋王は天武天皇の孫で有力皇族。平城遷都時は正四位上、七二四（神亀元）年には正二位で左大臣という最高位まで昇ったが、七二九（天平元）年に謀叛の疑いをかけられ、妻子とともに自殺に追い込まれた。そしてその後、邸宅跡地には光明皇后が宮を営んだのである。[13] またその南方、左京四条二坊には、奈良時代後半の権力者藤原仲麻呂（恵美押勝《えみのおしかつ》）の屋敷である田

(13)　奈良国立文化財研究所『平城京長屋王邸跡　左京二条二坊・三条二坊発掘調査報告』（吉川弘文館一九九六年）。

村第があったが、その面積は八坪分もあったとみられている。(14)

貴族の宅地は広く、かつ五条以北という宮に近い所に多かったのに対し、下級役人や一般庶民の宅地ははるかに小さく、一つの坪を一六、三二、六四に分割した面積で、また京の周縁部に多かった。平城京はまさに格差社会であった。

都人《みやこびと》と言うと、農業から離れた生活を営んでいたように思えるが、実際はそうでもない。京に住む役人や一般庶民も口分田《くぶんでん》を与えられていたから、農業に関わっていた。もちろん宮仕えに忙しい役人本人は、農業をする暇はなかっただろうが、その家族は口分田を耕作したとみられるし、一般庶民の中には商工業に携わる人たちもいたが、その多くは農業で生活を支えていたことであろう。

ただし京内に水田はなかった。そのため京で戸籍に登録された人びと（京戸《きょうこ》という）には、京周辺の大和などの国に口分田が与えられた。正倉院文書には写経所に務める写経生の借金の証文が多数残るが、借金の担保としたものの中には口分田もあった。右京三条三坊に宅地を持つ丈部浜足《はせつかべのはまたり》は、大和国葛下郡《かつげ》に口分田を持っていた。その面積は三町もあるから、彼一人ではなく家族たちの分もそこにあったのである。右京三条三坊と言えば、今の奈良市菅原町の喜光寺（菅原寺）辺り。一方葛下郡は二上山の東側、王寺町・上牧町《かんまき》・香芝市・旧當麻町《たいま》（葛城市）付近である。直線距離でも二〇キロほどになり、とても毎日家から通えるものではない。おそらく水田のそばに小屋（仮廬《かりほ》）でも造って住んだのであろう。そうであるなら京戸の中には、京に住んでいない人も多くいたことになろう。(15)

その一方で、京戸以外の京の住民も多かった。下級の役人の中には、戸籍は地方に残しながら、単身で上京している人もかなりいた。また一種の税として、地方の人たちが上

(14) 岸俊男「藤原仲麻呂の田村第」『日本古代政治史研究』（塙書房一九六六年　初出は一九五六年）。

(15) 北村優季「京戸について」『史学雑誌』九三―六（一九八四年）。

京させられる場合もあった。その一つは、地方の各里から二人ずつ上京させられ、諸官司に所属して雑用をさせられる仕丁《しちょう》である。仕丁は一応三年間という期限はあったが、必ずしも守られてはいなかった。二つ目は地方に置かれた軍団に所属する兵士の一部が上京し、宮内の門や京内の警備にあたる衛士《えじ》である。そして三つ目に、調や庸などとして出した税を京まで運んできた運脚である。このように一時的に京に住む、あるいは滞在する人たちも多かったのである。そして仕丁や衛士は所属する役所の用意した宿舎に住み、運脚は各国が京に持っていた宿泊施設に滞在した。(16)

4　平城京内の施設

京内には国営市場である東・西市が置かれ、毎日午後、日の入りまで開かれていた。東市は左京八条三坊、西市は右京八条二坊に、四坪分を占めていた。それぞれ今の奈良市杏《からもも》町・東九条《とうくじょう》町、大和郡山市九条町である。そして東市を南北に貫く幅一〇《メートル》もある東堀河が発掘調査で見つかっている。西市ではその東辺を秋篠川が流れている。これも自然河川の流路を条坊に合わせてまっすぐに造り替えた西堀河である。堀河は舟運に用いられた。

　市内には市を管理する東・西市司《いちのつかさ》の役所と多くの店舗が造られ、市人《いちびと》という商人たちが経営にあたった。しかし市で商売をしたのは、店舗を有する市人たちだけではなかった。近在の農民が蔬菜類を売りに来たり、行商人も多かった。貴族たちがその使用人を市に行

(16)　平城京では相模国が、左京八条三坊に一坪分を占める調邸という施設を有していたことが知られる。それは相模から京に貢進してきた調などの税物を一時保管したり、運脚や彼らを引率してきた役人たちの宿泊施設として使われたものである。舘野和己「相模国調邸と東大寺領東市庄」『日本古代の交通と社会』(塙書房　一九九八年　初出は一九八八年)。

かせて物を売らせることもあった。あるいは盗品を売ろうと市にやってくる泥棒もいたりして、賑わいを見せていた。

また平城京内には多くの寺院があった。左京の大安寺・興福寺・元興寺・法華寺、右京の薬師寺・唐招提寺・西大寺、それに京東郊の東大寺などである。それらは国家によって創建されたものと、氏や個人によって造られた寺院とがある。遷都当初に国家によって造られたものとしては、大安寺・興福寺・元興寺・薬師寺がある。但しこれらのうち興福寺は藤原氏の氏寺でもあり、元興寺の前身は蘇我氏の創建した法興寺（飛鳥寺）であった。大安寺と薬師寺がそれぞれ左・右京の六条に相対して建てられたのに対し、興福寺と元興寺が外京に置かれたことは、外京設置の理由を物語るのかもしれない。東大寺・法華寺は聖武天皇により、西大寺は称徳天皇によって、そして唐招提寺は唐から戒律を伝えるために来日した鑑真によって、遅れて造られたものである。これらの寺院は、当時より規模を小さくしながらも、現在まで法灯を伝えている。しかし国家によって造られながら、既に姿を消してしまった寺院もある。恵美押勝の乱後に、西大寺とセットで造られた尼寺の西隆寺である。その遺構は近鉄大和西大寺駅の北側、ならファミリー一帯の地で見つかっている。

一方神社としては、春日大社が奈良時代以来のものとして著名であるが、それは京外に位置しており、当時平城京内にあったことが確認できるのは率川《いさがわ》神社のみである。(17)

（17）　京内には基本的に神社はなかった。率川神社は遷都以前からあった神社である。舘野和己「宇奈太理神社の位置」広瀬和雄・小路田泰直編『日本古代王権の成立』（青木書店　二〇〇二年）、榎村寛之『古代の都と神々』（吉川弘文館　二〇〇八年）、金子裕之「なぜ都城に神社がないのか」『奈良女子大学二一世紀COEプログラム報告集一八　古代日本の支配と文化』（二〇〇八年）。

5　今に残る平城京

近鉄大和西大寺駅北側の道は、右京一条の真ん中を東西に走る一条条間路の名残である。それを東へ一〇分ほど歩くと、平城宮跡の西端に行き着く。平城宮跡は朱雀大路の北端にあたり、約一キロ四方に東への広がりがあり、全体で約一三〇ヘクタール。ほぼその全域が特別史跡に指定され、国有地として保存されている。奈良文化財研究所によって長らく発掘調査が継続され、天皇の住まいである内裏や、儀式や政務の場である大極殿や朝堂院、諸役所である曹司、それに苑池などが広がっていたことがわかっている（図3）。

この地に立てば、遷都の詔の言う「三山鎮めを作し」を実感できる。宮跡内では発掘調査の成果に基づいて、遺構の復原整備が進められている。各所に建物の基壇や礎石、あるいは掘立柱の位置を表す植栽などを見ることができるが、朱雀門や東院庭園、推定宮内省などは実物大で、建物や池が復原されており、それらの大きさ・豪華さを体感できる。そして遷都当初の大極殿も、遷都一三〇〇年を迎えた二〇一〇年に復原された。宮跡西端の平城宮跡資料館、内裏東側の遺構展示館などには、遺構や出土遺物の展示がある。

奈良に多く残る寺社や遺跡などは、奈良のみならず日本の歴史を物語る重要な文化遺産である。したがって史跡や名勝、国宝・重要文化財などに指定されたものも多い。それに加えて、一九九八年には東大寺・興福寺・春日大社・元興寺・薬師寺・唐招提寺・平城宮跡・春日山原始林が、「古都奈良の文化財」として世界遺産（文化遺産）に登録された。平

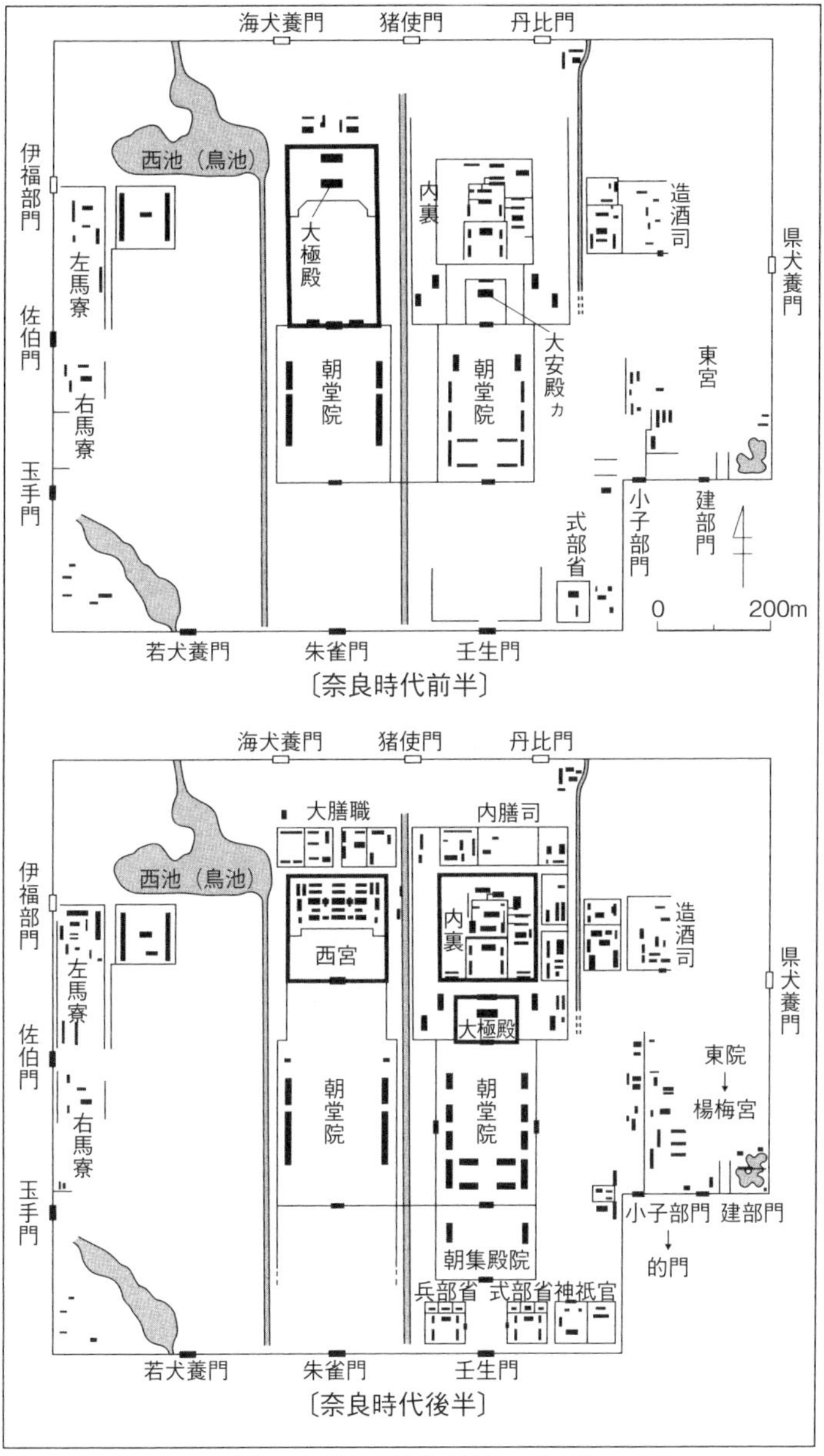

図3　平城宮の構造（判明した部分）

写真3　東大寺西大門跡

城宮跡は地上に何も残っていない、埋蔵文化財としては初めての登録であった。

　平城京を偲ぶよすがとなるのは、こうした文化財だけではない。その条坊制による道路が実によく残っているのである。平安時代になっても平城京の条坊制による区画は維持され、興福寺や元興寺が残る外京以外の地域の多くは、そのまま水田へと姿を変えていった。そのため道路は狭くなりながらも、今なお使われているものが多い。近鉄奈良駅周辺を見てみると、興福寺と猿沢池との間を通る三条通りは、その名のとおりかつての三条大路であり、東端の春日大社一の鳥居から、右京域まで真っ直ぐに続いている。県庁東側の道は、外京部分の東京極にあたる東七坊大路である。東六坊大路は三条以南は餅飯殿《もちいどの》通り、以北では少し西によって東向通りとなっている。奈良女子大学南の道は、かつての二条大路であり、西へ行くと平城宮朱雀門に到り、東は東大寺西大門跡（写真3）に行き着く。同門は奈良時代には東大寺の正門であった。(18) 二条大路は平城宮の前では、幅（両側溝の中心間距離）が三七メートルもあった。なお朱雀大路は朱雀門から大宮通りまでの間が史跡に指定され、復原整備が行われているが、それは大路の全幅に及んでいない。本来の幅は七四メートルもあり、西側の工場敷地内にまで及んでいるのである。

　文化財が豊富な奈良。その歴史の重みを、歩き見ることで感じていただきたい。(19)

(18)　岸俊男「平城京と「東大寺山堺四至図」」（註（1）前掲書　初出は一九八三年）。

(19)　平城京全般については、舘野和己『古代都市平城京の世界』（山川出版社　二〇〇一年）参照。

写真４　空から見た平城宮跡（南から）（写真提供 奈良文化財研究所）

奈良小景

平城京を訪れた宦官

―― 佐原康夫

平城京は中国の都城に倣って造られ、遣唐使が苦難の旅の末にもたらした知識や文物は、古代日本の国作りに大きな影響を与えた。しかし、平城京時代に日本から正式な遣唐使が派遣されたのは、実は都合四回しかない（計画倒れに終わったものを除く）。唐からの使者が日本にやってきたのは、たった一度だけである。渤海や新羅とは頻繁に使節団の往来があっただけに、その落差は大きい。

七七八（光仁天皇の宝亀九）年一〇月、奈良時代最後の遣唐使が使命を終え、四隻の船に分乗して帰国した。このうち第一船は沈没、第二船から第四船は九州各地にばらばらに漂着という壮絶な航海だったが、それは当時として珍しいことではない。問題は、この船団に唐王朝の友好使節団が同乗していたことであった。そんな事態は予想もしていなかった日本の朝廷は、にわかに大騒動となった。

日本の律令制度において、唐は「隣国」、新羅は「蕃国《ばんこく》」とされており、扱いに微妙な差があったと考えられている。新羅や渤海の使節団は、日本に朝貢するためにやって来たはずだという建前から、受け入れられたり追い返されたりしている。一方で日本が朝貢していた唐から使者が来ることは、なぜか想定外だったらしい。そのため、唐の使節を平城京まで送る際の儀仗や入京の際の儀典――新羅や渤海と同列には扱えない相手である――を、大急ぎで新たに定めただけでなく、平城京内で儀仗用に騎兵八百を集め、陸奥や出羽から蝦夷《えみし》二〇人を呼び寄せるなど、慌てぶりが目に浮かぶようである。

ところでこの時来日した使節団は、唐の側からしても異例なものであった。遣唐使の帰国報告によれば、代宗《だいそう》皇帝が「中使《ちゅうし》」として趙宝英《ちょうほうえい》と副使四名を派遣し、日本への返礼の品物を持たせるというので、断りようがなかったらしい。「中使」とは、皇帝が私的に立てる使者を指す。代宗はこの「中使」として宦官《かんがん》をあちこちに派遣し、彼らが先方で公然と賄賂を受け取ることを、禁ずるどころか奨励さえしたと伝えられる。日本に派遣された趙宝英の本来の官職は掖庭令《えきていれい》、従七品下の位階を持つ宦官であり、副使四名も同様と考えてよい。当時の中国においても、「中使」として突然宦官が押しかけてきたら、迎える方は途方に暮れたに違いない。日本側の混乱は同情に値する。

七七九（宝亀十）年四月三〇日、唐使の一行は騎兵二〇〇、蝦夷二〇人に迎えられて平城京に入り、五月一七日に朝堂（平城宮跡で復元された大極殿の南側にあたる。電車からも見えるあたり）において饗宴が催された。「唐の天子及び公卿、国内の百姓は平安なりやいなや」という天皇の下問に対して、唐使孫興進《そんこうしん》――正使趙宝英は沈没船と運命を共にした――は、「わたくしどもが旅立つ時には、天子や公卿、百姓はみな元気に暮らしておりました」と答えている。実のところ、唐は安禄山《あんろくざん》の反乱以来の政情不安が一向に収まらず、日本側もそれを知らぬではなかったが、もとより外交辞令とはこんなものだろう。この数日後、長安では月始めから病に伏していた代宗が死去している。唐使も日本の朝廷も、それを知る由もなかったのは幸いであった。

ともかく無事に終わってほしい日本側と、さっさと帰りたい唐側の思惑が一致したせいか、この外交的どたばた劇は成功裏に終わった。唐使一行が、平城京滞在中にどこかを見物した記録はない。せっかく唐の使者を迎えながら、「あおによし」の繁栄ぶりや大仏を見せびらかす余裕がなかったとすれば……。少々残念な気がしないでもない。

法隆寺に映る文化財保護史

小川伸彦

正倉院、法隆寺、高松塚……。周知のとおり奈良は文化財の宝庫であり、日本最古級の文物や遺構がひしめき合っている。しかしながら、制度的な文化財保護の歴史はたかだか明治以降の出来事にすぎず、それも試行錯誤の連続であった。そこで本章では法隆寺に焦点をあて、文化財保護の歩みにまつわる近現代の大小の「事件」をいくつかとりあげる。一四〇〇年の歴史をもつというこの寺の近代史こそ、奈良のそして日本の文化財保護を理解する鍵だからである。美術史や建築史とは異なる視点から眺めることで、文化財の保護・公開という営みの光と影を幾分なりとも浮き彫りにしたい。

1　調査・博覧会・献納

明治初年のいわゆる廃仏毀釈は、奈良では興福寺などに大きな打撃を与え、廃寺となる寺院も少なくなかった。(1) その一方で、西洋的輝きのある博覧会という概念への関心が高まる。その結果、収集展観に値する古器や宝物が眠る場所としても寺社が注目されるようになってきた。

まず、明治四年（一八七一）には古器旧物保存方という布告がだされ、翌年には大規模な宝物調査がなされる。いわゆる壬申検査である。(2) それは、明治六年（一八七三）にウィーンで開催される万国博覧会への参加を視野に、まずは何がどこにあるのかを確認するリストづくりの作業でもあった。文部大丞町田久成や文部省博物局の蜷川式胤らをメンバーとする政府の調査団は、明治五年（一八七二）五月に東京を発ち、名古屋大須真福寺を手始めに、京都、奈良、大阪、滋賀の約二〇〇ヶ所の社寺を約五ヶ月かけて精力的にめぐったのである。奈良では、正倉院宝物の点検調査が有名であるが、その前後に県下の主要な寺社はすべて巡回し、法隆寺ももちろん訪れている。蜷川は「此寺ノ建物、太子ノ時ノマヽニシテ、実ニ驚ク建前」(3) などと記している。また、宝物としては、「衲袈裟一筥」を皮切りに「太子筆義疏経」や「古仏画」など一五〇点以上を列挙している（写真1）。この時期の調査は、工芸的宝物が中心であり、仏像はほとんどリストアップされていないという点も興味深い。

（1）　慶応四年（一八六八）の社僧禁止や神仏判然令、それにつづく社会現象としての廃仏毀釈は、各地で多大な傷跡を残した。当時の状況は辻善之助他編『明治維新神仏分離史料』（岩波書店　一九二六年、復刻版あり）やJ・ケテラー『邪教／殉教の明治―廃仏毀釈と近代仏教』（岡田正彦訳、ぺりかん社　二〇〇六年）などに詳しい。ここでは奈良に関して四例のみ紹介する。

・興福寺：一山の僧がこぞって復飾し、春日大社の神司となる。寺領も没収されて一時廃寺となり、仏像や経巻の売却や破棄などがなされたという。

・大御輪寺：三輪山において三輪明神等と一体化していたが廃寺となる。本尊十一面観音は聖林寺へ。

・内山永久寺：広大な境内を有する真言宗の寺院であったが廃寺になり、寺宝も散逸した。隣接していた石上神宮内に拝殿が移築され現存する（国宝）。奈良市杏町の光楽寺にも移築された遺構がある。

・金峯山寺：明治五年の修験道廃止令により一山の神社化が進められた。吉野山の各所で破壊がおき、桜本坊には破損した仏像や残欠が今も

国内で博覧会を開催する機運も全国で高まっていた。東京では明治五年（一八七二）三月、壬申検査に先立って湯島聖堂で博覧会が開催され、名古屋城の金鯱なども運び込んで多くの来場者を集めた。奈良での最初の開催は明治八年（一八七五）、名称は奈良博覧会、場所は東大寺であった（写真2）。大仏殿内には正倉院御物、廻廊部分には法隆寺宝物が諸社寺の宝物や個人蔵の工芸品などとともにケースにも入れられず陳列されていたという。もっとも、法隆寺宝物は明治維新以前にも、元禄年間以来幾度も伽藍修理等の資金集めのため、江戸や大坂、京都で開帳に出されたことがある。(4) すでに江戸期から、寺を救うための旅する宝物パッケージができていたのかもしれない。

さてその法隆寺であるが、廃仏毀釈による仏堂の破壊などは起きなかったものの、寺領

写真1　壬申検査（明治5年）時の宝物記録写真。（部分、法隆寺普門院にて横山松三郎撮影、東京国立博物館所蔵 Image: TNM Image Archives Source: http://TnmArchives.jp/）七弦琴（唐時代）、螺鈿唐櫃（平安時代）、高燈台（鎌倉時代）。その後献納され、現在は３点とも東京国立博物館にある。

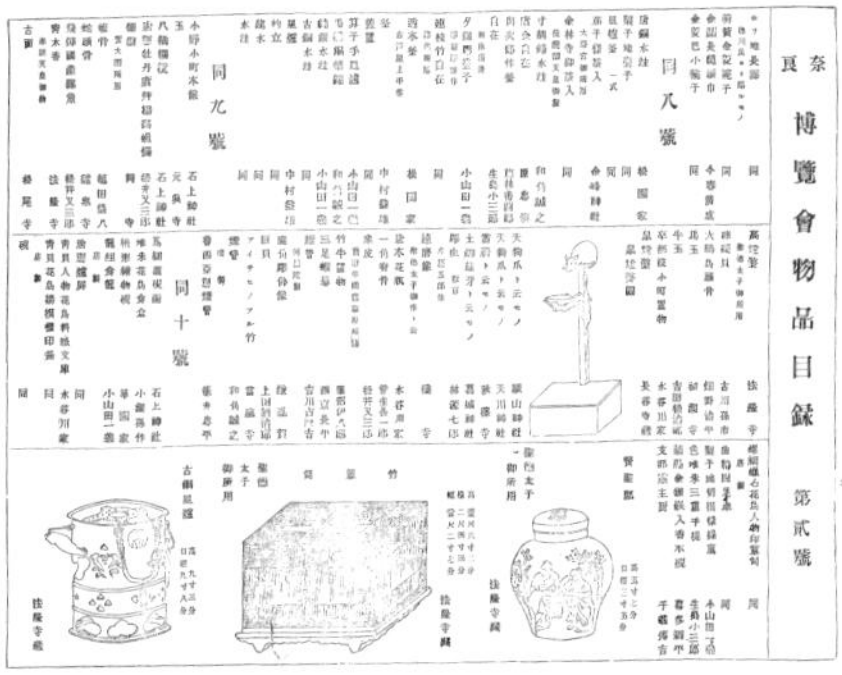

奈良博覧會物品目録　第貳號

写真2　奈良博覧会（明治8年）出品目録（部分、奈良県立図書情報館所蔵）。下段挿図は法隆寺の宝物。左から、鈞箳・竹厨子（ともに奈良時代）、賢聖瓢壷（唐時代）。出品者には石上神社、元興寺、長谷寺なども。

多数残る（非公開）。

（2）　古器旧物保存方の背後にある蒐集の思想については、鈴木廣之『好古家たちの19世紀』（吉川弘文館　二〇〇三年）が深く論じている。壬申検査の記録や経緯は、米崎清実編『蜷川式胤「奈良の筋道」』（中央公論美術出版　二〇〇五年）や、山田蓉「蜷川式胤の社寺宝物調査」（『神道史研究』第四六巻第三号、一九九八年）などに詳しい。

（3）　米崎編、前掲書、二三六頁

（4）　『東京国立博物館百年史』（同館編　一九七三年）七頁及び一五九頁、高田良信『法隆寺年表』（柳原出版　二〇〇七年）。なお奈良博覧会については、山上豊「正倉院「宝物」の「御物」化の過程に関する研究ノート」（『古都論―日本史上の奈良―』柏書房　一九九四年）も参照のこと。

の返上（明治四年の上地令）と千石あった寺禄の廃止（明治七年から逓減開始）が明治政府により命じられ、この当時まさに財政面での大きな困窮に直面していた。一方、世間では寺社の宝物への関心が高まりつつあり、僧侶による私的な売却によって寺宝が散逸する危険にさらされる寺院も少なくなかった。

そのような状況の中で法隆寺は、この奈良博覧会を機に一山で衆議し独自の判断を下す。主要な寺宝を一括して皇室に献納し、見返りに資金補助を期待しようというのである。(5)

明治九年（一八七六）、堺県に対して古器物献備願を目録つきで提出し、「隋朝之物品」をふくむ「聖徳太子以来相伝之物品」を皇室に献納する意向を伝えたのである。政府の側での受け入れ判断が下り、献納が実現したのは明治一一年（一八七八）。三〇〇件を超える第一級の寺宝が皇室の所有になり、一万円の下賜金を受けることとなった。この資金はその後の寺の維持運営に大いに役立てられるのである。

この献納宝物のその後の動きは興味深い。献納されたとはいえ適切な保管場所もなく、数年は正倉院内に預け放しとなったという。数年後、上野に開館予定の博物館に陳列品が乏しいということになり、新時代の殖産興業にはそぐわぬ面もあったが、急遽、堺港から海路運搬することになった。以来この献納御物は宮内省から貸与という形で上野の博物館に受け継がれる。しかし、美術課と歴史課の別部門に分けて保管されるなど、系統的な保存・活用体制には程遠かった。

大正一〇年代には、財政的に復興した法隆寺の聖徳太子奉讃会から返還の依頼が寄せられる。国としてはあわてて本格的収蔵陳列館の計画を立て、奉讃会を説得したという。戦後は、皇室財産の整理を迫るGHQとの交渉の結果、法隆寺献納御物は国の所管に移し、

（5）　献納宝物については、石田茂作「法隆寺献納宝物の由来」（『MUSEUM』一九七四年、二八二号）や高田良信『近代法隆寺の歴史』（同朋舎　一九八〇年）、高田良信『近代法隆寺の祖　千早定朝管主の生涯』（法隆寺　一九九八年）、などを参考にした。東京国立博物館特別展図録『法隆寺献納宝物展』（一九九四年）の解説も詳しい。

昭和二四年（一九四九）国立博物館に帰属する「宝物」となる。専用の収蔵陳列施設として法隆寺宝物館が上野の東京国立博物館内敷地内に開館したのは、ようやく昭和三九年（一九六四）になってからであった。このように紆余曲折を経て、現在では日本の文化財の中核をなすコレクションのひとつとして受け継がれているのである。宝物は大半が国宝か重文であるが、一部は別扱いである。旧一万円札でおなじみの『聖徳太子及び二王子像』などは、皇室所有の御物もしくは宮内庁管理となっているからである。

　この宝物館は平成一一年（一九九九）に、保存と公開を両立させるべく、ガラス張りの現代建築に立て替えられた（写真３）[6]。最新の展示技法を駆使した空間で、以前のような観覧日制限もなく、この宝物を鑑賞することができるのである。一階中央の展示室では、いわゆる金銅四十八体仏が方形に並び立つガラスケースに個別に安置され、薄闇の中で独特の静謐感をかもしている。その奥の部屋には、表情豊かな伎楽面がずらりと並ぶ。

写真３　東京国立博物館内の法隆寺宝物館。1999年開館。設計／谷口吉生

　本来は奈良にあるはずの宝物群。開帳まで数えると、何度目の江戸／東京なのだろうか。寺を救うために、寺宝から御物、そして宝物もしくは文化財へと変身を遂げたけなげな出稼ぎチームにも見えてくるのである。

（6）新建築と展示物については、東京国立博物館編『法隆寺宝物館』（同館発行　一九九九年）。

2　開扉と国宝化

「二百年間用ひざりし鍵が銹たる鎖鑰《さやく》内に鳴りたるときの余の快感は今に於て忘れ難し（中略）此の驚嘆すべき世界無二の彫像は忽ち吾人の眼前に現れたり」。(7)これは東京大学のお雇い教師であったアメリカ人アーネスト・フェノロサが法隆寺を訪れ、東院伽藍夢殿（写真4）の秘仏救世観音の厨子を開扉させたときの様子である。同行した岡倉天心も「一生の最快事なりというべし」と後年述懐している。(8)

日本美術史上の劇的な事件としてしばしば引用されるこの発見であるが、その時期はいつなのだろうか。フェノロサ自身は「明治十七年の夏」としており、天心も「十七年頃」と記している。しかし法隆寺側の日誌を詳細に検討した高田良信氏は、明治一九年（一八八六）もしくは二一年（一八八八）に実施された、より公的な調査の際の出来事ではないかと推察しており、確定は困難である。(9)

しかし、文化財保護史上重要なのは、古社寺の宝物調査の範囲が、この時期には当然のように秘仏にまで及ぶようになっていたという点であろう。その動きには抵抗もあった。明治二一年（一八八八）の調査の段階で夢殿秘仏の写真撮影を希望した九鬼隆一図書頭に対して、千早定朝住職は本尊を移動しないようにとの注文をつけている。なお、この調査は臨時全国宝物取調という大規模なものであり、宝物を種類と等級別に精査するものであった。明治三〇年（一八九七）に成立した古社寺保存法では、国宝および特別保護建造

（7）　フェノロサ『東洋美術史綱Ⅰ』（創元社　一九三八年）一三五頁。邦訳原著は一九二五年刊行。

（8）　岡倉天心『日本美術史』（平凡社　二〇〇一年）五八頁。これは、東京美術学校での明治二四年（一八九一）頃の講義録である。

（9）　高田良信『世界文化遺産法隆寺を語る』（柳原出版　二〇〇七年）一五二頁。

物というカテゴリーが誕生したが、その際の国宝の選別にもこの調査結果が利用された。ちなみに、同年一二月に初指定された国宝群に、夢殿の「観世音菩薩木造立像」も含まれている。[10]

国宝に指定されたとはいえ、公開されたわけではない。法隆寺内では大正一一年（一九二二）にも、秘仏拝観に関する厳しい制限の申し合わせが作成されたりもしている。にもかかわらず現代のわれわれは、この秘仏にまみえることが可能である。毎年、春と秋の二回、夢殿内の厨子が開かれ金網ごしにであるが公開されるようになっているからである。[11] この時期には学生服の修学旅行生とともに反時計回りに移動しながら、喧騒のなかで拝観することになる場合が多い。明るい戸外から堂のなかを覗き込むのであるから、暗闇しか見えない。大半の生徒たちはなぜここに連れてこられたのかもわからぬまま、押しくらまんじゅうのように先へ進んでゆく。事情を知っている大人はしばらく立ち止まり、目が慣れるのを待つ。するとフェノロサと天心が驚嘆した仏の表情が、暗闇のなかに浮かび上がってくるのである。ぶしつけに懐中電灯で照らして「鑑賞」するリュック姿のグループもある。

写真4　法隆寺夢殿（撮影 便利堂）

明治の壬申検査以来繰り返されてきた宝物調査という強引な国家的営みがなければ、今も、この仏は秘仏のままであったのだろうか。厚めの唇の上に含み笑いを浮かべる異形の影像を眺めながら、信仰と美術史研

（10）　明治期の文化財保護行政に関しては、高木博志『近代天皇制の文化史的研究』（校倉書房　一九九七年）に重要な論考があり、「大和」の状況にも詳しい。

（11）　例年の特別開扉日は四月一一日～五月一二日、一〇月二二日～一一月一八日。

究と文化財保護・公開制度の三すくみ的関係に思いをめぐらしていると、おじさん邪魔だよと修学旅行生から無言の圧力がかかる。

3 火災

「この裏には大事な絵が描いてあるのやぞ、そこに穴をあけたら困るやないか」[12]。大事な絵とは、法隆寺金堂壁画である。時は昭和二四年（一九四九）一月二六日。早朝、金堂から出火しているのが発見され、消火ホースを外から入れるために消防団が土壁を破ろうとする。しかしその内壁には壁画中の白眉ともいわれる第六号壁阿弥陀浄土図が……。法隆寺の建築を知り尽くす宮大工西岡常一の悲痛な叫び。しかし、穴はまさに阿弥陀の顔をくりぬくように壁を貫通してしまった。

当時法隆寺では、昭和九年からつづく昭和大修理が続行中で、金堂は昭和二〇年（一九四五）五月から疎開のため解体され、終戦後修理中であった。建物の第二層以上と釈迦三尊などの仏像および小壁画は搬出されており、幸い被害は受けなかった。移動困難な大壁画は、昭和一五年（一九四〇）に日本画家たちによる模写事業が開始され、中断の後、昭和二二年（一九四七）から再開されていた。しかしこの火災ですべて蒸し焼きのようになったのである。絵柄は輪郭を残して白変し、色彩は飛んでしまった。

この損失への社会的反応は激烈であった。当日の号外を皮切りに、新聞各紙は原因究明や責任追及に連日大きな紙面を割くとともに、その美術史的・文化的損失の大きさを解説

(12) 西岡常一・青山茂『斑鳩の匠 宮大工三代』（平凡社 二〇〇三年）八八～九一頁。火災の状況や、焼損前後の壁画の様子は、『回顧・金堂罹災』（小学館編、発行法隆寺、一九九八年）を参照のこと。

する連載を開始する。内外の専門家の悲嘆のコメントも、新聞や各種の仏教・美術雑誌等に陸続と掲載されていった(13)（写真5）。

そして舞台は国会に移る。二月一一日に召集された第五特別国会の参院文部委員会では、冒頭から金堂火災の問題が話題になる。敗戦後、文化国家として再生しようとしているはずの日本。なのに、最も重要な文化的遺産さえも守れないとはどうしたことか。そんな問題意識から、参議院の議員たちを中心に文部省の責任追及や各地の国宝の調査が始まる。そして制度の抜本的改革が必要との結論に至り、文部省がかねてから構想していた案ともすりあわせつつ、当時の保護法規であった国宝保存法にかわる法律が議員立法でつくられたのである。これこそが全一三〇条からなる文化財保護法（一九五〇年公布）であり、その後今日にいたるまで、日本の文化財保護の営みを規定する巨大な設計図がここに描かれたことになる(14)。この設計図は、その後幾度も改正を重ね、いわゆる「人間国宝」や「文化的景観」など、驚くほど多様な文化財類型を生み出す鋳型にもなったのである。

このように、皮肉な形ではあるが、現代の文化財保護の制度を生み出す契機となったのがこの火災事件であり、その意味で法隆寺は文化財保護の原点ともいえる存在である。と同時に、失火の原因は模写画家の使用していた電気座布団だったと

朝日新聞
法隆寺金堂炎上
國寶壁畫大半失う
解体中の内陣を全焼
原因は漏電か電熱

写真5　金堂火災の報道
（朝日新聞、1949年1月27日朝刊）

（13）　社会的反応に関しては、拙稿「事件・シンボル・制度―法隆寺金堂壁画焼損と『文化財』の文化社会学」（『奈良女子大学　社会学論集』一二号、二〇〇五年、一一五〜一三八頁）を参照のこと。

（14）　法制化のプロセスとその意味に関しては、拙稿「文化のコントロール―文化財保護法の立法過程分析」（宝月誠・進藤雄三編『社会的コントロールの現在』世界思想社、所収二〇〇五年）を参照のこと。なおこの法律を機に、「文化財」という語が現在の意味で広まったと一般に言われる場合も多い。概ね間違いではないが、すでに金堂焼損当時の新聞社説にもこの語は散見される。普及の時期はもう少しさかのぼって精査する必要がある。

写真６　法隆寺金堂第六号壁阿弥陀浄土図再現模写・部分（安田靫彦、岩橋英遠、羽石光志、吉田善彦画『回顧・金堂罹災』法隆寺発行より）

いう説が有力で、文化財記録（や公開）の営みが当の文化財を損傷する契機ともなるというジレンマを浮き彫りにした。

ここで現代の法隆寺をあるいてみよう。焼損壁画に思いをいたすことのできるポイントは四つほどある。

その第一は金堂。平成二〇年（二〇〇八）末に導入された発光ダイオード（ＬＥＤ）照明により、内陣の壁画がよく見えるようになった。これは再現壁画である。法隆寺と朝日新聞社が協力し昭和四二年から翌年にかけて実施された再現事業には、日本画家たちが班に分かれて参画した[15]（写真６）。しかし存在しない壁画をいかに写したのか。ここで活躍したのが、焼損前に撮影されていた写真である。美術専門の印刷・出版を手がけていた京都の便利堂が、文部省の依頼で昭和一〇年（一九三五）に撮影していたモノクロ写真があった。これをもとにコロタイプ製版という版画的技法で図像の輪郭を和紙に分割印刷し、「喰い裂き」という方法で継ぎ目なく張り合わせたものが用意された。画家たちはその上に、前回の模写や便利堂が独自判断で撮影していたカラー写真を参照しながら特製の岩絵具をのせていったのである。[16]

今やこの再現壁画も製作後約四〇年が経過した。平成二〇年（二〇〇八）には、奈良国立博物館で『国宝法隆寺金堂展』が開催され、日本最古の四天王とともにこの再現壁画

（15）　法隆寺監修『法隆寺再現壁画』（朝日新聞社編　一九九五年）。

（16）　このコロタイプ技法は、昭和五〇年代初頭までは卒業アルバム印刷などでも一般的な手法であった。しかし現在では廃れ、便利堂のコロタイプ工房がかろうじてその技術を伝えている。保存のための団体として「コロタイプ技術の保存と印刷文化を考える会」がある。

一二面が公開された。金堂内と同じ配列で陳列され展示室を圧倒的な迫力で飾ったのである。再現とはいえ、これを手がけたのは、安田靫彦・前田青邨・橋本明治・吉岡堅二をはじめ守屋多々志・平山郁夫ら第一級の日本画家たちである。あと三〇年もすれば、写真をアナログ的に使用した近代的再現技法の重要性も勘案され、これらの作品が文化財指定される可能性もあるだろう。

第二は、大宝蔵殿。ここには、焼損当時製作中であった模写壁画が収蔵されている。荒井寛方、中村岳陵、入江波光、橋本明治らが手がけた一二面の模写は、火災当時、未着手（三号壁など）か未完成（一号壁など）か完成後一部焼損（六号壁など）などの状況にあった。常時公開されているわけではないが、タイミングがよければこの旧模写壁画も見ることができる。

第三は、食堂北の大宝蔵院。ここでは、飛天に出会える。壁画には大小があり、出火時すでに頭貫上の小壁画飛天図は取り外されていて、焼損を免れた。軽やかに飛翔する天人を描いたこれらオリジナルの壁画二〇面は大壁面の失われた色調をしのばせるものであり、昭和三三年（一九五八）には重要文化財に指定された。

では焼損壁画そのものは火災後どうなったのであろうか。軸部の柱とともに樹脂により剥落防止措置がなされ、第四の場所である境内の特別の収蔵庫に移し、大切に保存されている（非公開）。毎年一月二六日には金堂壁画焼損自粛法要がこの傷んだ壁画の前でも営まれる。これらは今も信仰の対象であると同時に、戦後の文化財保存の原点に位置する苦い記憶の証人でもある。黒焦げの初層軸部は、金堂本体とともに改めて昭和二六年（一九五一）に国宝に指定され、壁画一二面も、「金堂外陣旧壁画」として焼けた姿のままに昭和三三

（17）壁画保存の困難については、高松塚古墳壁画の劣化・解体が再度問題提起したといえよう。美術的文化財でありながら、構造物の一部でもあるという独特の両義性が、壁画保存にまつわるジレンマの根本にある。なお、毛利和雄『高松塚古墳は守れるか』（ＮＨＫブックス二〇〇七年）は、事態の経緯や問題の所在をよく伝えており、解体作業の記録としては、『文化庁月報』（二〇〇七年七月・八月号）に詳しい特集がある。

百済観音堂
大宝蔵院
収蔵庫
西円堂
講堂
食堂
ウォーナー
供養塔
金堂
五重塔
聖霊院
大宝蔵殿
至
夢殿
世界文化遺産の碑
普門院
N
0
40m

法隆寺境内略図

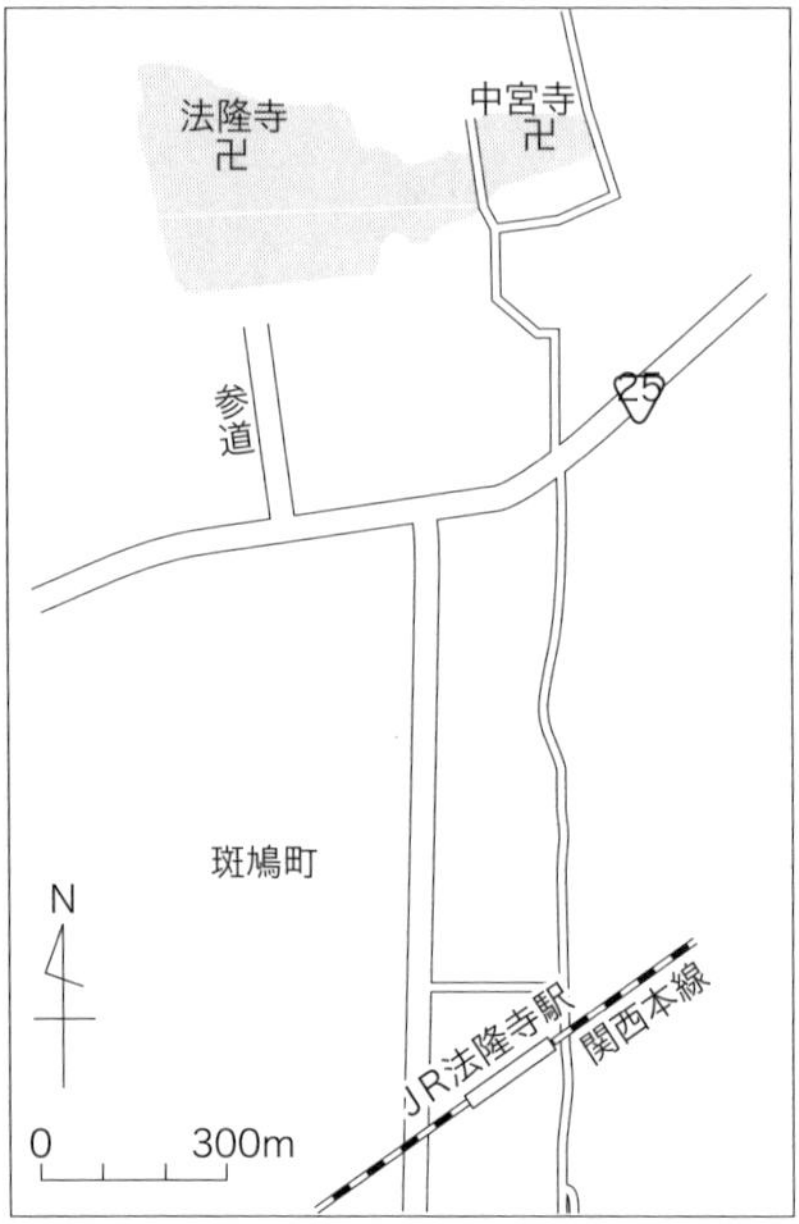
法隆寺
卍
中宮寺
卍
25
参
道
斑鳩町
N
JR法隆寺駅
関西本線
0
300m

年（一九五八）、重要文化財に指定された。[17]

このように本来一体であるべき壁画は、火災を経て境内の四箇所に分散して存在している。信仰の対象であり、美術史上の遺品であり、模写すべき記録の対象でもあったという文化財の多重性が、この分散の姿に映し出されている。

4 「恩人」

法隆寺境内には、修学旅行のルートには決して入らぬようなものもある。ウォーナー塔もそのひとつであろう。一八八一年生まれのアメリカ人美術史家ランドン・ウォーナーは、いわゆるウォーナー・リストで名高い人物である。第二次世界大戦中、アメリカ政府の「戦争地域における美術的歴史的記念物の保護・救済に関するアメリカ委員会」（ロバーツ委員会）に日本の文化施設の重要箇所として社寺・博物館・図書館などのリストを提出したとされる[18]（写真7）。法隆寺とのゆかりも深く、明治四四年（一九一一）、古美術調査のためはじめて訪問し、終戦後昭和二七年（一九五二）にも再訪して最晩年の佐伯長老を感激させている。

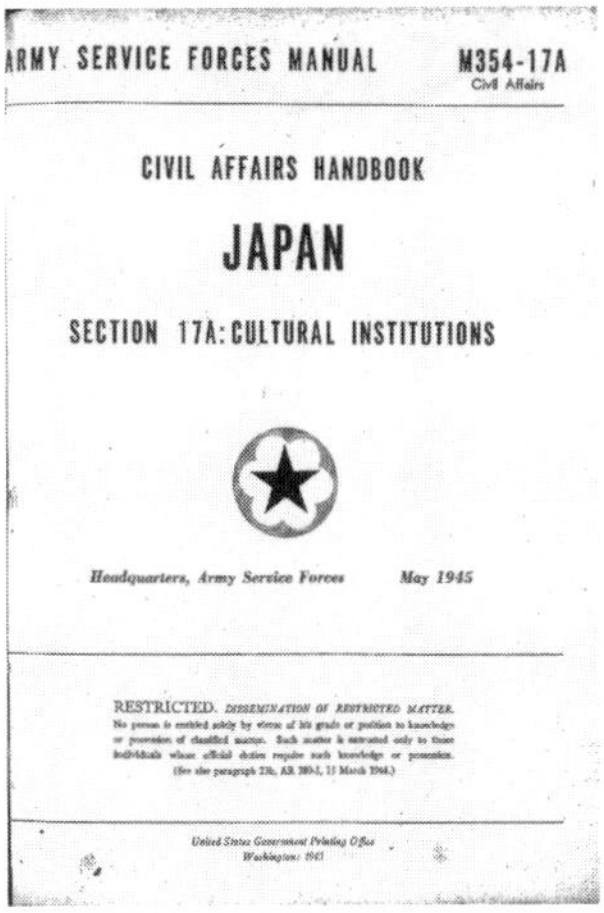
ARMY SERVICE FORCES MANUAL M354-17A
Civil Affairs

CIVIL AFFAIRS HANDBOOK

JAPAN

SECTION 17A: CULTURAL INSTITUTIONS

Headquarters, Army Service Forces May 1945

RESTRICTED. DISSEMINATION OF RESTRICTED MATTER.
No person is entitled solely by virtue of his grade or position to knowledge or possession of classified matter. Such matter is entrusted only to those individuals whose official duties require such knowledge or possession. (See also paragraph 23b, AR 380-5, 15 March 1944.)

United States Government Printing Office
Washington: 1945

写真7　『陸軍補給部隊便覧（M354-17A）民事ハンドブック日本　17A：文化施設』（いわゆるウォーナー・リスト所載）の表紙。（国立国会図書館蔵）

（18）　このリストには、星（＊印）の数で無印から三つ星まで等級も付されている。法隆寺は三つ星である。ちなみに、奈良女子大学の前身である奈良女子高等師範学校図書館にも星がひとつついている。

このウォーナー・リストの効力には諸説ある。従来は、このリストのおかげで奈良・京都の貴重な文化遺産が守られたというのが定説であった。「作戦　国境を越えて『人類の宝』を守る」「米軍の陰に日本美術通」という見出しを終戦後かなり早い時期に掲げた朝日新聞記事（一九四五年一一月一一日付）以来、恩人ウォーナー像が広まったのである。その後は「文化財は日本爆撃から如何にして護られたか―ウォーナー・リストをめぐって」（『芸術新潮』一二月号、一九五八年）など、再三この伝説が強化された。すでに佐伯管主の日記（昭和二七年）にも、「先生の御力に依りて京都奈良が戦災から免れました事は誠に感謝に堪へぬ処」とある。[19] しかしその後の研究により、今日では、略奪文化財の返還や弁償のためのリストであったという説も提出されている。[20]

結果はともあれ、京都・奈良に戦災の可能性があったことは事実である。このため、各所の寺社ではさかんに宝物等の疎開がなされた。実際に大規模な空襲による被害がなかったためについ見逃されがちであるが、この疎開行為がもたらした影響は小さくない。[21]

たとえば、上述した金堂の解体時期が昭和二〇年であったのも、疎開的措置であった。また、正倉院宝物もその一部が奈良帝室博物館に疎開しており、これを契機に一九四六年、正倉院展がはじまった。疎開がなければ現在の形の正倉院展もなかったかもしれない。[22]

また、もともと文楽人形などを撮影していた写真家入江泰吉は、終戦後、諸寺の仏像が「いずれはアメリカに持ち去られるだろう」という噂に危機感を覚え、仏像の撮影を開始したという。その直接の契機は、疎開先から東大寺に仏像が帰還する光景を眼にしたことにあった。[23] 日本を代表する仏像写真群も、疎開風景が生み出したといえるかもしれない。疎開させられたというだけでも間接的な戦災であり、ボディーブローのように長期的影響を残し

(19)　高田良信『「法隆寺日記」をひらく』（NHKブックス　一九八六年）一一九頁。

(20)　吉田守男『京都に原爆を投下せよ―ウォーナー伝説の真実』（角川書店　一九九五年）。

(21)　文化財疎開の状況についても、前掲の『芸術新潮』特集記事が参考になる。

(22)　和田軍一「戦争と正倉院」（『正倉院案内』吉川弘文館、所収一九九六年）。なお、近年正倉院展はますます興隆をきわめている。読売新聞社が開催に協力するようになった二〇〇五年以降は、会期中の観覧者が二〇万人をこえる。この社会現象の分析としては、拙稿「正倉院展へのメディア展開―二〇〇五年秋の「事件」を読む」（『美術フォーラ

写真８　ウォーナー塔（撮影 小学館）

ているといえるのではなかろうか。何が益で何が損失なのかという問題は別であるにしても。

さて、ウォーナー塔である。境内の西、西大門の外を少し北に行った小高い場所にある高さ九〇センチほどの五輪塔（写真８）。没後三年目の昭和三三年六月にその功績を顕彰するため建立され、供養塔と呼ばれる場合もある。ウォーナー神話崩しが始まる前の幸せな時期にこの塔は建てられたといえるだろう。このような顕彰碑は、福島や鎌倉など各地にあるという。(24)

ウォーナーが恩人であるかどうかはとにかく、そもそも文化遺産の価値は空襲戦略を左右するほどの普遍的力をもっているのだろうか。(25)法隆寺が、ひいては奈良や京都がそれだけの力をもっているのだと、信じようとした人々が戦後の日本にいた。そのことの証拠が、この供養塔である。

5　おわりに

西院伽藍の中心にもどる。中門前の左手に横長の巨石がある。刻まれた文字は、「日本最初の世界文化遺産　法隆寺」。日本を代表する文化遺産であることが、ここにも示され

ム21』14号、二〇〇六年）を参照のこと。

(23)　入江泰吉『入江泰吉自伝「大和路」に魅せられて』（一九九三年、佼成出版）一〇四頁以下。なお入江の撮影した写真は奈良市に寄贈され、同市高畑町の「入江泰吉記念奈良市写真美術館」に多くが常設展示されている。

(24)　吉田前掲書、二四頁以下。

(25)　今日では、国際的な取り決めとして一九五四年に採択された「武力紛争の際の文化財の保護に関する条約」（ハーグ条約）が存在する。

ているといえよう。一九九三年一二月に、「姫路城」「屋久島」「白神山地」とともに日本で初めて世界遺産登録されたのが、この「法隆寺地域の仏教建造物」なのである。しかし、訪れるものを迎えるこの巨大な石碑に違和感をおぼえる人もあるのではなかろうか。法隆寺は、ユネスコのお墨付きを得た世界遺産であることによって、その価値が左右されるような存在ではない。法隆寺は法隆寺であって、それで充分であると筆者などはつい感じてしまう。

そもそも近代法隆寺の再興に功績のあった佐伯住職も、たとえば壁画火災直後には、「学者達の徒な好奇心のため聖徳太子以来一三〇〇年の血の流れた信仰の中心を台なしにした。これらはいわば生体解剖に等しい……本当の科学とはいえない」と強い調子で意見を述べ、信仰対象の文化財扱いへの嫌悪感を表明していた。[26] 近くは高田良信氏が、つぎのように述べている。

「よく世間では、法隆寺は国の文化遺産であり、公共のものであるとする意見を聞くことがある。まさにその通りであり同感ではある。（中略）もし、それが信仰ということを除外した文化遺産視するものであれば、法隆寺の生命は喪失されることとなり、我々はそのような現状無視による信仰の破損に対して断固立ちむかわねばならない」[27]。

至言であろう。しかし以上にみてきたように、明治以来、寺院への「文化遺産視」を呼び込んできたのも寺院である。そこには拝観者の増加によって、信仰をつなぐための財政的基盤の安定を確保せねばならないという事情もあっただろう。寺院はジレンマの中に生きている。

奈良県下には世界遺産が三箇所もあり、全国一の密集度である。興福寺、東大寺、春日

(26) 朝日新聞一九四九年一月三〇日奈良版。

(27) 高田良信『「法隆寺日記」をひらく』（ＮＨＫブックス　一九八六年）二一〇頁。

大社、春日原始林、元興寺、平城宮跡、唐招提寺、薬師寺を構成資産とする世界文化遺産「古都奈良の文化財」は奈良市域の主要社寺を網羅しており、「紀伊山地の霊場と参詣道」も吉野郡の信仰空間を含んでいる。

信仰と文化財保護と観光。この三者はこれからいかに調和してゆくのであろうか。壮大な実験が、奈良では日々進行中である。文化遺産信仰という新しい宗教が生まれつつあるのだろうか。ウォーナー供養塔はそのさきがけだったのか……。

［付記］本稿は、二〇〇七年度奈良女子大学文学部長裁量経費及び二〇〇八年度奈良女子大学全学プロジェクト経費による成果の一部である。

奈良小景

動かざる歴史

渡辺和行

私が、フランス革命以降の近現代史を専攻していることもあり、私の専門と奈良との関係は皆無に近い。奈良市は、ヴェルサイユ市と姉妹都市の関係にあるが、ヴェルサイユに都が置かれていたのは、ルイ一四世がパリから移り住んだ一六八二年から、マリ＝アントワネットが住人であった一七八九年のフランス革命までである。こうしたことも、私と奈良との関わりを希薄にさせている一因だろう。

したがって、私と奈良との最初の出会いは、世間一般によくあるように観光ツアーである。中学一年生の夏休みに、兄とともに岐阜県から電車を乗り継いで、一日観光のバスツアーをして東大寺や薬師寺などを回った。当時、薬師寺の西塔はまだ再建されておらず、西塔跡地の水たまりに映る夕陽を浴びた東塔の美しさに、「凍れる音楽」を聞いた気がしたことを思い出す。また、バスガイドの名前も鮮明に記憶している。美女であったという理由からだけではない。公門《きみかど》という名で、いかにも古都奈良にふさわしい、貴族の末裔のような感じがしたから印象深かったのだろう。帰路、足に心地よい疲れを感じつつ、国鉄奈良線の車窓から見た夕陽が生駒山に沈む光景も脳裏に刻まれている。これが、私の奈良体験である。

それから、四〇年ほどの歳月が経ち、一九九八年一〇月に私も奈良県民となった。奈良に赴任したとき、四〇年前とほとんど変わらない風景に安堵したものである。数年前の卒業生から聞いた話だが、同じく本学の卒業生である母親も、学生時代と少しも変わらぬ奈良の風情に感無量であったという。

たしかに、近鉄奈良駅前のたたずまいも、その基本形は昔のままだろう。それは、奈良が化石となって、近代の価値である「発展」や「都市化」や「文明化の過程」から取り残されたということではない。向上することも堕落することも含めて、変わることは容易である。二〇代の体形を維持するのがむずかしいように、むずかしいのは変わらないこと、保存すること、持続することだろう。歴史においても然りである。

歴史の本質は「変化」であると言われるが、それは一面の真理でしかない。正しくは、歴史の本質は、「変化と持続」の二つである。「変化」が常態となった現代社会にあって、「持続」こそが新たな価値とならねばならない。それは、無限に進歩・拡大・発展するという産業社会の楽観的なパラダイムが終わりを迎え、資源の「有限性」が認識されたポスト産業社会にあって、環境と調和した「持続可能な発展」が叫ばれていることとも無縁ではないだろう。

ともあれ、革命に典型的なように、歴史上の「変化の相」を捉えることは比較的たやすいが、「持続の相」を捉える扉は、長期的なパースペクティヴを持つ者にしか開かれていない。それを可能にしたのがアナール学派であり、「長期持続」や「動かざる歴史」を標榜して、二〇世紀最後の四半世紀に世界の歴史学を制覇したのが、社会史パラダイムである。牽引車となったフェルナン・ブローデルやエマニュエル・ル・ロワ・ラデュリらのアナール学派の書物を紐解いてほしい。奈良は、そうした「動かざる歴史」の典型である。

「動かざる歴史」から伝統が紡ぎ出され、文化が生まれる。こうした各地域の文化を見聞して伝えた旅行記作家のことを、ヨーロッパの近代社会では「光の商人」と呼んだ。日本語の観光にも「光」という文字があり、それは文化の意味だという。「光の商人」と「観光」という言葉の中に、洋の東西を問わず、未知なる世界への憧れや好奇心という、人間の「共通感覚」を窺うことができる。平城京遷都一三〇〇年祭を間近にした奈良から、どのような「光」が世界に発せられるのか、注目したいものである。

子供が暴れると豊作?!
――仮装と子供の暴れ　奈良の祭の醍醐味――

武藤康弘

1　はじめに

港町横浜から奈良に移り住んで早や一〇年、最初はなかなかなじめなかった関西での生活も、現在では、アーバンライフと田舎暮しのちょうど中間に位置する奈良での生活にすっかり溶け込んでしまっている。朝大学へと向う道すがら、時代劇のセットのような奈良町の路地を自転車で駆け抜けるという、都会の生活ではありえない時間と、暮の春日若宮おん祭、春のお水取りと、生活のリズムをきざむ奈良の祭の世界にどっぷりと浸かっているのである。大学での授業のかたわら、平成一三年から取り付かれたように撮影しはじめた奈良のさまざまな祭のビデオテープも二〇〇巻を越えるほどになっている。この間、撮りための映像をNHK奈良の夕方のニュース番組の「大和歳時記」のコーナー[1]で紹介する機会もあり、ますます奈良の祭の面白さの虜になってしまっている今日この頃である。

奈良の祭の面白さは、第一にその演目や所作の特異性にあるといえる。さまざまな仮装や異性装が特徴となる祭の存在は、みうらじゅん氏の『とんまつりJAPAN』のなかに、奈良の祭が二つも取り上げられていることからもわかるのである。一方、その特異性は実はその歴史性に由来していることも注目される。時代のフィルターを通過しながら醸成された歴史的個別性にこそ、他の地域にはない奈良の祭の魅力があるといえる。例えば、奈良の各地では年初から春先の時期に、その年の豊作を祈願してオンダ祭（御田植祭）が行われる。オンダ祭は、牛の面をつけた牛役や田男役が登場して、農作業の所作を滑稽に演じ、見物人の笑いが絶えない面白い祭なのだが、筆者が注目するのは、使用されている鍬などの模造の農具である。これらの模造農具には神社に奉納された時の年号が記されているものがよくみられる（写真1）。写真で示したものは、江戸時代後期のものであるが、このような江戸時代の民具は奈良の地ではしばしば見受けられる。他の地域では、文化財に指定されてもおかしくないような一〇〇年以上前の古い道具が、驚くことに全く普段使いで現在でも使用されているのである。私が調査の中で見た最も古い道具

写真1　大和郡山市植槻八幡神社のオンダ祭で使用される模造の鍬、天保10年（1839年）の記年がある。

（1）　NHK奈良の夕方のニュース番組ニュースなら610で「大和歳時記」のコーナーを担当し、平成一六年三月から平成一八年三月まで九二回奈良の伝統的な祭礼について、映像をまじえて解説した。代表的な祭の開催日等の情報は、巻末の「奈良のおまつりガイド」参照。

は、宇陀市平尾水分神社のオンダ祭で使用されている小机で、裏板に延寶四（一六七七）年と墨書きされていた。ざっと今から約三〇〇年余り前のものである。

道具の年号の他に、古い時代の奈良の祭礼はさまざまな史料にも残されている。中世や近世の奈良の祭礼は、興福寺や春日大社、東大寺などの寺社の僧侶や神官によって詳細に記録されてきた。これらの寺社の史料については、すでに民俗学者や地域史の研究者によって研究が進められてきた(2)。奈良の祭礼に関する特に古い史料としてしばしば取り上げられるのが、春日大社の御田植神事に関する史料である。春日大社の社伝の史料では、平安時代後期に「田殖の儀」が登場している。このことは、現在行われている御田植神事が、そのまま一〇〇〇年前まで歴史遡及可能なことを意味しているわけではないが、鎌倉時代初め頃には、正月一八日に田殖の儀が行われ、巫女が関与する予祝的な儀礼であったものと考えられている(3)。このように長い歴史と、その間の大きな宗教的な変革を何度も潜り抜けながら、現在にまで命脈がつながる奈良の伝統的な祭礼について、次にそれらを構成する数々の要素の中から、仮装と子供の暴れをとりあげて、分析してみたいと思う。

（2）岩井宏實編　一九八八『奈良県史　12民俗（上）』名著出版
岩井宏實、鏡味明克編　一九八八『奈良県史　13民俗（下）』名著出版
岩井宏實　一九七二「御田植神事」『吉野町史　下巻』吉野町役場
（3）本田安次　一九六七「春日神社の御田植祭」『田楽・風流一』木耳社

2　盆踊りと仮装

祭礼における仮装とは、日常とは異なる特別な装束をつけたり、仮面を被ったり、人を驚かすような奇抜な格好をすることを意味する。この祭礼における仮装とは、歴史的にも中世まで遡ることが、祭礼絵巻などの研究から明らかになっている。このような仮装は、

芸能史の分野では、風流の一部として捉えられる場合が多いので、まず風流について簡単に触れてみたい。芸能における風流とは、本田安次氏の言葉を借りて端的に表現すれば、文学的な主題に由来するきらびやかな飾りつけや装束などに特徴づけられる。(4)このような風流の飾りは、日本や中国の古典に装飾の意匠の題材をとっている。そのような文学的なテーマを装飾の意匠とするところは、京都の祇園祭の鉾や山の飾りつけに、その典型をみることができる。中世前期にまで遡る風流の祭礼で代表格といえるのが春日若宮おん祭である。おん祭におけるきらびやかなお渡り行列や、日使や陪従、神子の風流傘、田楽座の装束、祭礼の主役ともいえる馬長児の装束等は、まさに風流そのものといえる。風流が最も発達したのは、中世末から近世初頭の時期で、この頃の洛中における風流の華やかな祭の様子は、各種の祭礼絵巻にみることができる。この風流の伝統を現在まで伝えているのが、奈良県十津川村の大踊りと、県内各地に伝わる太鼓踊りなのである(口絵4、写真2)。

十津川村の西川、小原、武蔵の各大字には、古式の様相をもつ大踊りという盆踊りが伝承されている。大踊りは、通常の盆踊りが輪踊りなのに対して、初めは矩形の隊列を組んで踊り、途中からそのフォーメーションが崩れて、輪踊りへと移行する。また、太鼓の撥や切子灯籠は、大変美しく飾りつけられるのが特徴である。十津川村の大踊りは、近世の風流踊りの特徴をよく伝えていることで、昭和五十四年に国の重要無形民俗文化財に指定されている。

十津川村の大踊りは、場面の転換点に「なあむあみだぶつ」という詞が挿入されていることから、念仏踊りに起源があると考えられている。(5)念仏踊りとは、念仏を唱えながら一心不乱に踊るもので、これが風流化してさまざまな趣向をこらした飾りつけや特徴的な所

(4) 本田安次 一九九六「風流考」『本田安次著作集 日本の伝統芸能』第10巻 錦正社

(5) 本田安次 一九九七「諸国の風流3 Ⅳ近畿の風流(二)」『本田安次著作集 日本の伝統芸能』第13巻 錦正社

作が加わったものが風流踊りで、十津川村の大踊りの原型となった。中世末から近世初めの頃に、京都や大坂で流行した華やかな風流の芸能が、山深い村々に生きた化石のような状態で伝承しているところに、十津川村の大踊りの学術的な意義があるといえるのである。

このような風流の踊りのうちで、小歌踊りと呼ばれるものは、同じ奥吉野地方の五條市（旧大塔村）阪本の阪本踊りや同市篠原の篠原踊りなどが有名である（写真3）。各地にのこる踊り専用の建物「踊り堂」の存在は、かなり高い水準の芸能が、大坂などから直接伝播して、能や狂言などとともにこの地に根づいていたものと考えられる。この点からは、芸能の少ない山村で庶民の娯楽として、たしなみ程度に行われていたものとは、はっきりと異なる高いレベルのものであったと言えるのである。

写真２　十津川村西川の大踊り

写真３　五條市阪本　阪本踊り

写真4　十津川村小原の盆踊りの仮装

この風流の踊りには、仮装がともなうのが特徴である。十津川村小原の盆踊りでは、毎年「化けて出る」人が踊りに加わる。この「化けて出る」の意味合いは、亡き祖霊が化けて出るという解釈もあるが、[6] 地元の方々に伺ったところでは、「化ける」即ち「仮装」と捉えているようである。この仮装こそ風流を構成する重要な要素の一つで、祭礼の非日常性を強調する重要な役割を果たしているのである。小原の盆踊りで登場する仮装は、浴衣姿の参加者のなかで、一人だけ農作業の姿で肩にトウモロコシを担ぎ、篭を背負って登場する（写真4）。しかも衣装の一部が大きく綻んで臀部が露出している。またある時は、振袖姿の若い娘に化けて登場するという全く奇抜なものである。盆踊りという夏を代表する祭礼の、まさに場を盛り上げる重要な役割を果たしているといえるのである。それでは、このような盆踊りにおける仮装とは、いつごろまで遡るのであろうか。仮装とは、中世の史料にも登場する大変歴史のあるものなのである。室町時代の春日大社の神職の日記に次のような記事がある。

「南都中近年盆ノヲドリ、異類異形一興、当年又奔走云々、不空院辻ニ踊堂自昨日初建之、毎年盆ノ踊ハ、昼新薬師寺ニテ踊リ、夜不空院ノ辻ニテ踊之処、新薬師寺毎年ノ踊リニ、堂ユルギテ瓦モヲチ、……」[7]

（6）鹿谷勲　二〇〇一『やまとまつり旅』星雲社

（7）本田安次　一九九六「風流考」『本田安次著作集　日本の伝統芸能』第10巻　錦正社

写真５　奈良市田原の祭文音頭

この不空院の辻とは、現在の高畑町の不空院近くの、新薬師寺から春日大社へぬける細道と、頭塔のある清水町から登ってくる旧道の交差点のところである。高畑町界隈の静かな街並みからは想像できないことであるが、一五世紀末の室町時代に、奈良の街中から大勢の人々が、踊りながらこの場所に押しよせ、寺院の堂宇が揺らぐほど踊り狂ったことが記されているのである。この記事のなかで注目されるのが、冒頭の異類異形という表現である。よほど変わったいでたち、趣向をこらした仮装であったものと想像されるのである。

奈良には、この他にもさまざまな盆踊りが伝承されている。河瀬直美監督の映画「殯の森」の舞台として一躍有名になった奈良市田原町には、祭文音頭とよばれる錫杖をふり、法螺貝を鳴らしながら踊る盆踊りが伝承している（写真５）。これは江州音頭の原型ともいわれ、大変古い形式の盆踊りなのである。また、現代の代表的な盆踊りである河内音頭も、七月の第一日曜に開催される龍田大社の風鎮祭が関西の踊り初め、九月一七日の東大寺二月堂の盆踊りが踊り終いと言われており、奈良には古式ゆかしいものから現代的なものまで、様々な盆踊りがある。

3　オンダ祭と異性装

一方、前述のような盆踊りにおける風流の仮装の他に、奈良にはもうひとつの仮装がある。それが、農耕儀礼に特徴的にみられる異性装である。冒頭で紹介したように奈良の伝統的な農耕儀礼としてオンダ祭（御田植祭）がある。オンダ祭のなかには、明日香村の飛鳥坐神社のように子作りや出産の所作がともなう珍しい事例がいくつかある。この中から、異性装をともなう代表例として、川西町保田の六県神社の子出来オンダ祭をとりあげてみたいと思う。

写真6　川西町保田　六県神社子出来オンダ祭

オンダ祭は、荒田起しから始まり、牛使い、施肥、田植えと一連の農作業を模倣した所作が神社の拝殿でまるで吉本喜劇のように滑稽に演じられる。いずれの場面でも最後に「子供の暴れ」がともなう。これは各段の最後で、進行役の「ボチボチヤデ」の一言で、子供達が演者である大人に対して、一斉に飛び乗って叩いたり、蹴り飛ばしたりする手荒なものである。一瞬のことであるが、この時だけ子供と大人の立場が逆転するのである。子供の暴れについては異性装とともに奈良の祭礼の重要な要素であるので後述する。その後、祭のクライマックス孕婦（妊婦）の弁当運びと安産の神事が始まる（写真6）。これは、田んぼで働く夫のもとへ、妊婦がケンズイ（間炊）を運ぶ途中に、急に産気づき出産するという筋書きで、男性が女装して太鼓をおなかに入れて妊婦に扮して行われる。はじめに、お米をいれたお盆を頭にのせて、拝殿を一周して神主役の前に跪く。そして、神主役の長老から行き先を尋ねられ、東西南北の田にケンズイを一〇杯ずつ配ったことを報告する。次になぜか台所周りの質問に移り、茶碗や柄杓・水桶などがどこにあるかを尋ねられる。そうこうしているうちに、問答の途中で急に産気づき、「お腹がキリキリ痛くなりました。ウー」と叫んで、赤ん坊に見立てた太鼓を放り出す。すかさず、神主がそれを取り上げて、「ボンボン（男の子）出来たボン出来た。」といって太鼓を打ち鳴らすのである。最後に、「種蒔き歌」が歌われて幕となる。この種蒔き歌の詞章は、大阪平野の杭全神社の御田植祭や、山城木津の相楽神社の御田植祭の詞章と近似しており、これらの祭礼が相互に連関をもつ古式のものであることの証左となる[8]。

写真7　宇陀市野依　白山神社のオンダ祭

奈良県内のオンダ祭のなかで、登場人物が多いもの、特に「オナリ」と呼ばれる「ケンズイ」運びの女性が登場するものには、異性装が特徴的にみられる。例をあげれば、橿原市畝火山口神社の御田植祭、宇陀市大宇陀区野依白山神社のオンダ祭等、県南部の古式のオンダ祭に多い（写真7）。明日香村の飛鳥坐神社の

（8）新井恒易　一九八一『農と田遊びの研究』明治書院
　武藤康弘　二〇〇六「大和における御田植祭の系譜」『万葉古代学研究所年報』第四号

オンダ祭も、本来は近似した構成であったものと考えられている。(9) オナリと呼ばれるケンズイ運びの役は、嫗の場合が多いが、いずれも祭礼催行組織が男性だけ組織されているため、男性が女装してその大役を果たすことになる。宇陀市の野依白山神社のオンダ祭では、早乙女役までも男性が女装して行う。オンダ祭の中でオナリが登場する場面はハイライトと言え、異性装という非日常性はこの瞬間に煌くのである。また、農耕儀礼における異性装は、オンダ祭に限られたものではなく、収穫祭としての秋祭等にもみられる。

それでは、なぜ農耕儀礼と異性装が結びつくのであろうか。そこには、先の風流の仮装とはまた異なった意味があるようである。農業に関わる祭礼で、異性装が古くから行われていたことは、史料からも裏づけられる。江戸後期の近畿地方の祭礼行事を豊富な挿絵とともに紹介した速水春暁斎の『諸国図会年中行事大成』には、興味深い事例が取り上げられている。京都の西七条の田植神事という正月行事では、当家の男が小袖を着用し化粧をして家々を廻ることなどが記されているが、この小袖は、「新婚ありし嫁の小袖を出さしめ着する故殊に曠《ハレ》なる衣裳なり」とある。この場合の異性装とは単に祭を盛り上げるといった意味だけではなく、そこには稲の穂孕みと人の子孕みを同時に祈願する農耕儀礼特有の意味があるといえるのである。(10)

4 収穫祭と子供の暴れ

前述のように川西町保田の六県神社の子出来オンダ祭は、異性装の祭としても有名であ

(9) 並木宏衛 一九八九「飛鳥のおん田」『飛鳥の祭りと伝承』桜井満・並木宏衛編 おうふう

(10) 武藤康弘 二〇〇八「祭礼と異性装—宇陀市野依白山神社のオンダ祭をめぐって—」『奈良女子大学文学部教育研究年報』第四号

るが、もうひとつ重要な要素を有している。それが祭礼における子供の暴れである。実は、このような祭礼の場における子供の乱暴や狼藉は、奈良の祭ではしばしばみられ、本論の表題にも掲げたように、その特徴のひとつといえるのである。とくに、春の予祝行事や秋の収穫祭等の農業に関わる祭礼に特徴的にみられることが注目される。秋の月見どろぼうなど、この時だけは、普段は絶対許されないことが黙認されるのである。収穫祭などと関連する点では、アイルランドやアメリカで盛んに行われているハロウィンとも共通性があるといえる。奈良県内の祭礼で、子供の暴れが特徴的なのは亥の子祭である。亥の子祭とは、収穫後の祭礼の最後をかざるものとして、西日本を中心に広く行われている。東日本にも名前が異なる同種の行事がある。特に、愛媛県は亥の子祭が盛んで、丸い大きな石に綱をつけて、子供たちが地面に打ちつけるという形式で、競技会が開催されるほど盛り上がっている所もある。本来は男子のみの行事であったが、少子化の進行によって現在は女子も参加可能、あるいは黙認といった状況になっているところが大半である。近畿地方の一般的な亥の子祭は、子供たちが藁を円筒状に束ねた苞《ツト》やデンボとよばれるもので、地面を叩きながら家々を回る形式である。亥の子祭は、県内各地で行われていたが、少子化の急激な進行によって風前の灯となっていて、現在では、大淀町上比曽地区をはじめごく僅かになってしまった。上比曽では、その年に新しくお

写真８　大淀町上比曽の亥の子祭

嫁さんを迎えた家々を、地区の子供たちが、藁苞で地面を叩きながらまわるもので、迎える側は、子供たちにお菓子を与えてお礼をするというほほえましい子供の祭である（写真8）。家の玄関先で、藁苞で地面を打つときには次のような祝歌を歌う。「こーこの嫁さんいつもろた　三月三日の朝もろた　鰯三ひき酒五合　新米藁で祝いましょう」昔は最期の家で屋根まで藁苞を投げ上げたという話であった。

一方、桜井市高田では、前述の一般的な亥の子祭と異なった暴れ亥の子祭が行われている。高田の暴れ亥の子祭は、先の六県神社の子出来オンダ祭とともに、昭和一九年に刊行された辻本義孝氏の『和州祭礼記』にも写真が掲載されている伝統行事である。[11]

高田の暴れ亥の子祭は、仮屋、膳、灯明消しという大きく三つのパートに分かれた子供の暴れから構成されている。最初の仮屋暴れは次のようなものである。まず竹を組み合わせて作った高さ二《メートル》ほどの棚の上に、氏神である山口神社の御分霊をまつった屋形や、お供えが乗せられる。この仮屋とは、神の依代となるもので、祭礼の参列者は、当家の合図で拝礼し豊作への感謝と村内安全が祈願される。その後、屋形とお供えは下ろされ、合図とともに仮屋暴れがはじまる。子供たちは一斉に棚状の竹の骨組みに藁でつり下げられた鍬や鎌などの農耕や山仕事の道具の模型を引きちぎっていき、最後には仮屋の竹の骨組みもろとも押し倒し、叩き壊してしまうのである。この時、周囲の大人たちから「もっと壊せ」と盛んに声がかかる。次いで、膳暴れの準備が始まる。「鉢巻飯」とよばれる円錐形に形作った赤飯に、三〇《チセン》ほどのネムノキの棒を三本差込んで足にして立て、さらにその上に小さい円錐形の赤飯をのせる。添え物の小皿とミソ汁とともに膳が用意される。そして、合図と同時に子供達は膳には一切手をつけず、いきなり足で蹴り飛ばしてしまう（写真9）。

（11）　辻本好孝　一九四四『和州祭礼記』天理時報社

高田の暴れ亥の子祭の案内図

写真９　桜井市高田の暴れ亥の子祭

お膳も食器もすべて粉々に割れはじけ、あたり一面味噌汁や食器の破片が飛び散ってしまうのである。昭和四〇年頃まで、この暴れを当家の座敷で行っていたため、座敷暴れとも呼ばれている。最後は、灯明消しの暴れである。神社の御分霊を祭った屋形の前にロウソクを立てて火を灯す。そして、子供達がその灯にめがけて一斉に藁束を投げつけて消していくのである。あたり一面もうもうとほこりがたちこめ、「火ともせ」の大合唱の中、ロウソクを再び灯すと、たちまち藁束が飛んできて火が消されてしまう。これを延々と繰り返し、子供達が疲れ果てた頃を見計らって、やっと高田の暴れ亥の子祭は終了となる。

　それでは、なぜこのような大掛かりな子供の暴れが収穫祭をはじめとする農業に関わる祭礼で行われるのであろうか。祭礼には暴れがつきもので、祭礼の非日常性を強調し場を盛り上げるために、大人の代わりに子供が大暴れするという見方もある。一方、聞き取り調査で農家の方からよく言われるのは、子供が暴れると作物が豊作になる。なぜなら、暴れる子供は暴風雨に耐えて強く生育する稲や作物を象徴しているのだというのである。同じような話しは、他の地域の御田植祭や初夏のノガミ祭、正月の寺院の除災行事の際にも聞き取ることができた。[12] そこからは、農耕儀礼に通底する子供に対する心意が読み取れるのである。

(12)　川西町保田六県神社子出来オンダ祭や橿原市地黄のノガミ祭でも同様の話を聞き取ることができた。

5　おわりに

伝統的な祭礼や儀礼といった無形の民俗文化財は、物質的な形としては存在しないものである。一旦失われてしまうと、その存在は跡形もなく消え去ってしまうのである。現在、無形民俗文化財の伝承基盤となる農山村の少子高齢化と人口減少は年々進行し、無形民俗文化財の伝承は限界の局面を迎えているといっても過言ではない。一研究者としてできることは、このような無形の文化財の重要性を内外に向けて発信することや、記録を保存することしかないのである。[13] 今こそ、国民共有の財産として、無形の民俗文化財の保存について取り組むべき方策を論議するべき時が来ていると言えるのである。

(13)　武藤康弘『映像で見る奈良まつり歳時記』(ナカニシヤ出版、二〇一一年)参照。

奈良小景

過去の時間

西谷地晴美

人々は過去をどのような時間として理解してきたのか。過去の時間認識の世界を少し覗いてみよう。

奈良時代の学制改革を経て、首都に設けられた古代の大学が、最高学府として最盛期を迎えるのは平安時代初期のことである。当時の大学には、紀伝道（史学と文学）・明経道（儒教古典）・明法道（法律）・算道の四学科があり、紀伝道の史学教科書は三史であった。三史とは『史記』『漢書』『後漢書』のことで、言わずと知れた中国古代の歴史書である。『日本書紀』や『続日本紀』という正式な国史が編纂されていたのに、大学の紀伝道では中国の古代史を勉強しているのである。

当時の歴史学を（あるいは歴史学という学問そのものを）技能や手法の問題に還元して怪しまないのであれば、紀伝道の教科書が先進国中国で編纂された三史であったことは、それほど不思議なことではないのかもしれない。しかし一二世紀に大学が退転してしまうまで、『日本書紀』や『続日本紀』などの国史が紀伝道の教科書になることは一切なかった。日本古代の歴史学は、自国の古代史には大した関心を示すことなく、中国古代史（古代世界史）を徹底的に学ぶ学問であったということになる。日本古代において過去の時間認識はどうなっていたのだろうか。

太安万侶の手になるとされる『古事記』の序文に、「上古の時、言意並びに朴にして、文を敷き句を構ふること、字におきてすなはち難し」という著名な一文がある。「上古の日本語の文章詞句を漢字で表記することは甚だむずかしい」という意味である（岩波文庫『古事記』解説）。『古事記』の「古」と序文の「上古」は、この場合はほぼ同義であり、言語を基準にした上古が『古事記』の担った時間ということになる。これは、『古事記』が成立した奈良時代初頭において、『古事記』に採録された天地開闢から推古天皇までの時期を上古と認識する考え方が、様々な過去認識の一つとして存在したことを示している。

では、上古とはどういう時間だったのか。これは中古という言葉と比較するとよく理解できると思う。今でも中古品は使うが、上古品を使う人はいないし、そもそもそういう言葉はない。現代において、上古は使うという観念と切り離されているわけだが、この点はどの時代においても同様である。

日本の古代や中世において、過去は上古と中古に区分するのが一般的であった。中古は「近代」（現代とほぼ同義）に連続する時間で、いわば先例の時代である。上古は中古に連続せず、中古以降から何らかの意味で切り離された時間である。「近代」からみて、戻りようのない時代、それが上古という時間の特徴である。しかし上古といえども死んだ過去ではない。それどころか時には、「近代」がどうあるべきかを示すもう一つのモデルがそこにあるのだとみなされる場合もあった。ただしその際、上古と中古の区切りをどこに入れるのかは、その時々の基準で左右されてきたのである。

上古がこのような時間として認識されていたとすると、上古を自国の範囲に縛り付ける必要はないということになる。上古の事例として『日本書紀』に中国古代の聖王の記事がしばしば登場するのは、このためである。中国古代の三史が日本古代の大学の教科書となったのも、当時におけるこのような過去の時間認識が大きく影響していると思われる。上古の時間は自国外にも広がるが、中古の時間は自国内で閉じていたのである。

このように過去の時間は、近い過去（中古）と遠い過去（上古）という少なくとも二つの過去に分かれていた。この二つの過去をうまく使い分けながら、その時々の現在（近代）は、前にすすんできたのである。それは、二一世紀の現代にも当てはまるのではないか。社会変化と過去の時間認識の関係がどうなっているのか、社会とその過去の時間はどのように調和しているのか、人々は「歴史」に何を求めてきたのか、課題とすべき問いがそこにある。

第4部

非日常の空間

社寺曼荼羅を見る／歩む

加須屋誠

1　興福寺へ

心地よい揺れに身をまかせているうちにうたた寝、終着を告げる車内のアナウンスで目を覚まし、急いで電車を降りる――改札を抜け、エスカレーターで地上へでれば、そこは近鉄奈良駅の行基菩薩の噴水前だ。右手に続く東向商店通のアーケードを南下。南都銀行本店を左に折れて少し歩くと猿沢池。短い坂道を進み石段を登れば、広い興福寺境内の正面へとたどり着く。

「興福寺。南都七大寺の中で最も密接に奈良の街とつながりを持ちながら発展した寺。和銅三（七一〇）年藤原不比等が飛鳥から平城京へ前身の厩坂寺を移転したもので、藤原氏の氏寺として、藤原一族の隆盛とともに寺勢を拡大しました。最盛時には数多くの堂塔僧坊が立ち並んでいたといいます。また、神仏習合の影響をうけ、春日社と一体化し、時には僧兵をしたがえて朝廷へ強訴に及ぶこともありました。治承四（一一八〇）年南都焼打ちの際に、ほとんどの堂が焼失、すぐに再建されました。その後、現在まで焼失と再建をくりかえした東金堂・北円堂・南円堂・五重塔などが広い境内に建ち並び、国宝館には天平時代や鎌倉時代の仏教彫刻が数多く陳列されています。」[1]

観光ガイドの一文に軽く目を通す。そして見上げれば、私たちの右手に五重塔がそびえ立つ。天平二（七三〇）年光明皇后（七〇一―七六〇）が建立した塔である。その後度々焼失し、現在の塔は応永三三（一四二六）年頃再建されたもの。現存する寺院の塔としては、日本で二番目に高い。[2] その横に並ぶ東金堂は、神亀三（七二六）年に聖武天皇（七〇一―七五六）が叔母の元正太上天皇（六八〇―七四八）の病気平癒を願って建立。こちらも数度の火災を経たのち応永二二（一四一五）年に再建された。私たちの正面に位置する中金堂は現在、建設中である。工事用のフェンスに囲まれている。享保二（一七一七）年に焼失し、長いあいだ仮堂のままであったが、老朽化が進んだため平成十二（二〇〇〇）年にこれを解体。興福寺創建一三〇〇年にあたる平成二二（二〇一〇）年の完成に向けて再建工事が進められているところである。さらに左手には西国三十三所第九番札所の南円堂、遠くには北円堂の屋根がわずかに見える――ここまでが今、私たちが実際に目にすることができ

（1）（社）奈良市観光協会HP（http://narashikanko.jp）より。一部文章を改めた。このページには奈良市携帯サイト（http://www.city.nara.nara.jp）からもアクセスできるので、市内を散策しながら閲覧するのにも便利。

（2）高さ約五〇メートル。ちなみに最も高い塔は京都・東寺（教王護国寺）五重塔で高さ約五五メートル。

る興福寺境内の様子だ。

目を閉じる——堂塔が作られては壊され、壊されては作り直されてきた興福寺の歴史をしのびつつ、そして、ゆっくりと目を開いてみよう。今からここで私たちは、いにしえの興福寺の景観を幻視してみよう。その具体的なイメージを想起するために、〝社寺曼荼羅〟を参照しよう。曼荼羅とは宇宙を描く絵画のこと、そして、社寺曼荼羅とは寺院や神社を宇宙に見立て境内の神聖さを示した絵画のことだ。興福寺の境内は、奈良国立博物館蔵「春日社寺曼荼羅」(口絵1、写真1)に描かれている。

写真1　春日社寺曼荼羅(部分/興福寺、奈良国立博物館所蔵)

画面の一番下が猿沢池。池前から北上すると、寺の正面・南大門にまず至る。いま私たちが立っているのは、かつてこの大きな門が建っていた場所である。門をくぐると、続いてもう一つ中門があり、そして目前に廻廊に囲まれた中金堂があらわれる。いずれも実際には失われた建物群であるが、私たちはその壮大な伽藍の様子に意識を向かわせ

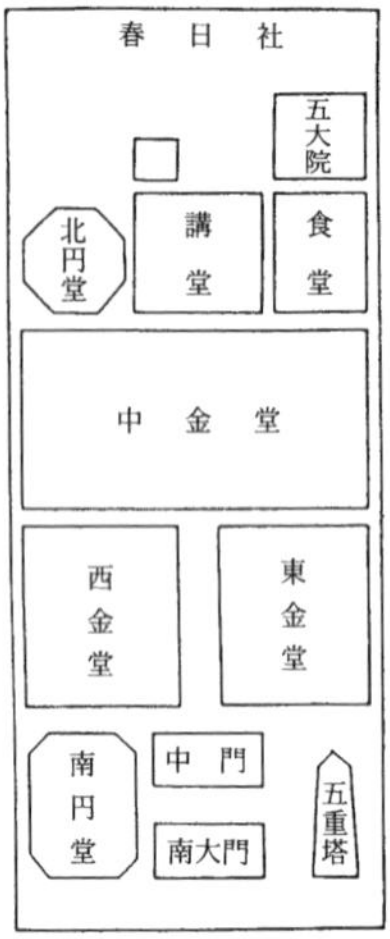

図1　春日社寺曼荼羅
（堂舎配置図）

る。中金堂うしろの講堂の両側には細長い建築の東西室、その向かって右（東）側にあるのは食堂と大炊殿、左（西）側には西金堂などがみえる。これらも今はなき建造物だ。しかし、諸堂が甍を並べていた往時の興福寺境内の景観が、曼荼羅を介して、徐々にはっきりとまぶたの裏に浮かんではこないだろうか。

幻視された堂舎が建ち並ぶ境内に、人影は浮かばない。いにしえの興福寺と今の興福寺とが大きく違うのは、観光客が一人もいないこと。境内は清寂に包まれている。そこは人のためではなく、仏のための空間であったからなのだろう。厳格な構図で興福寺境内を示した奈良国立博物館蔵「春日社寺曼荼羅」は、その場の静けさを印象づける。さらに境内が仏の住まう場所であることを端的に示しているのは、京都国立博物館蔵「興福寺曼荼羅」（口絵2）である。この作品は興福寺の境内を建造物ではなく、それぞれの堂舎に奉られた仏像を抜き出して描いている。奈良国立博物館本に描かれた堂舎にいかなる仏像が安置されていたのかを、京都国立博物館本からうかがい知ることができる。

幻想のさなかとはいえ、京都国立博物館本に描かれたあまたの仏像を安置する堂舎すべてを見てまわる時間のゆとり（紙面のゆとり）はなさそうだ。急いで、そのうちの一つ西金堂に足を（目を）向けてみよう。西金堂は天平六（七三四）年光明皇后が母の橘三千代（六六五？—七三三）の冥福を祈るため建立された。治承四（一一八〇）年南都焼打ちの際に

写真２　興福寺曼荼羅（部分／西金堂、京都国立博物館所蔵）

焼失したのち、すぐに再建。しかし、中金堂や南大門などと時を同じく享保二（一七一七）年ここも再度焼失。その堂内にはかつて釈迦如来坐像を中心にして三〇体以上もの像が置かれていたことが、まずは京都国立博物館本の画面より見て取れる。

さらに精神を集中し、目を凝らして画面をみつめる（写真２）――向かって左上方には、三面六臂の阿修羅像の上半身が描かれている。その前には釈迦十大弟子の姿もみえる。これらは光明皇后による天平期の創建時の仏たち。現存しており、いまは昭和三四（一九五九）年建立の鉄筋コンクリート造り耐火式の興福寺国宝館に陳列されている。また手前の金剛力士像二体も国宝館に安置。筋骨隆々としたみごとな力士像で、これは鎌倉時代再興期に定慶が制作した。この堂の本尊・釈迦如来像もまた創建期の像は失われてしまったが、鎌倉時代に制作された再建像の頭部のみが現存し、国宝館に飾られている。この頭部の制作者は、この時代を代表する仏師・運慶であった可能性が高い。こうした新旧の仏像がところ狭しと林立する堂内は、さぞや壮観であったに違いない。(3)

夢から醒めるかのごとく、ふと気がつくと私たちは観光客あるいは工事の喧噪を避けて、興福寺の境内のはずれまで実際に歩みを進めていた。目の前には、ここにかつて西金堂が建てられていたことを示す石碑が一つのこるばかり（写真3）。西金堂は江戸時代焼失後いまに至るまで再建されることはなかった。石碑の前に静かにたたずみながら、いまは国宝館に安息の場所を得た仏たちがかつて奉られていた堂舎のことを想起しよう。そして奈良国立博物館本や京都国立博物館本などの社寺曼荼羅の仮想空間をあらためてふりかってみよう。そうした幻視を介して、私たちは創造と破壊が繰り返された興福寺の歴史に思いを巡らす。

古代から中世・近世そして近現代へ――奈良という場所は時間的なイメージを重ね合わせて眺めたとき、その奥行きが広がり、光り輝いてみえるように思われる。歴史は直線的に進化しない。奈良においては折り重なって、それは深まる。

社寺曼荼羅をみながらの私たちの奈良散策は、まだ始まったばかり。先へ進もう。

（3） ほかにも、かつて西金堂に置かれていた華原磬や天燈鬼・龍燈鬼像が国宝館に安置。薬王・薬上菩薩像や梵天・帝釈天像等も現存し、それぞれ他所にて保管されている。『興福寺曼荼羅図』（京都国立博物館、一九九五年）参照。

写真3　興福寺西金堂跡

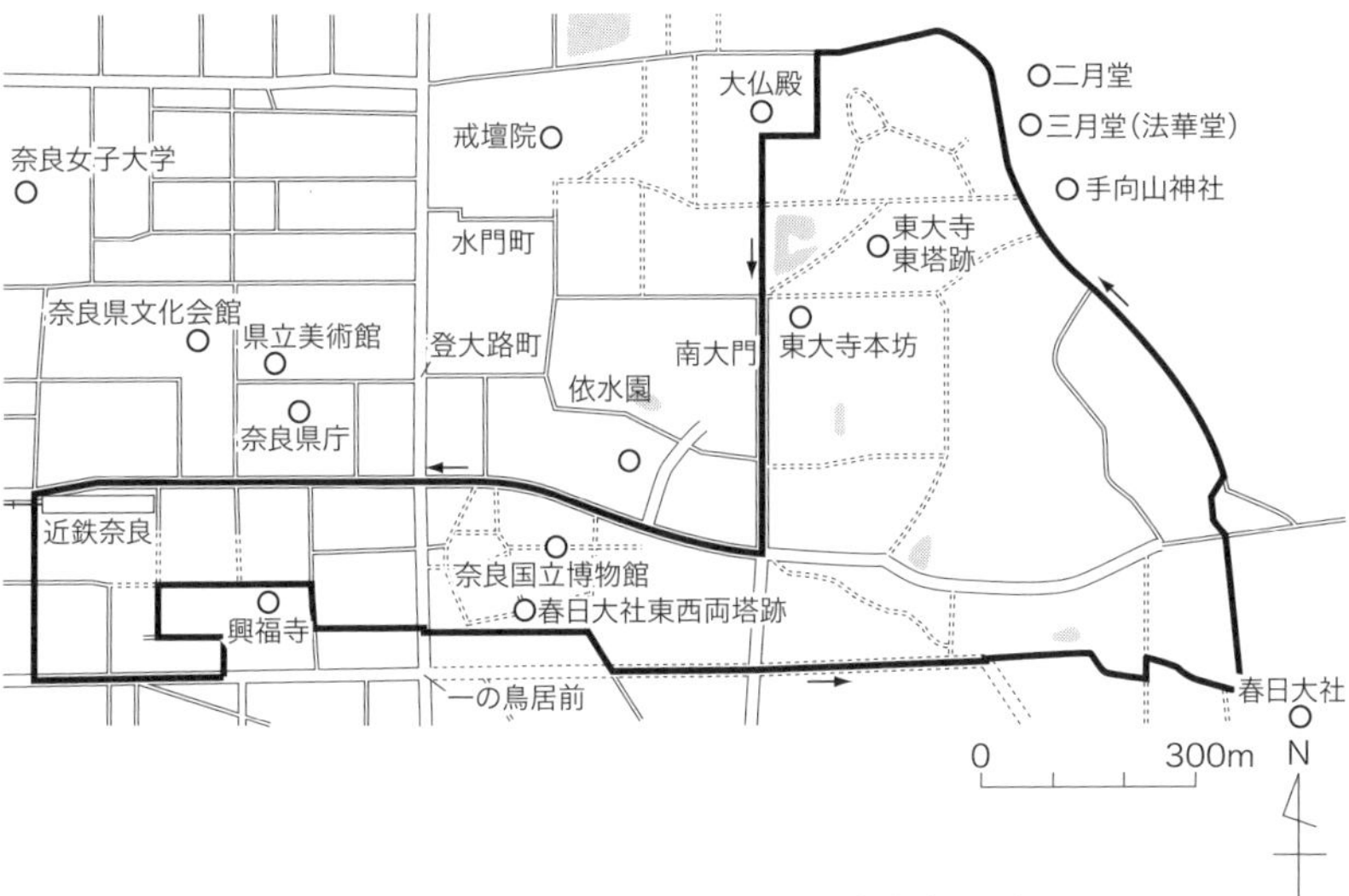

奈良市内地図(興福寺〜春日大社〜東大寺周辺)

2 春日大社へ

五重塔と東金堂の間の道を抜け、興福寺の境内を東へと進むと、車が多く行き来する道路に行き当たる。横断歩道を渡ろうと信号待ちをしていると、朱塗りの大鳥居が目に入った。春日大社の一の鳥居である。

「春日大社。和銅三（七一〇）年藤原不比等が平城遷都の際、藤原氏の氏神を祀ったのが起源とされます。神護景雲二（七六八）年今の地に社殿を造営。興福寺と同様、藤原氏が勢力を伸ばすにつれ盛んに社殿の造営が行われ、平安後期に現在のような規模を整えました。皇族や貴族の春日詣もさかんとなり、また中世以降になると武家や庶民にも信仰がひろまり、全国各地に御分社がつくられました。毎年二月節分の日と八月一四・一五日にすべての燈籠に火を入れる〝万燈籠〟の行事が行なわれ、その幻想的な美しさに惹かれ、多くの参拝客が訪れます。」(4)

観光ガイドに目を通しているうちに信号は青に変わり、さらに進む。奈良国立博物館本館がみえてきた。明治二七（一八九四）年竣工の堂々たる煉瓦造の洋風建築である。その建物の手前に柵でくくられた区画があり、なかに礎石が点在している（写真4）。静かな一画で、いまはもう誰も立ち止まる者さえいないが、案内板には次のように記されていた。

（4）註1に同じ。

写真4　春日東西両塔跡

「春日東西両塔跡。春日大社の一の鳥居を入った参道の左側（現在の奈良国立博物館構内）東西に並ぶ二基の塔跡。神仏習合思想に基づいて神社にも仏教の塔を建立した代表的遺構です。西塔は永久四（一一一六）年関白藤原忠実により造営され、東塔は保延六（一一四〇）年鳥羽上皇の本願により建立されました。そのため西塔は「殿下の御塔」、東塔は「院の御塔」と称されていました。ところが治承四（一一八〇）年平重衡の南都焼討にあって焼失し、相次いで再建されたものの、応永一八（一四一一）年雷火にあって再び焼失。その後は再建されることなく今日におよんでいます。(5)」

あらためて目を閉じる——そして、ゆっくりと目を開ける。そのとき、奈良国立博物館蔵「春日宮曼荼羅」（写真5）を心中でイメージしてみよう。

画面の一番下中央にみえるのが一の鳥居だ。さきほど信号待ちの間、実物を目にしたところ。画面向かって左寄りに廻廊を供えた西塔が描かれている。その奥に上部二層ばかりをのぞかせているのが東塔である。両塔は昭和四〇（一九六五）年に発掘調査がなされ、その結果高さは五〇メートルほど、初層一辺の長さは約八・五メートルであることが判明した。その規

（5）奈良国立博物館による案内板より。一部文章を改めた。

模は現存する興福寺五重塔とほぼ同じ大きさであり、この絵に描かれた塔は実際の規模を写したものとみなされる。

奈良国立博物館本の画面において、さらに上方にまなざし（歩み）を進めてみよう。一の鳥居から続く参道をまっすぐに行くと、春日大社の社殿に到着する。現在の春日大社本社本殿は文久三（一八六三）年造営された。描かれているのはそれ以前、中世にさかのぼる神社のたたずまいである。今も昔も社殿の周囲はうっそうとした森に囲まれている。緑深き神の領域である。そして社殿の背後には御蓋山。春日奥山の上にはいままさに満月が浮かび上がったところだ。月の光が社殿から東西塔までの広い場を神秘的に照らし出している。(6)

東京国立博物館蔵「春日本地仏曼荼羅」（写真6）は、この月光の神秘さに魅せられた絵画である。山上の月を画面いっぱいに描き出し、そこに仏のイメージにを借りて春日の神々を描き出している。(7)神仏習合思想のあらわれである。さらにもう一つ奈良国立博物館蔵「春

写真5　春日宮曼荼羅（奈良国立博物館所蔵　室町時代15～16世紀）

（6）さきにみた奈良国立博物館蔵「春日社寺曼荼羅」（口絵1）では興福寺境内まで月光が差し込んでいた。ただし、この作品では興福寺（南北軸）、春日大社（東西軸）とが重ね合わされているため画面に捻れが生じており、現実の方角とは一致していない。

（7）描かれているのは春日第一殿（釈迦如来、不空羂索観音）、第二殿（薬師如来）、第三殿（地蔵菩薩）、第四殿（十一面観音）、若宮（文殊菩薩）の五神六体の尊像。

写真７　春日鹿曼荼羅
（奈良国立博物館所蔵　鎌倉時代14世紀）

写真６　春日本地仏曼荼羅
（東京国立博物館所蔵 Image: TNM Image Archives Source: http://TnmArchives.jp/　鎌倉時代13世紀）

日鹿曼荼羅」（写真7）にも注目したい。春日の神の使いである神鹿の鞍上に立てられた榊に神々は顕現し、月が背後からその姿を照らし出す。神鹿自身も雲に乗り、一の鳥居と春日奥山の間にいままさに飛来した場面を描く(8)。

緑なす森や山並み、そこに建てられた塔や社殿、そして聖なる鹿が春日大社を象徴するイメージであった。現存する曼荼羅をいくつか重ねて参考とすることで、歴史に彩られたこの神域の美しさを幻視する確かなまなざしを、私たちは獲得できる。

3　東大寺へ

春日大社を拝したのち、私たちは若草山の西麓を通過し北へと歩みを進める。途中の手《た》向山《むけやま》神社は、天平勝宝元（七四九）年東大寺造営の際に九州の宇佐八幡より勧請された由緒あるやしろ。もとは東大寺八幡宮の名で尊崇されていたが、明治期の神仏分離で手向山神社と名前を代えて今にいたる。さらに行けば、不空羂索観音像や伝日光月光菩薩像など優れた天平期の仏像多数を今に伝える東大寺三月堂（法華堂）、そして石段を上ると二月堂へと到着する。ここからは、眼下に奈良の街が一望できる（写真8）。

目を閉じて休息――まぶたの裏に東大寺蔵「二月堂曼荼羅」（写真9）を思い描いてみれば、いま私たちがいる懸崖作りの二月堂を中心に、画面下方には閼伽井屋と遠敷社、上方には白雲に乗って飛来した十一面観音のイメージが浮かんでくる。二月堂の本尊は十一面観音。この本尊は絶対秘仏で、だれも実際に拝見した者はいない(9)。この十一面観音に対し

（8）　ほかに細見美術館蔵「金銅春日神鹿御正体」（神鹿を立体化して表現した工芸作品）などがある。伝興福寺旧蔵。

写真8　二月堂より奈良市内遠望
（中央左に大仏殿屋根がみえる）

（9）　二月堂は寛文七（一六六七）年火災に遭い、その際に本尊光背は破損して堂外に出された。この光背の素材形状から判断して、本尊は奈良時代作の金銅像と推測されている。

写真10　東大寺縁起（東大寺所蔵　鎌倉時代14世紀）

写真9　二月堂曼荼羅
（東大寺所蔵　室町時代15～16世紀）

て悔過《けか》を行うことにより、天下安穏、五穀成熟、万民豊楽を祈願する法会が「お水取り」。今日では関西に春の到来を告げる年中行事として親しまれている。

ゆるやかな坂道を下り、いよいよ今回の旅の終着点、東大寺大仏殿へと至った。正面の長さ五七メートル、側面五〇メートル、高さ四七メートル、世界最大の木造建築である。(10)その雄大さに圧倒されながら、今日最後の幻視へと入っていこう。思い描くのは東大寺蔵「東大寺縁起」第二幅（写真10）である。(11)

画面最上段には、私たちがさきほど通過してきた手向山神社～二月堂～三月堂のたたずまいが描かれている。その下にあるのは講堂。現在、講堂は失われ、礎石をのこすのみとなっている。そして中央に位置しているのが大仏殿だ。廻廊に囲まれた中心には金銅八角灯籠が大きく描かれ、左右には東西の七重塔がこれも大きく描かれている。奈良時代作の灯籠は現存するが、七重塔は焼失。塔の先端を飾った相輪のみ復元され、もと東塔があった付近に置かれている。(12)いまはこの絵画より、未だ堂舎がそろっていた往時をしのぶ。

大仏殿の廻廊の内外に人影がみえる。これは先にみた奈良国立博物館本「春日社寺曼荼羅」などとは大いに異なる。興福寺の境内あるいは春日大社は神仏の領域であることを示すため、そこに人の姿は描かれていなかった。「東大寺縁起」中の大仏殿前に多くの人々が参集しているのには理由がある。中央に舞台がしつらえられていることからみて、この場面は天平勝宝四（七五二）年四月九日の大仏開眼供養の儀礼の場をとらえたものと理解される。法会に集まった大勢のなか、目を凝らせば大仏殿堂内に、聖武天皇の姿が小さく描かれているのが見出せる。

ところが、ここで不思議なのは、廻廊の外でこの儀礼を守護警備する者たちの装備であ

(10) 創建当初は現在よりもさらに大きく正面約八六メートルであったと推定されている。

(11) 本作品の第一幅には良弁、行基、実忠、鑑真、聖武天皇、光明皇后など東大寺ゆかりの人物にまつわる説話が多数描かれる。東大寺末寺の眉間寺旧蔵。

(12) この相輪は昭和四五（一九七〇）年万国博覧会に出展、博覧会終了後ここに移築された。

る。彼らは身に甲冑をまとっている。それは奈良時代ではなく鎌倉時代の武士たちのいでたちなのである。本作品を描いた絵師は画中の人物の姿についてうっかり思い違いをしてしまったのだろうか。あるいは、この絵師は過去を正しく想起して描くといった歴史意識がそもそも欠如していたのか。

いや、そうではあるまい。実はこの場面は古代の大仏開眼供養の場面であるとともに、また中世の東大寺再建の法会の場面も示しているのだ。南都焼打ちで大仏および大仏殿などが壊滅的な打撃を受けた東大寺は、復興のため大勧進職に就いた重源上人（一一二一—一二〇六）の尽力で、見事に再建をはたした。[13] これを祝う東大寺落慶供養の法会は建久六（一一九五）年三月一二日に催された。そこには後鳥羽天皇（一一八〇—一二三九）、源頼朝（一一四七—一一九九）らが臨席したことが知られている。本作品を描いた絵師は過去についてしっかりとした歴史認識をもち、それに基づいて創建時と再建時の二大法会を一つの画面にダブル・イメージ化し重ね合わせて、幻想的な場の風景を構築したと推察されるのである。[14]

幻視から醒めると、あたりには修学旅行できた子どもたちの喚声が響いていた。ここは東大寺大仏殿のなか。大仏の勇姿を仰ぎつつ、あらためて観光ガイドに目を通してみよう。

「東大寺。大仏で知られる奈良時代の代表的な寺院で大仏殿は世界最大の木造建築物です。天平一五（七四三）年に聖武天皇が大仏建立の勅願を発令し、その大仏を安置する寺として国力を挙げて造営されました。都が長岡へ移ったあとも歴代天皇の手厚い保護を受けて、興福寺とともに栄華を誇りました。しかし、治承四（一一八〇）

(13) 少なからずある重源上人に関する書籍のうち『大勧進重源』特別展図録（奈良国立博物館、二〇〇六年）は、遺物よりその業績を照らし出す優れた参考書。一般書店では購入できないが、奈良国立博物館ミュージアム・ショップにて販売。

(14) 同様に、創建時と再建時の東大寺大仏殿における法会を重ねてイメージ化した絵画として、家原寺蔵「行基菩薩行状絵伝」第三幅がある。本作品の第一幅には奈良時代の行基の前世譚（漢の高祖の伝記）、第二三幅にその生涯が描かれる。鎌倉時代（一四世紀）作。

年平重衡の軍勢によって大仏殿をはじめ伽藍の大半を焼失しました。重源上人によって再興されましたが、永禄一〇（一五六七）年の三好・松永の乱でわずかな建物を残して再度焼失してしまいます。現在の伽藍の多くはその後、江戸時代に再興されたものです。[15]」

いま私たちがいるのは、聖武天皇による創建時の堂舎でも、重源上人による再興時の建物でもない。戦国時代、大仏殿は三好・松永の乱でもう一度失なわれた。しばらく仮堂で覆われていた大仏だが、慶長一五（一六一〇）年にその仮堂も暴風で倒壊、それから大仏は露座のまま日々を過ごしていたという。雨に濡れる大仏をみかねた公慶上人（一六四八―一七〇五）が再々建の道を歩み出す。力を尽くして元禄五（一六九二）年まず大仏の修復を完成。続いて大仏殿の建造に着手したが困難を極め、ようやくその落慶供養が営まれたのは宝永六（一七〇九）年三月二一日のこと。このとき、すでに公慶上人は寂したのちであった。[16]

奈良時代の聖武天皇、鎌倉時代の重源上人そして江戸時代の公慶上人――各時代の篤き信仰者の思いが、いま私たちのいる大仏殿を築き上げてきたことに、私たち自身の思いを重ねてみよう。大仏殿にかぎらず、奈良という土地はいずこも歴史の堆積によってできあがっている。遠い古代と現代とが直線的につながっているのではない。寺院の堂塔は作られては壊され、壊されてはまた作られる、行きつ戻りつする時の積み重ねこそが奈良の歴史にほかならない。

文化の重層性に思いを巡らすこと――現在の奈良を旅しながら、古代を幻視するための

（15）註1に同じ。

（16）今日あまり知られていない公慶上人の業績を紹介する『東大寺公慶上人』特別展図録（奈良国立博物館、二〇〇六年）は優れた参考書。奈良国立博物館ミュージアム・ショップにて販売。

装置として、中世に生み出された社寺曼荼羅は実に有用であり、それは私たちのまなざしを惹きつけてやまない。社寺曼荼羅を見る／歩むことによって、現実の奈良がなお一層の歴史の厚みをもって感じられることになれば、幸いである。

奈良小景

さまざまな客人とリピーターとしての私

八木秀夫

奈良の大学に勤めていると、さまざまな客人に奈良を案内する機会が多くなる。日本人や外国人、男性や女性、高齢者や若者など、国籍、性別、世代が異なり、好みも千差万別である。あるものは日本の歴史に、あるものは日本人の生活習慣に関心を持っている。雑踏を好むものもいれば、静寂な環境を好むものもいる。そのような様々な客人を迎えて、奈良の町や寺院を案内することになる。これまで、客人の好みや旅の日程にあわせて法隆寺・中宮寺、薬師寺・唐招提寺、長谷寺、室生寺などいろいろなところを案内してきた。

その際、重要なことは客人だけでなく、案内する私自身も楽しめることである。案内する本人が楽しめないようでは、案内される客人が満足するはずがない。案内するものと案内されるものがともに満足するなかで旅の最大な楽しみの一つである友人知人同士のさらには見知らぬ他者との豊かなコミュニケーションの機会も生まれてくる。しかも、案内する私はいわば奈良観光のリピーターのような存在である。多様な好みをもつ客人とリピーターとしての案内者の両方を楽しませてくれるような空間や行事、私は観光社会学の専門家ではないが、それを備えていることが多くの観光客をひきつける優れた観光地の条件ではないかと考える。

そのようなさまざまな要求に応えてくれるところの一つが東大寺・興福寺を中心とした奈良公園周辺である。とりわけ奈良県庁前をスタートして大仏殿から二月堂にかけて散策し再度奈良県庁に戻るコースは様々な客人の多様な好みを満足させる最良なコースの一つではないかと思う。

奈良県庁前、あるいはその少し手前の近鉄奈良駅から広い登大路の北側を東大寺の方向に向かって歩き始める。興福寺の五重塔を右手に見ながら歩くこの付近では開放された空間のなかで近代的なものと古い伝統が程良く調和した落ち着いた奈良の町を味わうことができる。県庁東の交差点の地下道を渡るとその景色は一変する。道路巾はせばまり観光客の数も増えそこから国立博物館の前を通り大仏殿前の交差点までは観光地としての奈良のムードを徐々に高める区間である。その交差点から大仏殿まではまさしく門前町としての賑わいの空間であり、日本の観光地や観光客の様子を知ることのできる絶好の機会である。修学旅行生の団体、外国人観光客、若いカップル、親子連れなど様々な観光客をシカと一緒に観察できる。日本人や日本社会に興味のある外国人はここで目を輝かせる。もしも客人が西欧人であれば、奈良における外国人観光客の実態を調査している小学生や中学生のグループから英語でインタビューを受けるかも知れない。

大仏殿そのものは、案内者である私には毎回のことであり、大仏自体は見慣れたものである。しかし例の柱の穴の近辺では、こどもたちに穴をくぐらせている親子連れや、小学校の団体をほほえましくも興味深く観察することができる。

大仏殿から二月堂への静かな参道は仏像や建物に興味を示さず雑踏を好まない客人に満足してもらえる。ここでは森林浴の気分でゆっくり歩きながら客人と会話を楽しむことができる。東大寺はここでは南大門から大仏殿までとはまったく異なる空間を提供している。私は日本人の友人と二月堂の近くの階段に腰を掛けて長いこと話し込んでいた経験がある。その友人とばかりでなく私は多くの客人とこの静かな環境のなかで会話を楽しんできた。また、二月堂の欄干から見下ろす奈良の町の美しさにはほとんどの客人たちが感動する。

二月堂からの帰りの道もまた、それまでとは違った東大寺と奈良の姿を見せてくれる。正倉院の方角に下る閑静な道では二月堂を描く画家に出会うこともある。ここはそんな景色が似合う空間である。坂道を下ったところから奈良県庁までの戻り道はその時々の時間的・身体的条件に合わせて適当なコースを選ぶことができる。奈良の民家の街並みの一端を味わうのも選択肢のひとつである。

奈良県庁前に戻れば休憩を兼ねた食事やお茶が待っている。和食はもちろんのこと、洒落たレストランでサンドイッチと紅茶を楽しむこともできる。最後にお土産好きの客人は東向商店街に連れて行くことができる。さまざまに工夫を凝らした奈良や日本のみやげ物や美術品・骨董品は客人だけでなくリピーターである私も十分に楽しむことができる。

客人も案内する私もその時々に十分に満足させてくれる空間がある、それは奈良に勤務する私の喜びのひとつである。

なら町の町並み

レジャーランドと奈良

内田忠賢

1　はじめに

奈良は、日本を代表する観光地である。奈良市街に限っても、東大寺、春日大社、興福寺など世界遺産に登録される文化財が目白押し。奈良盆地とその周辺は、古代から綿々と続く歴史遺産の宝庫である。ただし、本書が主唱する「なら学」は、古代を特別視しない。中世以降の奈良も、ひじょうに重要であり、研究上も興味深く、古代史の陰に隠れがちな地域の歴史を再評価するという視点。本章では、近現代・奈良のレジャー空間、しかも、神社仏閣とは無関係な行楽地、観光施設を、その社会的な背景から紹介しよう。

2　関西における奈良の役割

関西の四都市域、大阪、京都、神戸、奈良には、それぞれの役割、イメージが与えられている。たとえば、大阪の「食いだおれ」、京都の「着だおれ」、神戸の「履きだおれ」、奈良の「寝だおれ」。奈良が「寝だおれ」と呼ばれる理由として、二つの俗説がある。一つ目。奈良には、有名寺社が数多くあり、参詣客が落とす収益で、住民は寝ていても儲かるという説である。二つ目。奈良の街の人々は早寝を心掛けたため、「寝だおれ」だったという説である。早起きをするための早寝。昔、家の前で鹿が死んでいないかを朝一番に確認する必要があったので早起きだった。神鹿が死んでいると、奈良奉行所に罰せられたという。ちなみに、万一、鹿が死んでいた場合、近所の人に見られぬよう隣家の前に死体をそっと移したという。奈良では今も、まことしやかに伝えられている話である。

さて、本題。鉄道線が大阪から生駒山系を越えた大正末年以降、奈良は「大阪の奥座敷」という役割を与えられた。大阪北郊の宝塚や有馬が与えられた役割と同じである。古い新聞や雑誌を調べると、「京阪神の床の間付きの奥座敷」と表現した記事も少なくない。「床の間付き」という奇妙な表現は、立派な神社仏閣が奈良に揃っていることを意味する。ともかく、大阪あるいは関西の大都市圏における、奈良の位置づけは「奥座敷」、郊外の行楽地、レジャー空間なのである。レジャー空間としての奈良としては、むろん、歴史ある数々の寺院、神社がもっとも重要である。参拝のため、物見遊山のため、膨大な行楽客を集めた。また、これら寺社に付随する各種アミューズメントもあろう。

3　レジャー空間としての奈良

ところで、高度経済成長期、明日香村をはじめ、古代を伝える歴史遺産の宝庫として奈良は再認識された。当時、電通が企画し、日本国有鉄道（現・JR）が推進したディスカバージャパン・キャンペーンが追い風となった。古代から続く施設がなくても、遺跡、遺構さえ確認されていなくても、古代、たとえば万葉集を想像できる風景があれば、「ほんものの日本」を示す観光地となった。奈良の田園風景が、日本文化の原風景であると主張された。

最初にも触れたように、中近世の奈良は、日本の歴史に重要な位置を占めた。だが、飛鳥、藤原、平城など、都があった古代に比べれば、地味かもしれない。したがって、他所ならば、観光の目玉になりうる中近世の歴史遺産も、奈良では目立たない。近代以降の施設ならば、なおさらである。商都・大阪、千年の都・京都、ハイカラな開港場・神戸には近現代の歴史遺産がいろいろある。それに比べ、奈良には何もないかのように語られやすい。全国区と呼ぶべき存在は、天理教とその諸施設、そして国立博物館と、女子高等師範学校（奈良女高師、現・奈良女子大学）のみとも言われた。女高師は、大阪・京都という候補地から、地元の熱心な誘致運動の結果、奈良が奪取した国立の高等教育機関である。女高師の所在地は、帝都東京と奈良だけである。

明治の初め、京都市議会では、次のように誓い合ったという。「都を東京に奪われた今、奈良のような、落ちぶれた古都にだけは、なるまい」と。その結果、近現代の奈良に与えられた役割が「奥座敷」である。本章では、数ある「奥座敷」の施設のうち、古都奈良とは無関係な、近現代を具現する、キッチュで世俗的な施設、レジャーランドを扱う。

4 レジャーランド開発史

さて、東京および関西の大都市圏において、郊外が積極的に開発された時期は大きくは二つ。明治末から昭和初期と、戦後の高度経済成長期である。

明治末から昭和初期に、鉄道、主に私鉄が郊外へ伸び、沿線開発に努めた。首都圏では、小田原急行鉄道（現・小田急電鉄）や京王帝都電鉄ほか、関西圏では、箕面有馬電気軌道（現・阪急電鉄）や大阪電気軌道（大軌、現・近畿日本鉄道）などの大手私鉄である。住宅地の開発と並行して、郊外をレジャー空間にした。通勤客が少ない平日の昼間や休日の乗降客の確保、大都市住民のレジャーに対する需要に応える沿線開発である。阪急グループの創始者、小林一三が手掛けた宝塚新温泉（明治四四年開業）が代表例とされる。小林による大成功が関西だけでなく、首都圏の沿線開発の動向に大きな影響を与えた。[1]

一方、高度経済成長期の郊外は、時代の勢いに流され、計画性の低い宅地開発や工業開発の対象となりがちだった。同時に、可処分所得を手にした庶民のニーズに応じた大衆娯楽を提供する場となった。次々と、大規模な遊園地やヘルスセンターが開業した。

奈良県内におけるレジャーランドの代表格は、菖蒲池遊園（あやめ池遊園地、大正一五

（1） 津金澤聰廣『宝塚戦略―小林一三の生活戦略』講談社現代新書、一九九一年。安野彰「遊園地・宝塚新温泉が形成した娯楽空間の史的理解」『市史研究紀要たからづか』第二〇号、二〇〇五年

（一九二六）～平成一六（二〇〇四）年）、生駒山上遊園（現・スカイランドいこま、昭和四（一九二九）年～現在）、奈良ドリームランド（昭和三六（一九六一）～平成一八（二〇〇六）年）の三施設である。前二者は私鉄が大正末から昭和初期に、後者は高度経済成長期に個性ある人物が開園させた。どれも、時代や地域の背景をよく反映した行楽地、代表的なレジャー空間である。

5　大軌によるレジャーランド開発(2)

大阪電気軌道（大軌）により、菖蒲池遊園（あやめ池遊園地）は大正一五年に、生駒山上遊園（生駒山上遊園地）は昭和四年に開園する。関西での開園は、阪神間の香櫨園（明治四〇年）、京阪間の香里園（明治四三年）や枚方遊園（大正元年）には遅れるものの、大軌経営の両遊園には、先行するレジャーランドをしのぐ特色があった。菖蒲池遊園は現在の東京ディズニーランドの敷地よりも広大だった（約五〇万㎡）。生駒山遊園は、標高六四二メートルの山頂部に約二七万㎡のレジャーランドを作る発想自体、画期的であった。ちなみに大軌が経営するレジャーランドとしては、他に一施設、大阪平野の西側、低い丘陵上に展開した玉手山遊園（明治四一年開園、三万㎡弱）があった。

［菖蒲池遊園］温泉場、劇場、食堂を併設し、先行するライバル、宝塚新劇場を意識した総合レジャーランドである。すぐ南に、開園を見越して、大軌「菖蒲池」駅が開業する（大

（2）大軌による遊園に関する事実は、近畿日本鉄道が出している多数の社史による。たとえば、近畿日本鉄道編『近畿日本鉄道50年のあゆみ』同社、一九六〇年。また、大軌が奈良で最初に作った行楽施設は、娯楽場を備えた円形大浴場「新温泉」である。大正一一年に登大路で開業した。

写真1　菖蒲池遊園
（昭和初期、『近畿日本鉄道80年の歩み』より転載）

正一二年）。開園時のキャッチコピーは「大宮人の行楽を、今に返さん、あやめ池」。遊園名どおり、あやめ、桜、つつじなど季節の花々が咲き乱れるレジャーランドである。名前は、当時、奈良女高師教授だった水木要太郎が、大軌の求めに応じて命名したという。昭和三年に大阪・奈良間に急行電車が走るようになると、遊園への行楽客は激増した。その十年後、あやめ池南園住宅地の分譲が始まった頃、菖蒲池駅付近には、旅館や歓楽街ができ、付近は盛り場の様相を呈したという。なお、戦中には、軍事色の強い「航空日本大展観」が開催され（昭和一五年）、飛行塔も建設された（昭和一八年）。

大人気の大菊人形展が開かれる催物館、菊花展などを常設する植物園（和洋花壇）、動物園（なかよし動物園）があった。戦後、一三〇〇人の観客を収容する円形大劇場ではＯＳＫ日本歌劇団が公演を始め、松竹音楽学校（後の日本歌劇学校）が併設された。奈良の「宝塚」である。その他、園内には、遊具だけでなく、ボウリングセンター、レクリエーションプール、スポーツグランド、野外劇場、自然博物館、白川村の合掌造り民家、ロープウェイ、ローラーコースター、子どもの汽車などのアトラクションが設置された。

特筆すべきは、ＯＳＫの本拠地であったことである。阪神間モダニズムの代表格が宝塚歌劇ならば、大阪モダンの代表格はＯＳＫ。ＯＳＫのステージ、グランドレビュー「春のおどり」「秋のおどり」は、ナニワの風物詩とも言われた。大正一一（一九二二）年創立のＯＳＫは最初、松竹楽劇部として大阪道頓堀の松竹座で公演を始め（大正一二年）、その後、大阪千日前の大阪劇場（大劇）を本拠地に大阪松竹少女歌劇団として活動し（昭和九年）、昭和二五（一九五〇）年から菖蒲池遊園でも定期公演を開始した。六年後、劇団員を養成する松竹音楽学校が遊園内で開校した。昭和一六年から、ＯＳＫの経営母体は日本ドリーム観光（奈良ドリームランドの親会社）の前身、千土地興行であった。当時、千土地興行の社長、松尾国三が、懇意にしていた松竹社長、大谷竹次郎からＯＳＫの運営を引き継いだのである。そして戦後、昭和三二年、千土地興行から大軌が経営を引き継ぐ。そして、大阪劇場の閉館（昭和四二年）後、ＯＳＫは本拠地をあやめ池大劇場に移した。つまり、この遊園は、次に紹介する奈良ドリームランドと無縁ではない。

もうひとつ、菖蒲池遊園の特徴は、戦前、「あやめ新地」という花街や娯楽センターとして大軌が直営した大温泉場（昭和四年開業）が隣接したことだ。場所は、菖蒲池駅の南側。つまり、駅を挟んで、北側にはレジャーランド、南側には歓楽街が立地した。レジャー空間として、歓楽街が設定された点は重要である。

【生駒山上遊園】 生駒山上遊園は昭和初期に開園した。京阪神や奈良を見下ろす展望が圧巻。夏には百万ドル、一千万ドルと称される夜景を楽しめる「天上の楽園」である。

大軌は、奈良県側の中腹、標高約三百メートルにある宝山寺（生駒生天）から、山頂までケーブルカーを昭和四年に開通させた。すでにあった、山麓の鳥居前と宝山寺を結ぶ、日本初のケーブルカー（生駒鋼索線宝山寺一号線、大正三年開通）の延長線である。生駒山上遊園は

写真2　生駒山上遊園の飛行塔（昭和初期、『近畿日本鉄道80年の歩み』より転載）

子供、家族連れのレジャーを想定し、教育学習施設の色彩を強く打ち出していた。戦前は大飛行塔、航空道場、京都帝国大学天文台、観光ホテル、キャンプ場があった。戦後は、生駒天文博物館（昭和二六年）や宇宙科学館（昭和四四年）を新設した。他に、回転展望台、雲上リフト、プラネタリウム、野外劇場、山荘、ロッジ、バンガローが併設された。冬季には、アイススケート場も設けられた。なお、現在、駐車場となっている場所は、戦前、生駒山滑空場という臨時の飛行機の滑走路だった。「航空日本大展観」などの折りに、練習機が離着陸したという。また、昭和三三年の生駒山ドライブウェイが開通すると来園者が急増した。

一番有名なアトラクションは開園当時から稼働している大飛行塔である。[3] 高さ三〇《メートル》、直径二〇《メートル》、四方にアームを伸ばし四機の飛行機を吊して回転しながら上下する。戦時中はアーム、ロープ、エレベーターが外され、防空監視所として転用された。大軌が土井運動機製作所に発注したもので、設計は大林組、鉄骨部分の組み立ては松尾橋梁、塔の中央にあるエレベーターは日本エレベーターが製造するなど、当時の技術の粋を集めた。

先に生駒山上遊園は教育学習施設であるとしたが、レジャー空間としては、ケーブルカーでつながる宝山寺とその門前も一連のものと考えてよい。奈良県側の門前には土産物屋や食堂だけでなく、花街もあった。聖俗両面を兼ね備えていた点は、やはり見逃せない。

（3）この飛行塔については、『サライ』一九九一年一〇月号、『週刊新潮』二〇〇六年七月六日号に詳しい。

6 『昭和の興行師』松尾国三と『日本のディズニーランド』

終戦後から高度経済成長期には、叩き上げの実業家が多く輩出した。学歴や家柄ではなく、実力一本で成り上がった野心家たちである。その一人が、松尾国三（一八九九〜一九八四）。芸能、映画、キャバレーなどの経営で大成功した個性的なワンマン社長である。彼は己の興行理念から、昭和三六年、奈良ドリームランド（三九万㎡）を開園させた。このレジャーランドは、私鉄が経営する菖蒲池・生駒山上の両遊園とは雰囲気が異なったが、エンターテイメント性には優れていたと言う人は多い。開演前、松尾はこう発言している。

「この計画は約三年間考えたもので、技術家などをディズニー・ランド（筆者注、アメリカのDL）へ研究に行かしたりした。規模はあまりに大きすぎてもいけないので、ディズニー・ランドより少し大きいくらいだ。これ以上大きいと、一周するのにたいへんな時間がかかるからね。人口三百万しかいないロサンゼルスでも成り立っているディズニー・ランドが日本で成り立たないはずがない。アメリカでは観光客がくるのだから、日本のように観光客が多く、人口の多いところではもってこいだよ。この企画は結局、子供ばかりが見るものではなく、親が先立って連れて行き、子供に見せながら歴史を語って聞かせることができるような、教育的な意味も有る。だから、城を作り、城下町を作り、吉原を人形で再現することになっているんだ。見物するところは約三十ケ所、ディズニー・ランドよ

（4）「奈良の大仏を驚かせた松尾国三」『週刊公論』昭和三五年九月一三日号。開園時、松尾がパンフレットに寄せた紹介文は次のようなものだった。「ドリームランドは、我国学術・建築・技術・造園・産業各界権威者の優れたアイデアと研究により設計施工したもので、楽しく遊びながら科学や歴史、文化の実際を学ぶことを目的にした大規模な総合遊園地であります。その上、お家族だ

り設備は多く、内容もいい。ここは酒を許さぬ平和な町で、酒気のあるものはいれないことにしている。私を〝夢を売る男だ〟と言うが、人を喜ばせることが好きなんだ。いつでも人の教育ということを考えているんだな……」[4]

貧しい旅役者からスタートした松尾は戦前、裸一貫、「松尾興業」を旗揚げし、やがて松竹系の歌舞伎芝居による地方巡業を仕切り、財をなした。すでに二十代には、旅芝居の一座を連れて、アメリカ西海岸の日系地域を回った精力的な男である。戦後は、東京芝浦の「雅叙園ホテル」を起こし、大阪の「千日土地（後の千土地興行、その後、日本ドリーム観光）」を経営した。また、演劇・映画界の実力者であり、「立志伝の男」と呼ばれた。ヤクザとのつながりも深いと噂された。アクの強い実業家である。[5]

この人物が、古都奈良の北辺、法蓮佐保町の黒髪山、旧米軍キャンプ跡地に、子供に夢を売る一大遊園地を作った理由について、当時の記事は、次のような事情を伝える。[6]

当初、松尾は兵庫県芦屋市に「芦屋温泉会館」を作る計画だった。温泉、演芸場、遊園地がセットになったヘルスセンターである。モデルは、もう一人のワンマン社長、「昭和の怪物」丹沢善利が一九五五（昭和三〇）年に開業した千葉県の「船橋ヘルスセンター」[7]。

松尾は、まず阪神間の芦屋でヘルスセンターを計画した。しかし、「芦屋温泉会館」は風紀を乱すとして、芦屋市民、特に「芦屋の教育環境を守る会」の猛反対に会い、計画は中止を余儀なくされた。そこで、松尾はターゲットを奈良に変更する。一方、この経緯を知らなかったのか、奈良市は、松尾のレジャーランドを積極的に誘致した。歌人、前川佐美雄も、奈良の文化人の立場から「進駐軍のキャンプのあったところで、ある意味で開発したほうがよいでしょう」「鹿と仏像だけでは奈良はつぶれてしまう」と援護した。[8]

んらんの新しい遊園地であるばかりでなく、観光日本の全く新しい資源として外国観光客の興趣に応えるように不断の努力をしております。」

（5）　松尾はよほど個性的な実業家だったらしく、多くの人物批評が残されている。「立志伝の男　松尾国三」『週刊朝日』一九五七年四月七日号。「松尾国三という男」『サンデー毎日』一九六一年三月二六日号。「松尾国三という男性」『週刊サンケイ』一九六四年九月一四日号。「近親者も驚く雅叙園観光　松尾国三の強気一筋」『週刊サンケイ』一九七七年七月二八日号。「興行師・松尾国三さんの「けたはずれ人生」」『週刊新潮』一九八四年一月一九日号。

（6）　前掲註（4）

（7）　拙稿「高度経済成長期における「娯楽の殿堂」—東京大都市郊外の遊楽空間」成田孝三編『大都市圏研究（下巻）』大明堂、一九九八年

（8）　前掲註（4）、開園後、地元の評判は「奈良山は大伴家持ゆかりの土地、日本の心のふるさとにあんな不格好なものをつくって」と悪かったとも言う。「ランドづくり—子どもの夢・おとなのユメ」『朝日ジャーナル』一九六四年五月三日号。

7　奈良ドリームランドの役割

奈良ドリームランドは、アメリカのディズニーランド（ＤＬ）を忠実に模倣しただけでなく、ある意味、無節操なアトラクションも併設した。[9] 忠実な模倣とは、「幻想の国」「未来の国」「冒険の国」「過去の国」というテーマによるエリア区分である。無節操なアトラクションとは、「奈良最大のヘルスセンター」ドリームセンター、そこに併設した「春日大社神職」が奉仕する和式結婚式場、「学問・教育の祖神、開運・商売繁盛・交通安全の神」ドリームランド天満宮、そして貸運動場や貸野外劇場などである。「過去の国」のエリアには「アイヌ部落」「安芸の宮島」「薩摩屋敷」があった。昭和三七年の記録を見ると、開園一周年を記念する「夢のカーニバル」には、サムライの仮装行列が登場する。翌年以降の「夢のカーニバル」では、インディアン、カウボーイ、フラダンスが登場し、さらに「西南の役」「アイヌ実演」が加わった。松尾の「ディズニーランドのマネばかりではケタクソ悪い」という主張を具現化した。古都奈良に不似合いのドリームランドだが、計画時に地元から反対は出なかったという。当時の奈良市長、高椋正

写真３　奈良ドリームランド
（昭和36年の広告写真）

（9）『月刊奈良』（毎月刊）のドリームランド広告や当時のパンフレットによる。

次は説明する。

「都市は新しくなるのが自然なのです。奈良がいくら古都だからと言って、どこからどこまで古典的である必要はないでしょう。史蹟として保存すべきところはちゃんと保存し、開発すべきところは最新の規模でどんどん開発すべきです。その点、ドリームランドは、市としても大歓迎で、積極的に協力しています。」[10]

これに対し、松尾もドリームランドの役割を、次のように自慢げに語っている。

「これで奈良の町もよみがえるだろう。奈良を訪れる観光客は年に七五〇万人もいるそうだ。そのほとんどが午前中に奈良を見学、午後は京都に出て、ここで一泊する。奈良は紙クズやベントウガラを落としてもらうだけで一銭にもならない。しかし、今後は違う。観光客は午前中に京都を見て、午後は奈良にきて泊まる。旅館で夕食をすませてから、夜のドリームランドを見るようになる。」[11]

8　レジャーランドと奈良

奈良県内にあった三つの大規模レジャーランドを社会史的、地域史的に紹介してみた。開園時に至る背景、施設の特色については説明したが、高度経済成長期以降の展開、閉園に至る経緯については触れる余裕がなかった。しかし、「関西の奥座敷」の役割の中、有名寺社に比べ、印象が薄いレジャーランドが観光奈良の一翼をかつて担っていた、あるいは担う可能性があったことを紹介できた。[12] 特に、奈良ドリームランドは、経営者の個性を

(10)　前掲註(4)

(11)　「松尾国三という男」前掲註(5)

(12)　鳥居健三「奈良とレジャーブーム」『月刊奈良』第一巻三号、一九六一年。

含め、停滞する地域の起爆剤として期待されたことは興味深い。今後、奈良は「奥座敷」の役割に甘んじず、あるいは甘んじるにせよ、関西もしくは全国に対して発信を積極的に仕掛けなくてはいけないと思う。大阪および関西が経済的、文化的に地盤沈下したと叫ばれる今日、歴史や文化で優位に立つ古都奈良が東京一局集中に一矢を報いることができるかもしれない。

奈良小景

人文地理学の野外授業

戸祭由美夫

私は地理学の授業では、受講する学生諸君が「地図などのプリントをもとに、教師が説明したことを教室内で確認したり、疑問点を発見したりした上で、できる限り現地へ行って〈本当にそうだ〉と納得したり、〈いや、どうも違うぞ〉と新たな問題を見つけて、更なる調査・考察の手がかりにする」ことこそ必要だとの信念を持っている。そこで、勤務先の奈良女子大学での授業でも、受講人数を限った授業の場合には予め受講生の都合を確認したうえで土日に学外へ私が引率して行ったり、受講人数が多い授業の場合には現地野外踏査を課し、現地へ行った証拠写真に観察した事項を付記した期末レポートを提出させている。野外での引率授業は、せっかく奈良女で学んでいるんだからと、奈良県北部の各地で実施してきた。今までに訪れたのは、平城ニュータウン、平城宮跡とその周辺の平城京大路跡地、郡山城下町、郡山の金魚養殖池、筒井環濠集落、柳本陣屋町、吉野の割箸製造産地、大峯参詣の基地となる天川村洞川、吉野・宇太・都祁の水分神社などである。その授業の成果の一部は『現地授業の多様化によるFDの推進』という学内成果報告書にまとめた。

どんなコースで野外現地授業を行ったのか、受講生はどんなところに行って野外踏査レポートを作成してきたのかについて、二〇〇七年度前期の「人文地理学概論A」で受講生諸君を引率・指導した大和郡山市内の金魚養殖を例に以下に示そう。

このテーマでの現地授業は二回目で、二回ともに近鉄郡山駅を集合・解散地として、金魚養殖業者の多い城下町南端の西岡町と、周囲を金魚養殖池で取り囲まれている新木町を通り、郡山金魚資料館を併設する（有）やまと錦魚園と、幼い日の皇太子殿下が立寄られた金魚ランド幸田などを見学するコースをとった。今回のルートは

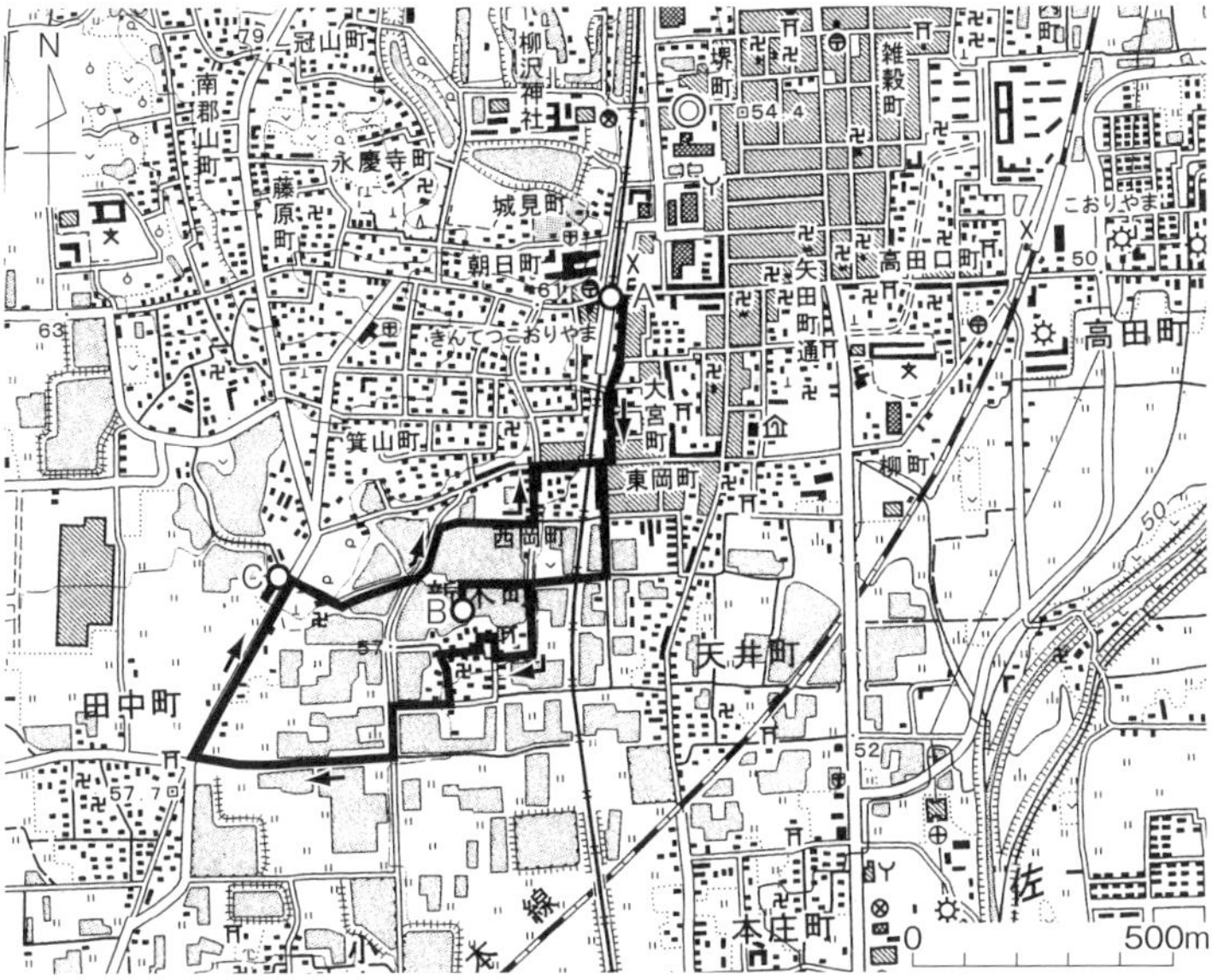

大和郡山市内の野外授業の見学ルート

A：近鉄郡山駅（出発・解散地点）

B：金魚資料館、やまと錦魚園

C：金魚ランド幸田

基図は国土地理院1/25,000地形図（平成18年更新）

写真３　やまと錦魚園の見学風景

（撮影：本学生活観光現代GP推進室　中塚朋子特任助教）

前頁の上半の図に示しており、前回よりも距離的には長く、約二時間半を要した。

その前年は金魚養殖をテーマにした野外授業を行わなかったが、室内での授業での説明をもとに、期末の野外踏査レポートのテーマとして郡山の金魚養殖を選んだ受講生が四一名中一五名（城下町との複合も含む）いた。その中には、日曜休業のために今回の現地授業では立寄るのを諦めた郡山金魚卸売センターを訪れたり、近鉄九条駅をスタートして郡山北部の金魚養殖場を巡ったりして、その見学内容をまとめたレポートもあった。さらに以前の年度のレポートでは、市役所の担当部署にも聞き取りをしたレポートもあった。

なお、この授業についての概要は、生活観光現代ＧＰの報告書『古都奈良における生活観光――地域資源を活用した全学的教育プログラム――平成20年度活動報告書』にも収められている。

敗戦後の奈良

吉田容子

はじめに

奈良と戦争。無関係な二つの組合せにみえるかもしれない。それも、空襲や出兵にまつわる話ではない。日本政府がポツダム宣言を受諾した一九四五年八月一四日以降、つまり戦後の「歴史」にも、戦争は影を落としていた。

ここで扱うのは、敗戦後の日本における連合国軍兵士(1)の慰安・休養を目的とした施設の設置・廃止をめぐる各主体のせめぎ合いである。その事例として、まず、敗戦後もなお国家に動員されるかたちで女性が自らの性を提供した特殊慰安施設の状況を紹介し(1節)、さらに、朝鮮戦争からの一時帰休兵の休養・回復のため奈良市内に設置された施設とその

(1) 連合国軍ではあるが、おもにアメリカ合衆国軍向けであった。

周辺の状況を詳しく取り上げる（2節以下）。

1　敗戦と進駐軍向け特殊慰安施設

敗戦直後の日本に連合国軍兵士が進駐することになったとき、日本政府や国民が抱いた大きな不安は、女性たちが犯される、ということであった。いかにして「一般」の婦女子の純潔を守るかが、日本の緊急課題となったのである。一九四五年八月一八日に内務省警保局から各府県長官に無電された通達は[(2)]、一部の日本人女性を進駐軍相手に働かせる特殊慰安施設の設置を促すものだった。敗戦直後に樹立した東久邇宮内閣の八月二一日の閣議でも、近衛国務相が日本女性を進駐軍兵士の性的対象から守る必要があることを説いた。こうした動きを受け、進駐軍向けの慰安施設が各地に設けられていった。なかでも、関東地区に進駐する兵士向けには、日本勧業銀行の事業融資資金によって「特殊慰安施設協会（RAA）」[(3)]が八月二六日に設立され、二八日には皇居前広場で同協会の宣誓式が行われた。翌二九日以降には、戦後処理の国家的緊急事業の一端として進駐軍向け慰安施設で働く女性を募集する立看板や新聞の求人広告が出されていく（写真1）。当初は、戦前の公・私娼妓や芸妓、酌婦や

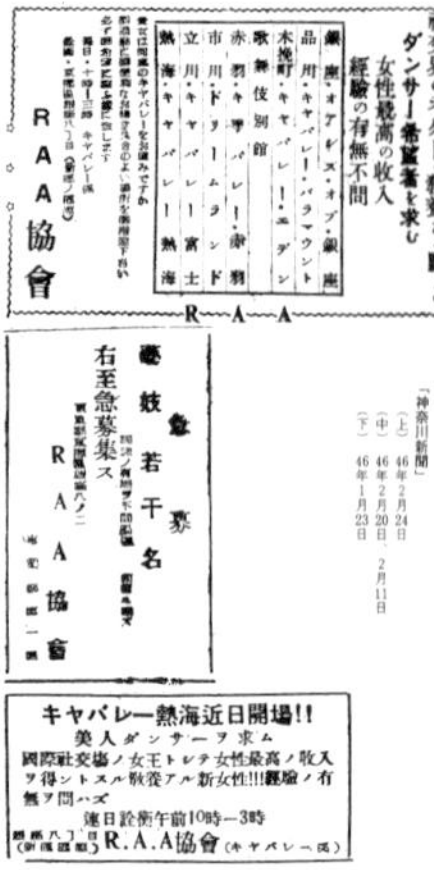

写真1　神奈川での求人広告
（出典：いのうえせつこ『占領軍慰安所』新評論、1995年）

（2）「外国軍駐屯地に於る慰安施設について」と題されたものであった。通達の詳しい内容については、恵泉女学園大学平和文化研究所編『占領と性―政策・実態・表象―』インパクト出版会、二〇〇七年、四八～五〇頁および林千代編著『「婦人保護事業」五〇年』ドメス出版、二〇〇八年、一八～二〇頁を参照。

（3）Recreation and Amusement Associationの略称。この協会のもとで、進駐軍向けの性的慰安施設が東京都内を中心に、神奈川県内や静岡県内にもつくられていった。

女給などの接客婦を優先的に充てることにしていたが、これまで接客経験のない女性たちの中からも、経済的な理由によって慰安施設で働く者が多く現れた。

一方、連合国軍総司令部（ＧＨＱ）は一九四六年一月二一日、公娼制度廃止に関する覚書を発令する。これは、公娼制度が民主主義の理念と個人の自由に反するとして、女性への売春の強要を禁じたものである。ただし、生活の糧を得るため個人が自発的に売淫行為を行うことを禁止するものではなかった点に注目したい。さらにＧＨＱは同年三月一〇日、進駐軍兵士と慰安女性の性病罹患率の高さを理由に特殊慰安施設協会に属する施設への兵士立入りを禁止し、同月二六日には施設すべてが閉鎖された。この閉鎖は、約五五〇〇〇人の失職女性を生み、私娼を蔓延させる原因となった。

ところがその一方で、同年一一月の吉田内閣の次官会議では、売買春という行為を「社会上やむをえない悪」とし、私娼が集まった地域を「特殊飲食店街」に指定して営業を許可する方針が出された。これを受けた警察は、該当する地域を地図上に赤線で囲って特定した[4]。さらに一九四七年一月一五日、婦女に売淫をさせた者を処罰する勅令が公布されたことで、皮肉にも、女性を暴力や脅迫、前借金などで強制しない売買春であれば処罰の対象とはならないことが暗黙のうちの了解となる。このため、兵士相手の売春婦は急増していく。また、特殊飲食店街の指定を受けずに営業を行う隠れ売春地域や、路上で客を誘う街娼が多発し、各都道府県の警察は「闇の女狩り」に追われた[5]。

では、奈良市における状況はどのようなものだったのだろうか。節をあらためてみていきたい。

（4） 通称「赤線」地区ともよばれる。

（5） 連合国軍兵士の慰安をめぐる売買春政策については、前掲（2）『占領と性―政策・実態・表象―』、および、藤野豊『性の国家管理―買売春の近現代史―』不二出版、二〇〇一年 で詳しく述べられている。

2　奈良市内に設置された朝鮮戦争帰休兵向け休養・回復施設

現在の奈良教育大学キャンパス一帯、鴻ノ池運動公園、航空自衛隊幹部候補生学校、積水化学工業奈良工場のあたりを中心に、敗戦直後、奈良進駐軍の兵営（キャンプ地）が複数つくられた。そして、奈良に駐留する兵士向けの特殊慰安施設が、一九四五年一一月一日、新温泉ホテルや、あやめ池新温泉に設置される。ところがGHQが公娼制度を廃止する覚書を発令したことで、これらの特殊慰安施設は数ヶ月で機能しなくなる。それでも兵士と日本女性との売買春行為は減らず、警察は「闇の女狩り」を頻繁に行った。

日本に駐留するアメリカ合衆国軍（以下、米軍）は、一九五〇年六月に勃発した朝鮮戦争で大韓民国を支援するため、朝鮮半島へ派兵を行うようになった。戦地の兵士には一時帰休が設けられており、彼らは休暇の五日間を日本の施設で過ごした。この施設の役割は帰休兵に休養と回復のための娯楽を提供することで、R・Rセンター(6)とよばれ、女性の性的サービスを提供したかつての特殊慰安施設とは区別された。当初こうしたR・Rセンターは横浜、大阪、小倉に置かれたが、このうち大阪市内にあったR・Rセンター(7)は

写真2　R・Rセンターの米兵たち
（大和タイムス1953年7月29日）

（6）　Rest and Recuperation Center（休養と回復のための施設）の略称。

（7）　大阪市旧東区（現在の中央区北浜）の住友ビルにあったとされる。

一九五二年五月一日に奈良市内に移され、[8]「奈良R・Rセンター（以下、センター）」となった。センターの収容能力は約五〇〇人で、一日二五〇〜三〇〇人の帰休兵が到着した。到着すると食事を済ませ、そのあと、日本での心得や日本の法律、歴史、地理などについて話を聞く。次に、野戦服を脱いでシャワーを浴びて支給された制服に着替え、ドルを円に交換した後、彼らは各自の休暇を過ごすことになる。兵士がセンターに到着してから二時間も経てば、すべての手続きを終えて自由な時間を過ごせるようになっていた。センター内には、兵士の滞在中の便宜をはかってビリヤード、ピアノ、レコード、雑誌・図書などが用意された（写真2）。センターの運営・管理には、当時の旅館菊水楼に置かれた駐留軍キャンプ・ナラ司令部があたった。[9]

3　R・Rセンター周辺の歓楽街とそれをとりまく人々

センター正門前には、東西二〇〇メートルにわたって兵士相手のカフェー、バー、キャバレー、土産物店、写真店、洋品店などおよそ七〇軒が並ぶようになった。このあたりは戦前から農地として利用されてきたが、センターが奈良に移転した直後から、他府県出身の業者に農地を転用して貸す地元農民が相次ぎ、土地を借り受けた業者たちが、にわか造りの小屋に派手なペイントを施した店を次々と建てていったのである。店の経営者の多くは、センターの移転にともなって流入してきた人たちであった。

「……マユを引き、毒々しいまでに唇を塗り絵具箱をブチまげたような原色の服を身に

（8）　現在の平城宮跡朱雀門南方の奈良市三条大路付近に奈良R・Rセンターがあったとされる。ここは戦時中に軍需工場として使用されたが、敗戦後に進駐軍兵士の宿舎として接収され、ここから朝鮮戦争に兵士が送り出された後は、とくに利用されていなかった。

（9）　センター内では、大工、ボイラー係、庭師、洗濯職人、売店の店員、調理人、ウエートレス、保安・警備員、通訳など、様々な部門で日本人が雇用されており、その数は二〇〇人以上に及んだ。従業者のうち九割は駐留軍に直接雇用され、のこり一割が日本政府雇用の従業者であった。なお、敗戦直後から朝鮮戦争にかけての奈良市および奈良県下の特殊慰安施設や売春取締り、奈良R・Rセンターの設置など、女性をめぐる様々な情勢については、年表形式で整理された、ならの女性生活史編さん委員会編著『ならの女性生活史　花ひらく』奈良県（奈良県女性センター）、一九九五年を参照。

写真3　歓楽街と「パンパン」
（大和タイムス1953年7月29日）

まとった女性とペンキ臭い仮建築の街。西部劇に出てくる場面そのままの空氣を昭和の時代にまでもち越したかのようなブーム・タウンがある。……経営者もキャバレー、カフェー、レストラン各一軒が台湾系の人によって営まれているほかは日本人であるがそのほとんどが他府縣人で、同センターの移るところについてまわる人々である。」(10)

センターの奈良移転で市内に入ってきたのは、店舗を経営する業者のほか、不特定多数の兵士を相手にする「パンパン」(11)や特定の将校を相手にする「オンリー」などの売春婦、また、彼女たちの客引きをして高額の手数料を取る「ポン引き」(12)と呼ばれる男性（一部に女性）である（写真3）。朝鮮戦争からの一時帰休兵は戦地から米軍機で伊丹に着いた後、専用バスでセンターに入るか、大阪から電車を利用して近鉄奈良駅で専用バスに乗り換えるか、もしくは、センターにより近い近鉄西大寺駅でバスに乗り換えるルートを利用した。これらいずれのルートでも、センターに入る兵士を売春婦やポン引きが誘い込もうと、電車とバスの乗換えやバスを降りてセンターに入る隙をねらって輪タクで追いかけ回した。

センターが開設してすぐの頃は、兵士を客につかまえると輪タクで大阪方面のホテルに連れ出していたため、奈良市内の店に兵士が金を落とすことはあまりなかった。しかし、しばらくすると市内の民家に間借りするパンパンが現れ、「パンパン宿」とよばれる部屋

(10)「大和タイムス」一九五二年一〇月一三日の記事。

(11)「パンパン」は、日本の敗戦後、連合国軍に占領された時期に、外国人相手の売春婦を指す言葉として兵士たちによってもたらされ、流布した。その語源については、いくつか説があるようだ。第一次世界大戦時に、日本海軍が太平洋地域を占領したさいの買春行為に由来し、それが米軍を介して日本に伝えられたという説や、インドネシア語のプルムプアン（女）に由来するという説などがある。井上輝子ほか編集『岩波 女性学事典』岩波書店、三八四頁を参照。なお、本章では、当時の社会背景を表す歴史的な表現として、「パンパン」という言葉を使用することを断っておく。

(12) 当時伊丹にあった飛行場（現在の大阪国際空港）は敗戦後米軍に接収され、一九五八年に日本に返還された。

(13)「大和タイムス」一九五二年九月四日の記事。

が散見されるようになる（図1・写真4）。パンパンへの部屋貸しは当時農家の間で家計を補うために行われており、それだけに、部屋を貸す農家は周囲から批判の対象となった。

「奈良市内では米軍兵士の争奪に火花を散らし付近は人肉の市となり、パンパン宿が市内に百三十六軒もありなんの恥じらいもなく平然と性の営みをやっている。」⑬

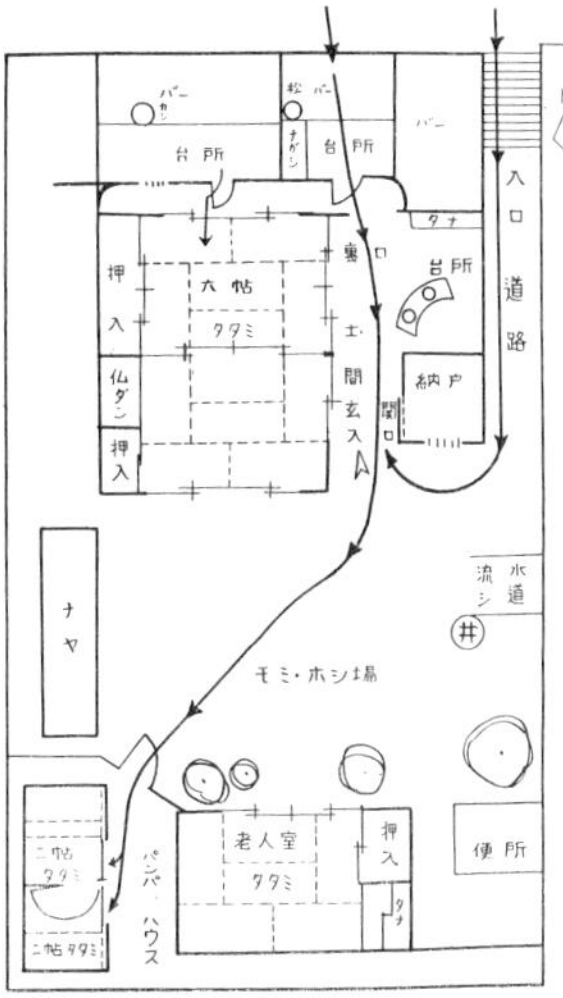

図1 「パンパン宿」の見取り図
（出典：『古都の弔旗』奈良R・Rセンター調査団発行、1953年）

一人で50万円も貯金

奈良市の新名物パンパンの実態

部落解放

子どもの教育から

週三回、子ども會つくり指導

写真4 大和タイムス 1952年5月25日

農家に間借りする売春婦やポン引きの増加は、社会的な問題として人々に認識されていく⑭。

「奈良市の米軍R・Rセンターを中心とするパンパンやポン引きの横行に対し風紀上好ましくないという世論が高まつてきているので奈良市當局でも何らかの措置を考慮している。」⑮

奈良市警では市の条例を適応して「パンパン狩り」を行い、取締りを強化していった。

「連日のごとく街笑婦の取締りを行っている奈良市署では一五日午後八時ごろ奈良市東向および尼ヶ辻でポン引きの四名……

（14） 奈良R・Rセンターの設置を契機に「パンパン宿」やキャバレーの経営を始めるようになった地元農民のある一家と、その隣家で、米軍基地反対を唱える従弟一家を対照的に描き出し、当時の日本が直面していた米軍基地化がはらむ様々な社会問題を浮き彫りにした映画に『狂宴―古都とアメリカ兵―』（一九五四年四月完成、春秋プロ制作、北星映画配給、八〇分フィルム白黒作品）がある。この映画は、奈良R・Rセンター周辺地域に生活する人々を描いたフィクションであるが、今日では、当時の状況を知る貴重な記録である。また、『狂宴』で描かれた対立する二つの家族をとりまく当時の日本の社会・経済的背景の中で、とりわけ米兵の性的犠牲者となった女性に注目した研究には、以下のものがある。茶園敏美「映画『狂宴』にみるおんなたちの声―奈良RRセンター周辺の場合―」待兼山論叢（日本学篇）三三号、一九九九年。茶園敏美「映画『狂宴』にみる奈良RRセンター周辺のおんなたち」女性・戦争・人権 第三号、二〇〇〇年。

（15） 「大和タイムス」一九五二年七月三日の記事。

および、パンパンの二名の計六名を逮捕、身柄を留置して取調中。」[16]

売春婦やポン引きの横行、兵士と売春婦の大胆な振舞いがエスカレートするにつれ、センター周辺の児童・生徒への影響が懸念されたことは言うまでもない。センター付近の校庭に使用済み衛生用具が放置されたり、児童が「パンパンごっこ」をして遊んだり、青少年の非行・犯罪や売春が増加するなど、事態を憂慮した奈良市中学校長会代表らは市長に対し、センターの移転・廃止を要望、もしこれが不可能な場合は、早急に何らかの風紀取締りを行うよう陳情した。また、奈良市婦人会では一九五二年六月二九日に緊急理事会を開き、売春行為の取締り強化を市に働きかける決議を行うとともに、「パンパンに宿を貸すな」という署名運動を協議する方針を打ち出した。さらに、奈良人権擁護委員協議会連合会が同年七月五日に市役所で開かれ、パンパンは「完全なる人身賣買である。このままで放置して置くことはできない」「夜の女の問題解決にのりだす」[17]ことになった。

一方、駐留軍キャンプ・ナラ司令部では、兵士のセンター滞在がわずか五日間であるため、兵士と売春婦との性的関係が偶然的・一時的なものにならざるをえないことを危惧し、奈良県予防課に性病の予防策を申し入れた。県予防課の呼びかけで、兵士を顧客とする奈良市内の各業者によって一九五二年八月二〇日、奈良駐留軍サービス協会がセンター前に設立され、協会に登録する女性にバッジを発行して週一回の性病検診を義務づけた。この協会の「女子従業員名簿」[18]に登録された女性は三〇〇人程度いた。米兵は女性が胸に付けるバッジを目当てに女性と交渉したという。

(16) 「大和タイムス」一九五二年五月一七日の記事。

(17) 「大和タイムス」一九五二年七月六日の記事。

(18) 奈良駐留軍サービス協会が女性の登録に用いた「登録カード」は、以下の文献で確認することができる。奈良R・Rセンター調査報告書『古都の弔旗』奈良R・Rセンター調査団発行、一九五三年。なお、この報告書は、奈良ユネスコ学生連盟奈良学芸大学学生会、奈良女子大学自治会、京都ユネスコ学生連盟、同志社大学学術団、大阪ユネスコ学生連盟の学生を中心に結成された「奈良R・Rセンター調査団」によるものである。一九五三年六月二六日からおよそ一週間、R・Rセンター周辺地域の住民・小学校の教員および児童に聞き取り調査を実施し、その結果をまとめた報告書を作成して、センターの移転・廃止を訴えた。

4　R・Rセンター移転・廃止にむけての活動とその拠りどころ

一九五二年七月三日、奈良ユネスコ協力会が市長とセンターの移転・廃止について駐留軍キャンプ・ナラ司令官に折衝を行った。その主たる理由は、センターに帰休する兵士を目当てに群がる売春婦やポン引き、また、風紀上好ましくない店の存在によって、国際観光都市奈良の文化的環境が著しく損なわれているというものだった。翌月二二日には、奈良ユネスコ協力会をはじめ、奈良県地方労働組合総評議会、また、婦人、教育、美術、労働など各団体が揃ってセンター移転・廃止を訴え、次のような理由を市長に示した。

「一、奈良の古文化は奈良市民の独占物ではなく全世界の人人のものであり文化的環境を守るということがもっとも必要である。一、……奈良を訪れる観光客の中、その多くは修学旅行生であり、これらにたいしては浄化された環境の中で古文化に接せしめる責任があるが、R・Rセンターのかもし出す雰囲氣からこれらの観光客が奈良を回避しようとする傾向のあることはきわめて遺憾である。……」(19)

これらの団体が中心となり、同年九月三日「奈良R・Rセンター廃止期成同盟」が結成された。この同盟は、センター周辺で調査を実施してその実態を把握したり、センター廃止に向けたパンフレットを作成したりするなどの具体的な活動を通じて、住民への啓発を行った。

センターの廃止をめぐる市民レベルの運動が生じはじめた一九五二年七月初旬、時期を

(19)「大和タイムス」一九五二年八月二三日の記事。

同じくして奈良県下にアメリカ空軍基地建設の話が不確定な情報として流れるが、基地計画がないことを確認した知事は、この件に対するコメントの後半でセンターの移転・廃止は不可能であると外務省筋から示されたことを述べた。市長からは、当面の対策として警察官を増員のうえ、売春の取締り強化にあたる旨説明があった。

センターの移転・廃止が進まないなか、歓楽街の社会環境は悪化するいっぽうで、ついに「悪の温床」というレッテルが貼られる。

「……R・Rセンターが設置されて以来、その周辺に駐留軍相手のキャバレー、カフェーなどが続々開店しているが、……ここを舞台にパンパン、女給ダンサーあるいはカフェーのマダムなどによってさかんにドル、外国タバコなどの賣買がおこなわれ、さらに多数の覚せい剤常用者などがあって悪の温床となりつつある……。」[20]

また、次の引用は、「大和タイムス」に掲載されたセンター周辺の中学に通う生徒たちの作文である。センターや売春婦・ポン引きを蔑み、その存在を否定していることが窺える。

「ほんの二、三年前までは静かな農家の村であったのがいまではよっぱらい、パンパンの町に変わってしまいました。なぜ私達の平和な村にこのようなR・Rセンターができたのでしょう。不良じみた若い人が毎夜おそくまで歩き回り、……。こんなにこわいR・Rセンターは早くなくなってほしいものです。」「……あの人達のしていることは私にはまだはっきりわかりませんがお金をもうけるためにはどんな仕事でも平気ですると聞き、なんだか軽べつしたくなります。……」「……奈良の一角にこんな、よごれた町のあることは、古都の美と静けさを破るものであるということを強く感じられる。……」[21]

(20) 「大和タイムス」一九五三年一月二二日の記事。

(21) 「大和タイムス」一九五三年六月三日の記事。

ここで注目すべきは、売春婦やポン引きが横行するのはセンターがつくられ帰休兵が一時滞在しているからで、センターが無くなればもとの静かな街に戻ると中学生たちが考えたことだ。センターは性的サービスを提供する施設ではなかったが、古都奈良を汚す根元的存在だと認識することは、センターの移転・廃止活動に一義的根拠を与えるものとなった。これは、奈良ユネスコ協力会をはじめ各種団体が、センター廃止期成同盟を結成し活動を展開していく拠りどころとなったと考えられる。

5 R・Rセンター移転・廃止をめぐる混乱

一九五二年七月一五日から上京した奈良ユネスコ協力会が、外務省にセンター移転要望の説明に赴いたところ、協会が活動の説明根拠としてきた「国際観光都市としての古都奈良の事情」が考慮されたのか、センターの移転を考えるとの回答を得た。

「一、R・Rセンター問題＝大阪から奈良へ移轉したのは空いた施設があったからで別に深い理由はない。風紀上および観光都市の体面上反対される事情が納得できるから、早速適当な移転先を考慮する。」[22]

しかし同月二二日の参議院の委員会で外務大臣が移転は困難だと述べ、事態は一変する。「朝鮮帰りの駐留軍を目当てにするR・Rセンターは各地で風紀教育上好ましくない問題をまき起こしているが日本の法令では取締りが困難であり困った状況が生じている。文化都市奈良という特殊事情からできれば他の場所への移轉も考えられるが、移された場所

(22)「大和タイムス」一九五二年七月二〇日の記事。

でも困るであろう。」[23]

とはいえ、センターの移転を訴える住民や行政の声をもはや軽視できない日本政府および合衆国側は、センターをとりまく問題の実情を調査する合同委員会を設けて委員を奈良に派遣し、同市助役らと会談を行った。こうした政府レベルでの対応について、センター移転・廃止に関する問題が政治的に利用されているとして批判する論調もあった。

「ちょうどこの頃、政局は安定を欠き衆議院解散近しの氣運がいよいよ高まりつつあっただけに、この問題も一部の政党および團体にとっては総選挙への重要な運動の一つとして少なからぬ効果をもたらしたと見る向きもあったようだ。」[24]

また、R・Rセンターの移転・廃止どころか、さらに奈良市内に増設されるという話が、その出所確認がされないまま、一九五三年六月四日の「大和タイムス」に取り上げられた。これを受け、知事や市長、ユネスコ協力会、廃止期成同盟は即座に難色を示した。

センターの増設が警戒されるなか、同六月二三日、センター滞在中の一時帰休兵に外出禁止命令が出され、同月二五日にはキャンプ・ナラ司令部から、朝鮮戦争より兵士の帰休が中断していることを理由[25]にセンター業務を二六日から一時停止するとの発表があった。

「さる二三日突如センター内の全米兵に外出禁止命令が出されて以来、人通りも全く閑散なもので『これでは首でもつるよりしようおまへん』とこぼす業者、いかにもヒマそうにトランプをもてあそぶ女たち。……『わてらも一もうけしようと思ってきましたが、みそこないました。アメリカ兵が求めていたのは酒や音楽よりももっと切実なもの（セックス）でした』と……。」[26]

帰休兵相手に生業をたててきた人たちにとって、センターの一時閉鎖は死活問題となっ

（23）「大和タイムス」一九五二年七月二三日の記事。

（24）「大和タイムス」一九五二年一二月二九日の記事。

（25）R・Rセンター閉鎖の直接的原因は飛行機事故による一時的・突発的なものであったと外務省筋から説明があったことを、全国知事会に出席した副知事が述べている。「大和タイムス」一九五三年七月一一日の記事。

（26）「大和タイムス」一九五三年六月二七日の記事。

た。そのため、売春婦やポン引きのなかには、大阪、京都、神戸に移っていく者が多くいた。

別の二か所のＲ・Ｒセンターでも奈良と同様に一時閉鎖が決まったとの報道があり、センターの閉鎖は永久的になると行政や地域住民が受け止めていた矢先、七月八日に外務省から奈良県副知事が聞いた話として「Ｒ・Ｒセンター近く再開」とする記事が、同月一一日の「大和タイムス」に掲載される。そしてこの日の記事では、センターの存在をめぐって「色めき立つ業者連」の側と、「廃止既成同盟 最後までがんばる」という反対側の立場とを取り上げ、相対する両者の反応を対照的に紹介している。

センターの再開が報じられると、奈良から大阪、京都、神戸に移っていた売春婦やポン引きが再び市内に戻ってきた。そして七月二八日、三三日ぶりにセンターが再開した。[27] センターの再開による風紀の乱れから再び教育や治安に悪影響が出ることを懸念した県や市では、売春婦やポン引きの取締りをいっそう強化する。同時に駐留軍キャンプ・ナラ司令部からは、次のような注意が兵士に示された。

「日本に駐留する米国軍人、軍属に対して、〝公衆の面前における公然たる愛情の表現、あるいは身体を密接触れ合うこと〟などの禁止とともに、風紀の維持を布告……[28]」

つまり、日本における振舞い方について兵士たちの注意を喚起したのである。また、奈良市の条例をいっそう強化し、兵士と日本女性が手を繋いだり、自動車に同乗したりしても、売春を勧誘する行為とみなして逮捕するという厳しい取締りを行う方針が、奈良市警よりも発表される。これとともに、「観光都市として恥ずかしくない奈良市にしたい」との署長談話が出された。このように、いささか滑稽ではあるが、公共空間での男女の愛情表現が徹底して禁止されたのである。奈良市内での行動を制約された兵士たちは、大阪や京

（27）朝鮮休戦協定が成立し、戦地に赴いていた米軍兵士が引き揚げることになったためである。

（28）「大和タイムス」一九五三年八月一日の記事。

都方面で遊興するようになり、センター周辺歓楽街の業者からは警察に対して取締り緩和の陳情が相次いだ。そして、センター再開も束の間、翌八月一二日、滋賀県大津市の西南軍部司令部より奈良R・Rセンターの神戸移転(29)について発表があり、センターは十月一日をもって業務停止となった。

むすびにかえて

R・Rセンターが奈良に開設され実際に機能していたのは、神戸への移転が決まるまでの一年三か月余りであった。本章では、国際観光都市奈良という空間に出現したこのセンターをめぐって、駐留軍司令部、日本政府、奈良県・奈良市、警察、奈良ユネスコ協力会、センターや歓楽街周辺の住民や学校、地域の各団体、歓楽街の業者、売春婦、ポン引きなどが錯綜しあう動きをみてきた。

しかし奈良R・Rセンターの神戸移転によって、古都奈良を悩ませていた問題が解決されたわけではなかった。センターの神戸移転が発表されて一〇日程経った八月二三日午後九時過ぎ、米軍海兵隊員(30)約七〇〇人が本国から船で神戸に着き、特別列車に乗り換え国鉄奈良駅に到着、業務停止が決まったR・Rセンターに入所した。海兵隊員の奈良入りは翌二四日も続き、さらに約二五〇〇人が現在の航空自衛隊幹部候補生学校にあった兵営などに入った。奈良に宿営するやいなや、彼らの中に「パンパンを出せ」と叫びながら民家や病院を襲って女性を探す者がいて、市民を不安に陥れた（写真5）。筆者が

(29)　R・Rセンターは、神戸市内の神港ビルに移転されることになった。移転の理由として、伊丹空港に近いという交通の利便性や、政治・経済上、また将校のリクリエーションに好適で、設備や収容能力にも優れているとしている。神戸の新R・Rセンターの収容人数は九〇〇人が見込まれていた。「大和タイムス」一九五三年八月一三日の記事。

(30)　朝鮮戦争からの帰休兵ではなく、日本でしばらく駐留するため本国から直接奈良に配置された兵士たちである。

不安におびえる奈良市民

夜中、民家を騒がす
酒によった米海兵隊員

米軍に厳重抗議
奈良市警 今後パトロールを増加

これから安眠できぬ

中門の地覆石を
大安寺 水道

写真5　大和タイムス 1953年8月26日

過去の新聞記事を検索した限り、センターが機能していたときには、米兵が直接、一般の地域住民に被害を及ぼしたという事件はあまり目にしなかった。センターの移転に安堵するも束の間、皮肉にも地域住民女性の性が危うい状態にさらされるようになったのである。

敗戦後、駐留軍が占領する日本は、米軍側と日本側とが権力をせめぎ合わせる状況にあったが、その狭間に生きる発言力のない者や権力のない者の多くは、大きな犠牲を払わされた。その一つの例が女性であって、女性の性は、国家やそれに類する諸権力にまさに翻弄されてきたのである。その現状を伝える生々しい事例として、本章で紹介した米軍向け施設をめぐる敗戦後の動きを私たちは知っておく必要があるといえるだろう。それは、奈良の「歴史」のもうひとつの側面なのである。

奈良小景

奈良女子大学記念館の魅力

坂本信幸

大学の正門を入ると、正面に瀟洒な洋館が見える。重要文化財に指定されている奈良女子大学記念館である。奈良女子大学の前身である奈良女子高等師範学校が創立されたのは、一九〇八（明治四一）年三月三一日。その本校建物の本館として、一九〇八年二月二九日に着工され、一九〇九年に完成したのが現在の記念館である。「規模と構造」は、建築面積＝四九五㎡、建築延面積＝九五二㎡、構造＝木造寄棟造総二階建（桟瓦葺）で、工期は一九〇八年二月二九日～一九〇九年一〇月二五日であった（『奈良女子大学六十年史』）。設計は、文部省建築課によるものであるが、中心となり設計したのは、京都帝国大学建築部長で、奈良出張所長心得の山本治兵衛である。

この建物の魅力は、その外観と、内部二階の講堂の空間にある。

木造、総二階建ての建物の屋根の中央には頂塔（ランタン）を設け、正面は軒先の中央部を三角形に一段上げ、また屋根には明かり取り窓を六個所に設けるなど、屋根の形に変化をもたせた外観で、壁面外観は、ハーフティンバーという、ヨーロッパ北部に見られる軸組の木部を外に露出させた壁構造のデザインで、外壁は二階の腰までを板壁、その上を漆喰壁とし、板の張り方を一部竪板張り、他は横板張りと変化させ、縦長の上げ下げ窓の上下に、曲線形の木材を漆喰表面にとりつけて模様を作り、趣のある意匠としている。

平面は、中央の車寄せのある玄関から入った一階には、中廊下をはさんで左右に大小七室の部屋を配置し、一階南北両端にしつらえた階段から二階に昇ると、二階全体が講堂となっていて、講堂の前後にホールを設けている。屋根を支える構造は、木造トラスで約一六mの長さに渡り中間に柱なしで支える構造とし、講堂中央部では天井を折り上げ、天井を高くして、広さに見合った高さを確保して余裕のある大きな空間を構えている。そして、一階南面には、後から増築した平屋建の旧事務局長室が取り付く。

竣工以来、改変された箇所はほとんどなく、当時の姿をよく残している。一九九四年二月二六日から同年一二月二五日にかけて、現在の利用に応じうるように改修工事を行い、冷暖房設備を設置し、二階講堂には床暖房設備を設け、既存の木製窓の内側にはアルミサッシを取り付け、各所に照明設備を補充し、旧事務局長室は改造してトイレを新設した。その工事が終了した一九九四年一二月二七日に、記念館は重要文化財に指定された。

現在、記念館は大学院の入学式・卒業式に使用されているほか、講演会やコンサートなどさまざまなイベントに活用されている。一九九七年春からは、記念館を広く一般に公開することにより、重要文化財に対する理解と認識を得るとともに、開かれた大学として地域との連携を深めることを目指し、さらに、地域文化の発展・向上に寄与することを目的に、毎年春秋二回、記念館一般公開（入館無料）を開催し、本学所蔵の貴重な資料等を展示・公開している。「奈良まちかど博物館」にも登録されている。

講堂には、創立当時に購入され倉庫に眠っていた「山葉鑑製」と記された初期のヤマハピアノ（百年ピアノ）が展示されており、二〇〇七年一月からは、これを使ったランチタイムコンサートを毎月開催している。活用する重要文化財である記念館に気軽に訪れ、講堂内に並べられた開校当初からの長椅子に座って、近代建築の粋を懐かしんでもらいたい。

奈良女子大学記念館（撮影：武藤康弘）

奈良小景

女子大生の奈良——外と内の場所イメージ——

松本博之

「なら」と聞けば、いったい何を思い浮かべるだろうか。古くから観光地としての歴史もあり、日本の原郷としてのイメージもつきまとう。日本歴史の教科書にも必ず登場する。ある場所のイメージというものは外側から見ているときとそこで暮らすようになって内側から見るときでは、ずいぶん印象のちがっていることがある。とくに、現代のようにさまざまなメディアが発達して、場所のイメージがかなり意図的に作り出されているとき、外側と内側では大きなギャップを生みだしていることも多い。そのようなギャップを確かめたくて、ときおり、奈良女子大学の学生さんたちに、奈良の印象や奈良での生活についてレポートを書いてもらうことがある。その中から、すこし拾ってみよう。

奈良女子大生の半ば以上が他の府県からやってきて、四年間あるいはそれ以上の歳月をこの地で過ごす。入学当初、「エー、教科書でみた大仏さんや仁王さんが目の前にあるやん！」と感動し、私鉄ターミナルの駅前では、「托鉢僧（行基像）の噴水」に「さすが、奈良やなー」と外の目をもった自分を確認する。時には、学生と「猿沢の池」付近を歩いていると、「中学の修学旅行で、たしかこのあたりのホテルに泊まったように思うんだけど、これやわ！」と、わずか一泊だけのおぼろげな記憶をたぐり寄せるものもいる。北海道からやってきた学生は「瓦屋根で雨戸のついている家はそれまで伝統的文化財のような古い建物だけだと思っていたが、学生賃貸用の建物や町はずれの商店街のお店まで当たり前のようにそのようになっていること」に驚きながら、「やはり、奈良や！」と。隣県の大阪や京都からやってくる学生でさえ、大半が「シカ・大仏・寺社の奈良」といった三題噺のイメージである。

そのような外の目を持つ学生たちも、五月の連休を過ぎると瞬く間に、奈良は日々の平凡な世界へと移り変わっていく。入学当初、学生たちは寺社をはじめとした観光スポットを訪れ、行動圏は広がっているが、大学での授業が本格化するころから、定番のように行動圏は縮小し、様変わりする。二回生、三回生と学年が進行するにつれ、まるで伝書鳩のように、その傾向はますます強くなる。

大学が奈良の中心街からやや北に位置するために、付近で暮らす学生たちの行動圏は寮や学生用マンションと大学を結ぶ世界、そしてアルバイト先と日常的な買い物で訪れる私鉄ターミナル付近であり、大半の学生にとってはJR奈良駅から興福寺・春日大社へと東に延びる「三条通り」が南限になる。半径2キロ足らず。学生に奈良で自分の知っているところや実際利用する店舗や施設を描いてもらうと、日々の行動圏の狭さにみずから驚いているありさまである。シカは毎日大学のキャンパスの中で草を食んでいるし、「托鉢僧の噴水」は単なる待ち合わせ場所に変化し、観光スポットの寺社や奈良公園も、故郷の肉親や友人が訪れたときにだけ、前景化する世界になっていく。

そうした中にありながら、一方では、いぶし銀のような奈良の町並みを呼吸しはじめる。一つは「町屋」の風景。モルタルやコンクリート製とはちがった漆喰・土壁と木材を多用した「古いどっしりした建物」。商家や一般住宅にしても、二間ないし四間間口、歩道への採光を考えた中二階の建物。一階部分にも店内への日射しをさえぎるために裳階風の黒瓦をのせた庇屋根が付き、ときには明かり取りのための虫籠窓、側壁部に出格子や出窓格子の装飾。商店では看板の文字や商品名も柔らかく手書き風に仕上げており、それらを学生たちは「奈良の観光地としての演出なのか、それとも昔ながらの暮らしぶりなのか」とちょっと訝しがっている。

交通量の多い大きな道路から一歩わき道に入ると、道幅は極端に狭くなり、大通りの喧騒がまるで嘘のような感覚にも包まれるらしい。そこには「町屋」が軒をつらね、「商店街さえ、瓦屋根だ」と驚きを隠さない。しかし、一方でそうした「古い家並」、「瓦屋根」、「家うちの植え込み」、そしてところどころにはめ込まれたような商店や寺社のならぶ通学路で、「地面のアスファルトの黒をベースに、格子戸のついた古い民家の色、商店のシャッターの色、薄くほこりをかぶった寺の塀や瓦の色、その間にある植木の色がどれも主張しすぎることなく、路地の調和のとれた雰囲気を私の中の奈良のイメージ」と重ねていく。雨の日、家や寺社の前を横切ると、湿気をふくんで「少し酸味をおびたような古い木のにおい」も思わず奈良のイメージを増幅させるらしい。さらに、日頃は目立つことも人の気配もないお地蔵さんの小祠が地蔵盆の時期を迎えると紅白の幕を張りめぐらされ、「奉納」の二文字の書かれた真新しいよだれかけをつけてもらい、町の人々の生活に溶け込んでいる信仰の深さにも学生たちは奈良を感じ取るのである。

神戸から大阪をへて通う学生は奈良を「異空間」だという。生駒山からはじまる緑の世界がそのきっかけを与え、トンネルをぬけて生駒駅に到着すると、「目をつむっていても分かる。電車の扉が開くと温度がちがうし、夏は湿度も高くむっとするし、冬は寒い」と盆地性の世界を肌身でとらえていく。西大寺駅を過ぎると、車窓からは一望におさまらないほどの平城宮跡の広がりが「異界」の思いを強くさせているのである。日々の生活のなかで、あえて口にしてもらえば、「穏やかさ」、「静けさ」、「ぼやけた輪郭」、「郷愁をさそう古さ」、それらと入れ子構造になった「自然への近さ」が呼吸されているのである。そして、卒業式を迎え、故郷をはじめ他地域へ去っていく学生たちは、日々の生活の中で奈良の深みを呼吸したあと、ふたたびスパイラルして入学時の「奈良」の感覚（場所イメージ）を蘇らせ、奈良という旅先にいる人間として、奈良公園を訪れ、寺社をめぐり、外からの場所イメージの奈良を再確認して、この地をあとにするのである。

奈良の町屋

奈良歩きガイド

奈良のおまつりガイド

奈良には、さまざまな寺院の法会や神社の祭礼が伝承されています。このなかには、国指定の重要無形民俗文化財が6件や県指定の無形民俗文化財が39件（2017年4月1日現在）含まれており、中世や近世の伝統芸能を研究する上で、奈良はまさに聖地ともいえます。その一方で、蛙の被り物をつけて跳ねまわる吉野山の蛙飛び行事や、天狗とお多福が子作りにはげむ飛鳥坐神社のオンダ祭など、一風変わった楽しい祭もたくさんあります。

代表的な祭を一覧表にしましたので、ご利用ください。なお、秋祭などは多すぎて表にすべては載せていません。また、祭は日時が変更になったり休止になったりすることもあります。なら旅ネット（奈良県観光公式サイト）http://yamatoji.nara-kankou.or.jp/や奈良市観光協会サイトhttps://narashikanko.or.jp/などで、最新情報を確認してください。　（武藤康弘）

奈良の伝統的祭礼一覧

月	日	行事	場所
1月	8日	河合の弓引き行事	上北山村
	14日	陀々堂鬼走り	五條市
	14日	茅原の大トンド	御所市
	18日	平尾水分神社オンダ祭	宇陀市大宇陀区平尾
2月	1日	粥占（かゆうら）	奈良市登弥（とみ）神社
	3日（節分の日）	御田植祭	手向山八幡宮
	3日（節分の日）	節分星祭（豆まき）鈴もまきます	東大寺二月堂
	第一日曜	オンダ祭	飛鳥坐神社
	11日	砂かけ祭	河合町広瀬神社
	11日	江包大西綱の嫁入り	桜井市

	11日	子出来オンダ祭	川西町保田六県神社
	14日	だだおし	長谷寺
	旧暦1月14日	国栖奏	吉野町南国栖
3月	1～14日	修二会（しゅにえ）お水取り	東大寺二月堂
	13日	申祭	春日大社
	15日	だったん帽いただかせ	東大寺
	15日	御田植神事	春日大社
4月	3日	吉野水分神社オンダ祭	吉野町
	8日	仏生会	東大寺、興福寺他
	8日	修二会（しゅにえ）お松明	新薬師寺
	17日	放生会（ほうじょうえ）	興福寺
	19日	饅頭祭	林神社（漢国神社）
5月	1日	献氷祭	氷室神社
	2日	聖武天皇祭	東大寺
	5日	野依白山神社オンダ祭	宇陀市大宇陀区
	14日	練供養	当麻寺
	19日	うちわまき	唐招提寺
6月	第一日曜	蛇巻き	田原本町鍵・今里
	17日	三枝祭（ユリ祭）	奈良市率川神社・漢国神社
	30日	でんでん祭・夏越の祓	石上神宮
7月	第一日曜	風鎮大祭	龍田大社
	7日	蛙とび	吉野山金峰山寺蔵王堂
	16日	ススキ提灯	御所市鴨都波神社
	23日	地蔵会（着せ替法要）	伝香寺
8月	7日	大仏様お見ぬぐい	東大寺
	13日から15日	十津川村の盆踊り（大踊り）	十津川村小原、武蔵、西川他村内各地
	15日	ホーランヤ火祭	橿原市
	14・15日	春日大社中元万燈籠	春日大社
	15日	東大寺　万灯供養	東大寺
	18日	念仏踊り	東吉野村木津川
9月	仲秋の名月の日	采女祭	猿沢池
	17日	十七夜二月堂盆踊り	東大寺
10月	1日	例祭の舞楽	氷室神社
	3～5日	光明真言土砂加持法要	西大寺
	8日	奈良豆比古神社　翁舞	奈良阪町

	10日	柳生（八坂神社）の神事芸能	奈良市柳生町
	12日	題目立	奈良市上深川町八柱（やはしら）神社
	第１土・日曜	邑地（水越神社）の神事芸能	奈良市邑地町
	第１日曜	狭川（九頭神社）の神事芸能	奈良市狭川町
	体育の日の前日	曽爾の獅子舞	曽爾村
	体育の日	倭文神社の蛇祭	奈良市西九条町
	第二日曜	嘉吉祭	談山神社
11月	3日	けまり祭	談山神社
	23日	新嘗祭	春日大社
12月	第一日曜	高田の暴れ亥の子祭	桜井市高田地区
	15～18日	春日若宮おん祭	春日大社

翁舞（奈良豆比古神社）

奈良のミュージアム案内

奈良はミュージアムの宝庫です。古代史や美術関係の施設以外にも、さまざまなタイプのものをご紹介します。予約が必要な場合や時期限定開館・一時休館、さらには本書刊行時以降に閉館等の可能性もあるため、行かれる際には事前にご確認ください。なお、(　) 内は電話番号です。

1：自然と人間

南北に長い奈良県は自然の魅力にも満ちています。本格的な天体観測や宿泊もできる**大塔コスミックパーク星のくに**（五條市大塔町 0747-35-0321)、森の中で自然に学ぶことのできる**森と水の源流館**（吉野郡川上村 0746-52-0888)、三種の石にこだわりながら旧石器文化や古代の歴史を研究・展示する**香芝市二上山博物館**（0745-77-1700)、自然と水と修験道をテーマにした**洞川エコミュージアムセンター**（天川村 0747-64-0999）などを訪れてみてはいかがでしょうか。さらに、奈良市指定文化財の老巨樹「臥龍のイチイガシ」がある**春日大社神苑 萬葉植物園**（0742-22-7788)、世界の昆虫について楽しく学べる**橿原市昆虫館**（0744-24-7246）も見逃せません。なお、庭園としては、**平城京左京三条二坊宮跡庭園**（奈良市史跡文化センター 0742-34-5369)、**名勝旧大乗院庭園・文化館**（奈良市 0742-24-0808)、**吉城園**（奈良市 0742-22-5911)、**名勝依水園**（奈良市 0742-25-0781)、**子規の庭**（奈良市 0742-27-7272)、**竹林院群芳園**（吉野町 0746-32-8081）などがあります。また、**室生山上公園芸術の森**（宇陀市0745-93-4730）は、自然と芸術が一体化した広大な現代アート空間であり、奈良では異色の存在といえるでしょう。

2：地域史と生活文化

奈良における伝統的な生活文化に関心のある方は、まず、**奈良県立民俗博物館**（大和郡山市大和民俗公園内 0743-53-3171）の大和のくらし展示が必見です。公園内には、多くの古民家が移築復元されています。奈良市内では奈良町界隈に、**奈良町資料館**（0742-22-5509）・**奈良町からくりおもちゃ館**（0742-26-5656）や**なら工藝館**（0742-27-0033）などがあり、室町期にまで遡る**今西家書院**（0742-23-2256）は国指定の重要文化財です。写真家の**入江泰吉旧居**（奈良市水門町 0742-27-1689）や**志賀直哉旧居**（奈良市高畑 0742-26-6490）も公開されており、さらに足を伸ばせば、**旧柳生藩家老屋敷**（奈良市柳生町 0742-94-0002）や**奈良市針テラス情報館**（奈良市針町 0743-82-5533）などがあります。西の京には、伝統工芸の技を見学できる**がんこ一徹長屋と墨の資料館**（0742-41-7011・7155）があります。

橿原市には、国指定の重要伝統的建造物群保存地区である今井町に**今井まちなみ交流センター華甍**（0744-24-8719 奈良県指定文化財・旧高市郡教育博物館）があり、**おおくぼまちづくり館**（0744-22-4747）では移転を余儀なくされた旧村の歴史を学べます。ほかにも県内には、**生駒ふるさとミュージアム**（生駒市 0743-71-7751）、**宇陀市歴史文化館　旧旅籠「あぶらや」**（榛原 0745-88-9418）・**「薬の館」**（大宇陀 0745-83-3988）、同市内の重伝建地区である**宇陀松山地区**（まちづくりセンター「千軒舎」0745-87-2274）、**山添村歴史民俗資料館**（0743-85-0250）、**明日香民俗資料館**（0744-54-5600）、**安堵町歴史民俗資料館**（0743-57-5090）、**中家住宅**（安堵町 0743-57-2284）、**葛城の道歴史文化館**（御所市 0745-66-1159）、**葛城市歴史博物館**（葛城市 0745-64-1414）、**水平社博物館**（御所市 0745-62-5588）、**五條市立五條文化博物館**（五條市 0747-24-2011）、**五條市立民俗資料館**（五條市新町 0747-22-0450）、**賀名生の里歴史民俗資料館**（五條市西吉野町 0747-32-9010）、**大塔郷土館**（五條市大塔町 0747-35-0085）、**吉野歴史資料館**（吉野町宮滝 0746-32-1349）、**東吉野村民俗資料館**（0746-42-0441）、**黒滝村民俗資料館**（0747-62-2770）、**天川村立資料館**（0747-64-0630）、**山上ヶ岳歴史博物館**（天川村 0747-64-0099）、**下北山村歴史民俗資料館**（07468-6-0901）、**十津川村歴史民俗資料館**（0746-62-0137）、**十津川むかし館**（0746-63-0003）など個性ゆたかな郷土文化展示施設が充実しています。8つの地域をリンクさせた広域型の**生駒フィールドミュージアム**（生駒市企画政策課 0743-74-1111）や、まちや里を巡って生活の息づかいに触れる**奈良まちかど博物館**（奈良市きたまち・ならまち・田原・柳生 0742-34-5135）は新しい試みといえるでしょう。

3：ものづくり

奈良にゆかりのある企業の博物館としては、世界の環境共生型住居やミゼットハウスなどの展示がある**大和ハウス工業総合技術研究所**（奈良市左京 0742-70-2111）、奥村組が運営するおしゃれな雰囲気の**奥村記念館**（奈良市国立博物館北側 0742-26-5112）などで建築の歴史・文化と技術が学べます。電気機器製造関係では、**シャープミュージアム**（天理市 0743-65-0011 要予約）が充実しています。伝統産業の分野では、和漢の健胃薬の老舗である株式会社三光丸が運営する**三光丸クスリ資料館**（御所市 0745-67-0003）や「くすりの町」ともいわれる高取町の**くすり資料館**（夢創館内 0744-52-1150）などがあり、創業1577年という製墨業の**古梅園**（奈良市内）ではにぎり墨体験（期間限定要予約 0742-23-2965）ができます。農林業などでは、かわいい建築デザインの**奈良県農業研究開発センター果樹・薬草研究センター柿博物館**（五條市西吉野 0747-24-0061、写真）や川上村の林業資料館である**山幸彦のもくもく館**（休館中・再開時期未定）があり、藍染業と金魚をテーマにした**箱本館「紺屋」**（大和郡山市 0743-58-5531）や金魚養殖池に囲まれた「泳ぐ図鑑」**郡山金魚資料館**（大和郡山市 0743-52-3418）もユニークな存在です。奈良県にはダムや水力発電所も多数あり、電源開発株式会社の**池原発電所**（下北山村 07468-5-2158、要予約）が見学できます。さらに、菅原東遺跡埴輪窯跡群にある**菅原はにわ窯公園**（奈良市横領町）では古代の埴輪づくり工程をしのぶことができます。

柿博物館（五條市西吉野）

4：考古・歴史

古代史のふるさとである奈良には、日本有数の研究・展示施設がたくさんあります。

まず、奈良文化財研究所が運営する見学可能な施設としては、特別史跡であ

る平城宮跡内に、**平城宮跡資料館・遺構展示館**（0742-30-6753）・**第一次大極殿・朱雀門・東院庭園**があり、明日香村には**飛鳥資料館**（0744-54-3561）、そして橿原市域には**都城発掘調査部（飛鳥・藤原地区）の 藤原宮跡資料室**（0744-24-1122）があります。また、**奈良県立橿原考古学研究所附属博物館**（0744-24-1185）では奈良県内の遺跡から出土した実物資料による通史展示や特別企画展が充実しており、考古学ファンならずとも必見の施設といえましょう。このほかにも、**奈良市埋蔵文化財調査センター**（奈良市大安寺 0742-33-1821）や**歴史に憩う橿原市博物館**（0744-27-9681）、さらには明日香村の**国営飛鳥歴史公園館**（0744-54-2441）・**明日香村埋蔵文化財展示室**（0744-54-5600）・**高松塚壁画館**（0744-54-3340）や、**天理市立黒塚古墳展示館**（0743-67-3210）、**桜井市立埋蔵文化財センター**（0744-42-6005）、**斑鳩町文化財活用センター**（0745-70-1200）などがあり、田原本町の**唐古・鍵考古学ミュージアム**（田原本青垣生涯学習センター内 0744-34-7100）では、日本最大級の環濠集落跡である唐古・鍵遺跡（国史跡）を題材に弥生時代のくらしと文化に触れることができます。

美術工芸の分野に目を移すと、宝物のタイムカプセルともいうべき正倉院では「**正倉**」**外構**の見学が可能です（宮内庁正倉院事務所 0742-26-2811）。その正倉院展が毎年開催される**奈良国立博物館**（奈良市 0742-22-7771）は、開館からすでに120年以上の歴史があります。特別展のみならず風格あるなら仏像館や青銅器館の平常陳列も魅力です。江戸期の奈良に触れるには、奈良町の**奈良市立史料保存館**（0742-27-0169）や、柳沢家ゆかりの地方史誌専門図書館である**柳沢文庫**（郡山城跡内 0743-58-2171）の企画展示を訪れるのがよいでしょう。

5：美術

奈良には美術館も数多くあります。そのなかでも白眉といえるのは、日本美術の優品コレクションで知られる**大和文華館**（奈良市学園前 0742-45-0544）であり、ほかにも、東洋美術の厖大な逸品を収蔵する**寧楽美術館**（奈良公園近く依水園内 0742-25-0781、写真）をはじめ、**松伯美術館**（奈良市学園前 0742-41-6666）、**中野美術館**（同 0742-48-1167）などがあります。万葉劇場などで人気の**奈良県立万葉文化館**（明日香村 0744-54-1850）にも充実した日本画コレクションがあります。

奈良県立美術館（奈良市 0742-23-3968）には江戸期以降の美術工芸品を中心に現代アートに至るまでの収蔵品が構成されており、西洋絵画の特別展が開催さ

依水園　寧楽美術館（奈良市）

れることもあります。公募展や諸団体の作品展示などが楽しめるのは、**奈良市美術館**（2017年９月11日より休館）です。さらに、個人作家の業績を展観できる専門美術館としては、黒川紀章による建築が印象的な**入江泰吉記念奈良市写真美術館**（奈良市高畑 0742-22-9811）や**奈良市杉岡華邨書道美術館**（奈良市奈良町エリア 0742-24-4111）があります。この他にも、古民家を利用した**飛鳥藍染織館**（明日香村 0744-54-2003）、そして桜井市には、後期印象派から現代アートに至る西洋絵画コレクションをもち若手作家の支援にも熱心な**喜多美術館**（0744-45-2849）や**長谷路版画土蔵館**（0744-47-7047）があります。

６：社寺の宝物館

社寺に附属した宝物展示施設が多いのも奈良の特徴です。

神社関係では、赤糸威大鎧など名だたる国宝・重文を500点以上収蔵する**春日大社国宝殿**（0742-22-7788）、翁舞で有名な**奈良豆比古神社**（奈良市 0742-23-1025）にある**奈良阪町資料館**、さらに**橿原神宮の宝物館**（橿原市 0744-22-3271）や**大神神社の宝物収蔵庫**（桜井市三輪 0744-42-6633）、**吉水神社書院**（吉野町 0746-32-3024）などがあります。

寺院関係では、阿修羅像が人気の**興福寺国宝館**（0742-22-5370）をはじめ、**東大寺ミュージアム**（0742-20-5511）・**薬師寺大宝蔵殿**（奈良市西ノ京町 0742-33-6001）・**唐招提寺新宝蔵**（奈良市五条町 0742-33-7900）や、百済観音が安置されている**法隆寺大宝蔵院・大宝蔵殿**（斑鳩町 0745-75-2555）があります。このほかにも**元興寺法輪館**（奈良市 0742-23-1377）、**西大寺聚宝館**（奈良市 0742-45-4700）、**白毫寺宝蔵**（奈良市 0742-26-3392）、**大安寺収蔵庫讃仰殿**（奈良市 0742-61-6312）、**松尾寺宝蔵殿**（大和郡山市 0743-53-5023）、**長谷寺宗宝蔵**（桜井市 0744-47-7001）、**橘寺聖倉殿**（明日香村 0744-54-2026）、**當麻寺の奥院宝物館**（葛城市 0745-48-

2008）と**中之坊霊宝館**（0745-48-2001）、**信貴山朝護孫子寺霊宝館**（平群町信貴山 0745-72-2318）、**如意輪寺宝物館**（吉野町吉野山 0746-32-3008）などの施設で貴重な寺宝とじっくり対面することが可能です（ただし、公開期間限定の場合あり）。

7：テーマ館や大学の展示施設

葛城市には、相撲の開祖とされる＜當麻《たいまの》蹶《け》速《はや》＞を顕彰するユニークな施設、**相撲館（けはや座）**（當麻 0745-48-4611）があり、館内には本格的な土俵もあります。万葉集をテーマにしたものとしては、上述の奈良県立万葉文化館以外にも、万葉学者・犬養孝の業績を記念した**南都明日香ふれあいセンター 犬養万葉記念館**（明日香村 0744-54-9300）があります。同じ明日香村には、懐かしさがいっぱいの空間**アトンおもちゃ館**（0744-54-3263）もあります。

最後に大学ミュージアムを紹介しておきましょう。

天理大学に附属する**天理参考館**（0743-63-8414）は、世界各地の生活文化資料の膨大なコレクションを誇る全国有数の民族資料博物館です。なお大学博物館ではありませんが、**東洋民俗博物館**（奈良市あやめ池 0742-51-3618 要電話予約）も国内外の民俗資料を多く収蔵し、創設者九十九豊勝氏による性に関するコレクションも有名です。奈良教育大学には奈良県下の初等中等教育に関する資料などを研究展示する**学術情報研究センター教育資料館**（奈良市 0742-27-9297）があり、国指定重要文化財の**奈良女子大学記念館**（268頁参照 0742-20-3220）でも教育資料や正倉院模造宝物などの公開（期間限定）がなされています。

帝塚山大学附属博物館（奈良市帝塚山 0742-48-9700）では朝鮮半島の古瓦や江戸期以降の民俗資料などを収蔵・展示しており、**奈良大学博物館**（奈良市山陵町 0742-44-1251）では考古学・文学・美術史・文化財学・地理学などの諸分野で意欲的なテーマに取り組む特別展が毎年企画されています。さらに絵巻・曼荼羅や絵図のデジタル情報提供（**奈良女子大学附属図書館ＨＰ内電子画像集**）などもふくめ、奈良は大学ミュージアムの宝庫ともいえるのです。

（小川伸彦）

※奈良県のウェッブサイト内には、「奈良のミュージアム～奈良県内のミュージアム情報を集めたポータルサイト～」（http://www.pref.nara.jp/43841.htm）があります（2016年９月開設）。各施設が地域別にまとめられており、施設案内パンフレットのダウンロードができるものもあります。ぜひご参照ください（2017年９月付記）。

奈良の地域情報誌

写真1

奈良では、魅力的な地域誌がいくつも発刊されています。いずれの雑誌も詳しいインタビューや史料紹介、貴重な図像など、奈良への理解を楽しみながら深める素晴らしい入口です。ここではそのなかからいくつかを紹介します（順不同）。

『月刊大和路ならら』（一般社団法人なら文化交流機構　写真1）は、バラエティに富んだ特集が魅力。祭礼、県内の町歩き、歴史的人物、食文化など、バランスも良い。奈良の旧花街・元林院町や、郡山の金魚など面白い特集が続きます。「やまと祭事記」、「地名発掘」など連載も充実しており、巻末のイベントガイドは必見の詳しさです。

写真2

月刊情報誌**『ぱーぷる』**（株式会社エヌ・アイ・プランニング）は2019年の休刊後、日刊のWebタウン情報サイトに移行。奈良の日常生活情報や文化イベントなどを迅速に伝えています。『さとびごころ』（写真2）は、「100年住み続けたい奈良のための地域づくりマガジン」と銘打ち、サステイナブルな試みや文化の事例を奈良の中に探し紹介している雑誌です。『naranara』は、外国から奈良を訪れた人に向けて、英語と日本語の2言語で奈良という地域の魅力を紹介する意欲的な雑誌です。

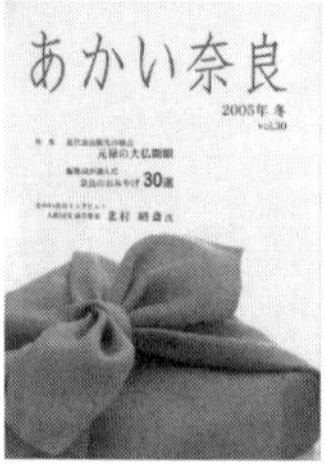

写真3

『あかい奈良』（青垣出版　写真3）は、奈良の様々な赤い文物の写真を用いた表紙で楽しませてくれる季刊の文化誌。全頁カラーで広告のない誌面は格調高い。写真も芸術作品といってよく、最も美しく奈良を伝える雑誌の一つでしょう。特集のほか、毎号、力の入ったインタビューが組まれており、奈良を愛する人々の奈良観が浮き彫りになります。奈良のお土産としても最適の一冊ではないでしょうか（2011年休刊）。

写真4

『**月刊奈良**』（現代奈良協会　写真4）は、奈良の政財界の状況を詳しく伝える伝統ある月刊誌（創刊は1961年）。平成20年度は、平城遷都1300年祭に関する情報がたくさん掲載されました。歴史・文化関連の記事も多く、それらも新鮮な切り口で興味をそそられます。

写真5

『**マイ奈良**』（(有)まほろば　写真5）では、増尾正子氏による、奈良町の昔話の連載が奈良町ファンにたまらない内容です。かつての奈良町の暮らしが活き活きと語られます。連載された内容は、単行本として発売されているほどです。

奈良の情報といえばどうしても奈良市周辺が多くなりますが、県内各地の魅力を高いレベルで伝えてくれる雑誌として、『**明日香風**』（飛鳥保存財団　写真6）、『**かぎろひの大和路**』（奈良出版館　写真7）、『**やまとびと**』（やまとびと株式会社　写真8）などがあります。『明日香風』は誌名どおり飛鳥の歴史と魅力を存分に伝えてくれる季刊誌で平成20年で通巻100号を超えました（2015年休刊・同年『**飛鳥びと**』発刊）。『かぎろひ……』は、室生、田原本、山の辺の道、平群などの詳しい奈良情報を伝えてくれる貴重な雑誌。『やまとびと』は、奈良盆地東南部の桜井で発行される雑誌です（2016年より会員制季刊誌）。大和東部（大和高原・伊勢街道）の情報が貴重であり連載「古代やまと環状線日記」や、廃校跡めぐりなどオリジナリティを感じます。また月刊情報誌『**yomiっこ**』（読売奈良ライフ）は、近年奈良で活動する文化人の紹介等にも力を入れています。

写真6

写真7

写真8

奈良を訪れた際、こうした雑誌や郷土誌を手にとっていただきたいのです。奈良県立図書情報館（奈良市）にはこうした奈良の雑誌や情報が集まっていて、旅行ルートに加えるのもよいかもしれません。1年間定期購読すれば、奈良の1年を追体験できるでしょう。さらに見方をかえれば、奈良県に住まう人こそ、こうした地域誌を読んで地元への理解をもっと深めてみてはどうでしょうか。

（寺岡伸悟）

＊紹介した連載内容等は本書初版第1刷時のものです

索引

●さ●

●た●

●な●

●は●

●ま●

●や●

●ら●

●わ●

■第３部　過去からの贈り物

舘野和己（たての・かずみ）／奈良女子大学名誉教授／日本古代史／『日本古代の交通と社会』塙書房、1998年など

佐原康夫（さはら・やすお）／奈良女子大学文学部教授／中国古代史／『漢代都市機構の研究』汲古書院、2002年など

*小川伸彦（おがわ・のぶひこ）／奈良女子大学文学部教授／文化社会学／「言葉としての『震災遺構』：東日本大震災の被災構造物保存問題の文化社会学」『奈良女子大学文学部研究教育年報』第12号、67-82頁、2015年など

渡辺和行（わたなべ・かずゆき）／京都橘大学文学部教授／フランス近現代史／『エトランジェのフランス史』山川出版社、2007年など

武藤康弘（むとう・やすひろ）／奈良女子大学文学部教授／文化人類学・民俗学・民族考古学／『映像で見る奈良まつり歳時記』ナカニシヤ出版、2011年など

西谷地晴美（にしやち・せいび）／奈良女子大学文学部教授／日本中世史／『土地所有史』（共著）山川出版社、2002年など

■第４部　非日常の空間

加須屋誠（かすや・まこと）／京都市立芸術大学客員研究員／日本美術史／『仏教説話画の構造と機能』中央公論美術出版、2003年など

八木秀夫（やぎ・ひでお）／奈良女子大学名誉教授／家族システム論／『現代日本の家族システムと青年期』神戸商科大学研究双書35号、1990年など

*内田忠賢（うちだ・ただよし）／奈良女子大学文学部教授／人文地理学／『都市民俗生活誌』（全3巻、共編著）、明石書店、2002～2005年など

戸祭由美夫（とまつり・ゆみを）／奈良女子大学名誉教授／人文地理学／『北海道・東北各地所蔵の幕末蝦夷地陣屋・囲郭に関する絵地図の調査・研究』2009年、『文化遺産としての幕末蝦夷地陣屋・囲郭の景観復原』2014年（ともに編著、科研費報告書）など

吉田容子（よしだ・ようこ）／奈良女子大学文学部教授／社会・都市・経済地理学／『地域労働市場と女性就業』古今書院、2007年など

坂本信幸（さかもと・のぶゆき）／奈良女子大学名誉教授／上代国文学／『セミナー万葉の歌人と作品』（全12巻、共編著）、和泉書院、1999～2005年など

松本博之（まつもと・ひろゆき）／奈良女子大学名誉教授／文化地理学／『＜都市的なるもの＞の現在』（共著）東京大学出版会、2004年など

執筆者一覧（執筆順・*印は編集担当）：名前／所属2021年4月現在／専門分野／業績

■第1部　奈良という舞台

小路田泰直（こじた・やすなお）／奈良女子大学副学長／日本近代史／『「邪馬台国」と日本人』平凡社、2001年など

山辺規子（やまべ・のりこ）／奈良女子大学文学部教授／西洋史／『イタリア都市社会史入門』（共編著）昭和堂、2008年など

石﨑研二（いしざき・けんじ）／奈良女子大学文学部教授／都市地理学／『地理空間分析』（共著）朝倉書店、2003年など

林拓也（はやし・たくや）／奈良女子大学文学部教授／計量社会学／"The Possibility of Mixed-Mode Surveys in Sociological Studies"、*International Journal of Japanese Sociology* no.16、2007年など

高田将志（たかだ・まさし）／奈良女子大学文学部教授／第四紀学／『近畿の活断層』（分担執筆）東京大学出版会、2000年など

相馬秀廣（そうま・ひでひろ）／奈良女子大学文学部名誉教授／自然地理学／『トルファン地域と出土絹織物』（シルクロード学研究、8）（共編著）、シルクロード学研究センター、2000年など

出田和久（いでた・かずひさ）／京都産業大学文化学部客員教授／歴史地理学／『西大寺古絵図の世界』（共著）、東京大学出版会、2005年など

西村さとみ（にしむら・さとみ）／奈良女子大学文学部教授／日本古代史／『平安京の空間と文学』吉川弘文館、2005年など

疋田洋子（ひきた・ようこ）／奈良女子大学名誉教授／住居管理学／『ずっと、この家で暮らす。』（共著）圓津喜屋、2009年など

■第2部　生活と風景

上野邦一（うえの・くにかず）／奈良女子大学名誉教授／建築史／『アンコール・ワットを読む』（共著）連合出版、2005年など

栗岡幹英（くりおか・みきえい）／奈良女子大学名誉教授／医療社会学／『役割行為の社会学』世界思想社、1993年など

帯谷博明（おびたに・ひろあき）／甲南大学文学部教授／環境社会学／『ダム建設をめぐる環境運動と地域再生——対立と協働のダイナミズム』昭和堂、2004年など

中島道男（なかじま・みちお）／奈良女子大学名誉教授／理論社会学／『エミール・デュルケム——社会の道徳的再建と社会学』東信堂、2001年など

***寺岡伸悟**（てらおか・しんご）／奈良女子大学文学部教授／地域社会学／『地域表象過程と人間』行路社、2003年、『よくわかる観光社会学』ミネルヴァ書房、2011年など

松尾良樹（まつお・よしき）／奈良女子大学名誉教授／中国語・中国文学／『正倉院への道—天平の至宝』（共著）雄山閣、1999年など

水垣源太郎（みずがき・げんたろう）／奈良女子大学文学部教授／政治社会学／『日本官僚制の連続と変化』（共著）ナカニシヤ出版、2007年など

宮路淳子（みやじ・あつこ）／奈良女子大学文学部教授／考古学・環境考古学 ／『環境考古学マニュアル』（共著）同成社、2003年など

大学的奈良ガイド――こだわりの歩き方

2009年 4月20日　初版第1刷発行
2021年11月30日　初版第6刷発行

編　者　奈良女子大学文学部なら学プロジェクト
発行者　杉田　啓三
〒607-8494 京都市山科区日ノ岡堤谷町 3-1
発行所　株式会社　昭和堂
振込口座　01060-5-9347
TEL(075)502-7500／FAX(075)502-7501
ホームページ　http://www.showado-kyoto.jp

印刷　亜細亜印刷
ISBN 978-4-8122-0851-9
＊落丁本・乱丁本はお取り替え致します。
Printed in Japan

奈良県全図

京都府
大阪府
三重県
県境
市町村境
JR線（○は主要駅）
近鉄線（∘は主要駅）
主要河川
0
10km
近鉄京都線
奈良線
近鉄奈良線
生駒市
生駒
大和西大寺
近鉄奈良
若草山
奈良
奈良市
生駒山
笠置山地
山添村
名張川
郡山
大和郡山市
近鉄生駒線
平群町
斑鳩町
近鉄橿原線
平端
天理
三郷町
王寺
安堵町
関西本線
近鉄大阪線
王寺町
河合町
川西町
三宅町
天理市
上牧町
近鉄田原本線
西田原本
桜井線
香芝市
宇陀川
田原本町
下田
広陵町
三輪山
倶留尊山
青蓮寺川
近鉄南大阪線
高田
大和八木
榛原
曽爾村
尺土
桜井
桜井市
宇陀市
大和高田市
畝傍
高見山地
葛城市
橿原神宮前
御杖村
橿原市
明日香村
葛城山
竜門岳
金剛山
1125
高取町
御所市
吉野口
高見山
吉野町
大淀町
近鉄吉野線
東吉野村
吉野
五条
下市町
紀ノ川
①
②
③
④
⑤
⑥
⑦
⑧
⑨
⑩
⑪
⑫
⑬
⑭
⑮
⑯
⑰
⑱
⑲
㉑
㉒